सीक्रेट ने कैसे बदला मेरा जीवन

the Secret®

सीक्रेट ने कैसे बदला मेरा जीवन

लोगों की सच्ची कहानियाँ

रॉन्डा बर्न

MANJUL
मंजुल पब्लिशिंग हाउस

First published in India by

MANJUL

Manjul Publishing House
Corporate and Editorial Office
•2nd Floor, Usha Preet Complex, 42 Malviya Nagar, Bhopal 462 003, – India
Sales and Marketing Office
•C-16, Sector 3, Noida, Uttar Pradesh 201301, India
Website: www.manjulindia.com
Distribution Centres
Ahmedabad, Bengaluru, Chennai, Hyderabad,
Kochi, Kolkata, Mumbai, New Delhi, Pune

How the Secret Changed My Life by ***Rhonda Byrne***

Published by arrangement with the original publisher, Atria Books,
a Division of Simon & Schuster, Inc.

This edition first published in 2019
Fourth impression 2024

ISBN 978-93-89143-32-4

Translation by Dr. Sudhir Dixit

Jacket design by Nic George for Making Good LLC
and Albert Tang, art director for Atria Books
Book design concepts by Nic George for Making Good LLC
Interior design by Suet Y. Chong

Printed and bound in India by Parksons Graphics Pvt. Ltd., Mumbai

The information contained in this book is intended to be educational and not for diagnosis, prescription or treatment of any health disorder whatsoever. This information should not replace consultation with a competent healthcare professional. The content of this book is intended to be used as an adjunct to a rational and responsible healthcare programme prescribed by a healthcare professional. The author and publisher are in no way liable for any misuse of the material.

केवल
आपको ही
समर्पित

अनुक्रम

AS ABOVE SO BELOW AS WITHIN SO WITHOUT
AS ABOVE SO BELOW AS WITHIN SO WITHOUT

प्रस्तावना

जब से *द सीक्रेट फ़िल्म* और पुस्तक संसार के सामने आई है, तब से लाखों लोग हमें बता चुके हैं कि उन्होंने *द सीक्रेट* के सिद्धांतों का इस्तेमाल करके अपनी मनचाही चीज़ कैसे आकर्षित की : उन्होंने आदर्श स्वास्थ्य, दौलत, आदर्श जीवनसाथी, आदर्श करियर कैसे पाया, वैवाहिक जीवन या प्रेम संबंध को बेहतर कैसे बनाया, किसी खोई हुई चीज़ को दोबारा कैसे पाया, यहाँ तक कि अपने दुख कैसे दूर किए और ख़ुशी कैसे पाई। संसार की हर संस्कृति और देश के लोग *द सीक्रेट* में बताई गई तकनीकों पर चले हैं और उनकी बदौलत उन्होंने अपने जीवन को साधारण से असाधारण बना लिया है। उन्होंने एक ऐसा काम किया, जो सामान्य लोगों को असंभव लगता था। लेकिन ये लोग जानते थे कि इस संसार में *कुछ भी असंभव नहीं* है।

इस पुस्तक में असली ज़िंदगी की कुछ बहुत चमत्कारी, मनोबल बढ़ाने वाली और प्रेरक कहानियाँ बताई जा रही हैं, जिनमें लोगों ने *सीक्रेट की शक्ति* का इस्तेमाल करके सफलता पाई। पिछले दस सालों में हमें जो कहानियाँ मिली हैं,

उन्हीं में से हमने इन्हें चुना है। ये आपको एक ऐसी अविस्मरणीय यात्रा पर ले जाएँगी, जो आपके मस्तिष्क की सारी सीमाओं को तोड़ देगी। ये कहानियाँ इस बात का जीता-जागता सबूत हैं कि आप चाहे जो हों, आप चाहे जहाँ हों, *द सीक्रेट* का इस्तेमाल करके आप अपनी मनचाही चीज़ पा सकते हैं।

लोगों की कहानियों के साथ-साथ मेरे शब्द भी *द सीक्रेट* की बुद्धिमत्ता के साथ आपका मार्गदर्शन करेंगे। यदि आपको *द सीक्रेट* के बारे में कुछ भी पता नहीं है, तो भी चिंता न करें। इस पुस्तक में आपको *द सीक्रेट* के सिद्धांतों का इस्तेमाल करने की व्यापक समझ मिलेगी। यदि आप *द सीक्रेट* से पहले से परिचित हैं, तो इस पुस्तक में आपको कुछ सरल चीज़ों की याद दिलाई जाएगी, जिनसे आप एक सुखद जीवन पा सकते हैं, जिसमें आपकी हर मनचाही चीज़ मौजूद हो।

मेरी इच्छाओं की सूची हमेशा अंतहीन नज़र आती थी, लेकिन पिछले कुछ वर्षों में मैं अपनी सारी इच्छाएँ पूरी कर चुकी हूँ। फिर भी एक बात तो तय है। *द सीक्रेट* से मुझे व्यक्तिगत तौर पर जो मिला, उससे भी बड़ा तोहफ़ा लोगों के मुँह से यह सुनना है कि इसकी मदद से उन्होंने कितने चमत्कारिक तरीक़ों से अपनी ज़िंदगी का कायाकल्प कर लिया है। बेशक भौतिक वस्तुओं या चीज़ों से बहुत आनंद मिलता है और आपके पास वह सब होना चाहिए जो भी आप चाहते हों, लेकिन किसी दूसरे के जीवन को बेहतर बनाने से जो ख़ुशी मिलती है, वह हमेशा आपके साथ रहती है। और अंततः हम सब ख़ुशी ही तो चाहते हैं।

मैं आपको यह बताना चाहती हूँ कि आप बड़ी आसानी से अपनी ज़िंदगी बदल सकते हैं। भागदौड़ करने या अपने मनचाहे साँचे में ढालने की कोशिश करने से ज़िंदगी नहीं बदलेगी। ज़िंदगी बदलने का सिर्फ़ एक ही तरीक़ा है : अपनी मानसिकता को बदलें और इसके बाद आपकी ज़िंदगी ख़ुदबख़ुद बदल जाएगी।

रॉन्डा बर्न

लोग दो तरह के होते हैं :
एक वे जो कहते हैं,
"जब मैं इसे देख लूँगा, तभी इस पर विश्वास करूँगा।"
और दूसरे वे जो कहते हैं,
"मैं जानता हूँ कि मुझे पहले विश्वास करना होगा,
तभी मैं इसे देख पाऊँगा।"

– द सीक्रेट दैनिक प्रेरणा

सृजनात्मक प्रक्रिया : माँगने, विश्वास करने और पाने का मेरा तरीक़ा

आकर्षण का नियम जीवन का महान रहस्य है, जो कहता है कि समान ही समान को आकर्षित करता है। आपके लिए इसका मतलब यह है कि आप अपनी ज़िंदगी में ऐसे अनुभवों और परिस्थितियों को आकर्षित कर रहे हैं, जो आपके मन में रहने वाले विचारों और तसवीरों के *समान* हैं। आप जिस भी व्यक्ति या वस्तु के बारे में लगातार सोचते हैं, उसे अपनी ज़िंदगी में आकर्षित कर लेते हैं।

यदि आप अपनी मनचाही चीज़ के बारे में लगातार सोचते रहते हैं, तो वह आपकी ज़िंदगी में आ जाएगी। इस परम शक्तिशाली नियम की वजह से आपके विचार आपके जीवन में साकार रूप धारण कर लेते हैं। आपके वर्तमान विचारों से ही आपका भावी जीवन बन रहा है। इसलिए यदि आप अपने भावी जीवन को बदलना चाहते हैं, तो इसी समय अपने वर्तमान विचारों को बदल लें।

एक बार जब आप *द सीक्रेट* के मर्म को समझ लेते हैं, तो फिर एक सृजनात्मक प्रक्रिया का इस्तेमाल करके आप अपनी मनचाही चीज़ को आकर्षित कर सकते हैं और अपने सपनों का जीवन जी सकते हैं। इस सृजनात्मक प्रक्रिया के तीन सरल क़दम हैं : माँगना, विश्वास करना, पाना।

पहले माँगें

आकर्षण का नियम आपके हर विचार पर प्रतिक्रिया करता है, जिसे आप अपने मन में लगातार रखते हैं। आप अगर कोई बहुत विशिष्ट चीज़ भी माँगते हैं, तो भी वह आपको बिना किसी शंका के मिल जाएगी। आपको ठीक वही मिलेगा, जो आपने माँगा था।

स्टीवी वंडर के साथ गाना

सभी को नमस्कार! मेरा नाम जॉन परेरा है और मैं यह बताना चाहता हूँ कि *द सीक्रेट* ने मेरा मनचाहा ख़्वाब कैसे पूरा किया। उस वक़्त मेरा हाल बेहाल था। मैं बहुत दुखी और नाराज़ रहता था, ख़ास तौर पर अपनी बहन और कारोबारी साझेदार के साथ। मेरी बहन ने बार-बार मुझसे *द सीक्रेट* फ़िल्म देखने को कहा। आख़िर एक दिन उसने हम सभी को मजबूर कर दिया कि हम अपने सारे काम-धाम छोड़कर फ़िल्म देखें। फ़िल्म देखने के बाद मैंने इसके सिद्धांतों पर अमल करने का निर्णय लिया।

फ़िल्म देखने के दो दिन बाद मैं जिम में अख़बार पढ़ रहा था। उसमें लिखा था कि 22 अक्टूबर को स्टीवी वंडर का संगीत समारोह होने वाला है। उस दिन मेरा जन्मदिन भी है। मैंने बहन से कहा, “यह लो। मैं न सिर्फ़ उससे मिलूँगा, बल्कि उसके साथ गाऊँगा भी!”

मैंने हर एक को बताया कि मैं जॉर्ज बेन्सन से मिल चुका हूँ, जमीरोक्वाय बैंड के साथ पार्टी में गया हूँ और अब मैं सबके मुखिया स्टीवी के साथ गाने वाला हूँ। सबको यही लगा कि मेरा दिमाग़ घूम गया है। अगले दिन

जब मैं अपने भाई के यहाँ गया, तो मैंने उसके लिए कॉफ़ी बनाई और उससे कहा कि वह टीवी पर चलने वाले कार्यक्रम को रोक दे। जब मैं कमरे में वापस लौटा, तो स्क्रीन पर एक दृश्य रुका था, जिस पर लिखा था : **जीतें स्टीवी वंडर के साथ मंच पर गाने का मौक़ा।** मुझे यक़ीन नहीं हुआ!

मैं घर पहुँचकर अपनी प्रविष्टि भेजने लगा। आवेदकों को बीस शब्दों में लिखना था कि वे स्टीवी के साथ क्यों गाना चाहते हैं और शब्द सीधे मेरे दिमाग़ से बाहर उड़कर कंप्यूटर पर पहुँच गए। प्रविष्टि भेजने के बाद मैंने अपनी गर्लफ़्रेंड से पूछा कि क्या मुझे दोबारा भेजना चाहिए। ठीक उसी पल कंप्यूटर ख़राब हो गया और उसने दोबारा चलने का नाम नहीं लिया। मैंने उससे कहा, "चिंता मत करो! यह अवसर मुझे ही मिलेगा। मुझे दोबारा प्रविष्टि भेजने की ज़रूरत नहीं है!"

एक-दो सप्ताह बाद मैं कुछ मित्रों के साथ बार में था। मैंने अपने दोस्त से कहा, "तुम्हें पता है, मैं स्टेवी वंडर के साथ गाने वाला हूँ?" उसने भी मुझे इस तरह देखा, मानो मेरा दिमाग़ घूम गया है।

अगले दिन जब मैं काम के बाद घर लौटा, तो मैंने अपनी बहन से पूछा, "उनके साथ गाते समय मुझे क्या करना चाहिए?" उसने कहा, "बस अपना समय ज़रूर लेना, क्योंकि शो पल भर में ही ख़त्म हो जाएगा, इसलिए हर पल का पूरा आनंद लेना।" मैं झपकी लेने वाला था, तभी फ़ोन की घंटी बजने लगी। मैंने फ़ोन उठाया और सामने वाले आदमी ने पूछा, "क्या जॉन परेरा बोल रहे हैं? क्या आपने किसी प्रतिस्पर्धा में प्रविष्टि भेजी थी?" मैंने जवाब दिया, "हाँ।" वह बोला, "बधाई हो, आप राष्ट्रीय विजेता बन गए हैं!" मेरे मुँह से चीख़ निकल पड़ी और मैं

अपनी गर्लफ़्रेंड को हवा में उछालने लगा। मैंने अपने मम्मी-डैडी को फ़ोन किया और मैं बहुत रोमांचित था। मैंने अपनी बहन को फ़ोन किया और मैं बहुत रोमांचित था। मैंने अपने भाई को फ़ोन किया और मैं बहुत रोमांचित था। जिस दोस्त से मैंने पिछली रात को बात की थी, वह यह ख़बर सुनकर बस इतना ही बोला, "अच्छा, अच्छा।" उसे इस पर यक़ीन ही नहीं हो रहा था।

भले ही कोई भी विश्वास न करे, लेकिन आप विश्वास करें! मैं जीता जागता सबूत हूँ और अगर आप देखना चाहें, तो यूट्यूब क्लिप इस वेब एड्रेस पर उपलब्ध है : http://www.youtube mwatch?v=IMftLNs_G6M.

– ***जॉन पी.***, सिडनी, ऑस्ट्रेलिया

द *सीक्रेट* के इस्तेमाल से एक बहुत स्पष्ट इच्छा को आकर्षित करने का एक और आश्चर्यजनक उदाहरण देखें।

यह एक चमत्कार है

द ओपरा विनफ़्री शो में मुझे द *सीक्रेट* के बारे में पता चला। पुस्तक और वीडियो के हर शब्द पर मुझे पूरा विश्वास था। फिर मुझे द *सीक्रेट* का एक ईमेल मिला, जिसमें बैंक ऑफ़ द युनिवर्स से एक चेक डाउनलोड करने का लिंक भेजा गया था। मैंने चेक डाउनलोड कर लिया और मज़ाक़-मज़ाक़ में उस पर एक लाख रिंग्गिट (यह मलेशियाई मुद्रा लगभग

25,000 अमेरिकी डॉलर जितनी थी) लिख लिया। इसके बाद मैंने वह चेक अपनी ड्रेसिंग टेबल के पास छोटे स्वप्न बोर्ड पर लगा लिया।

फिर मैंने एक रिंग्गिट का नोट लिया और उस पर मार्कर से शून्य जोड़ने लगी। मैं लिखना तो 1,00,000.00 चाहती थी, लेकिन जगह इतनी कम थी कि मैं 1 के बाद पांच शून्य ही जोड़ पाई। अंततः राशि 1,000.00 जैसी दिख रही थी। राशि कम होने के बावजूद मेरा इस नोट को फेंकने का मन नहीं हुआ, इसलिए मैंने इसे भी अपने स्वप्न बोर्ड पर चेक के पास लगा लिया।

मैं हर दिन स्वप्न बोर्ड को देखती रही और इसके साकार होने पर यक़ीन करती रही। मुझे पता नहीं था कि मेरा मानसिक चित्रण अभ्यास सही था या नहीं। मैं तो बस इसे कभी-कभार करती रही। और सच कहूँ, तो समय गुज़रने के साथ-साथ मैं इसे भूलती चली गई।

अक्टूबर के शुरू में एक दिन मैं सर्विस काउंटर पर अपना क्रेडिट कार्ड बिल चुका रही थी। वहाँ मैंने "1,00,000.00 रिंग्गिट ड्रीम कैचर एसएमएस कॉन्टेस्ट" का पैंफ़लेट पढ़ा। यह प्रतियोगिता क्रेडिट कार्ड कंपनी ने आयोजित की थी। प्रतियोगिता 5 जुलाई को ही शुरू हो गई थी और इसमें हिस्सा लेने की अंतिम तारीख़ 15 अक्टूबर थी। मैंने सोचा, *अच्छी बात है, मेरे पास प्रविष्टि भेजने के लिए अब भी दो सप्ताह का समय है; देर आए दुरुस्त आए।* मैंने अपनी प्रविष्टि भेज दी।

महीने के अंत में क्रेडिट कार्ड कंपनी ने मुझे फ़ोन करके बताया कि मैंने अक्टूबर माह का दूसरा पुरस्कार जीत लिया था। इसके लिए मुझे

1,000.00 रिंग्गिट का नक़द पुरस्कार मिलेगा। मैं रोमांचित थी, क्योंकि बड़ी प्रतिस्पर्धाओं में क़िस्मत ने पहले कभी मेरा ज़्यादा साथ नहीं दिया था। मैंने जब यह बात अपने पति को बताई, तो वे भी ख़ुशी से उछल पड़े।

इसके दो महीने बाद कंपनी ने मुझे एक और फ़ोन किया, जिसमें कहा गया कि 1,00,000.00 रिंग्गिट के बड़े इनाम के लिए मुझे अंतिम ग्यारह प्रतिस्पर्धियों में चुना गया था और विजेता का निर्णय अगले सप्ताह होना था।

उस रात जब मैं अपने ड्रेसिंग टेबल पर बैठी थी, तो मेरा ध्यान स्वप्न बोर्ड पर गया। वहाँ 1,00,000.00 रिंग्गिट का चेक लगा हुआ था, जिसे मैंने तीन महीने पहले लिखा था। मेरा दिल तेज़ी से धड़कने लगा, जब मैंने एक रिंग्गिट का वह नोट देखा, जो 1,00,000 रिंग्गिट के बजाय 1,000.00 रिंग्गिट जैसा दिख रहा था।

मैं अपने पति को नोट और चेक दिखाने के लिए लिविंग रूम में गई। मैंने कहा, “प्रिय, मुझे पता चल गया कि मुझे 1,000.00 रिंग्गिट का दूसरा पुरस्कार क्यों मिला। यह 1 रिंग्गिट के नोट की वजह से हुआ है, जिस पर मैंने शून्य बढ़ाए थे! हालाँकि 1,000.00 रिंग्गिट की राशि मैंने ग़लती से लिख दी थी, लेकिन इसके बावजूद ईश्वर ने वह मुझे दे दी! यह *द सीक्रेट* का परिणाम था!”

ख़ुशी से मेरे आँसू बहने लगे। मेरे भीतर की धीमी आवाज़ कहती रही कि मैं ही बड़ा पुरस्कार जीतूँगी और ईश्वर (सृष्टि) घटनाओं, लोगों व परिस्थितियों का रुख़ इस तरह मोड़ रहा था, ताकि मुझे 1,00,000.00 रिंग्गिट मिल जाएँ।

फिर मैंने *द सीक्रेट टु मनी* वाला अध्याय पढ़ा और वीडियो दोबारा देखा। जब भी मुझे इस बात पर शंका होती थी कि पुरस्कार मेरा है, तो मैं तुरंत यह चित्र देखने लगती थी कि मैं मंच पर मुस्करा रही हूँ और 1,00,000.00 रिंग्गिट का बड़ा नक़ली चेक थामे हुए हूँ।

जिस दिन विजेता का फ़ैसला होना था, उस सुबह जब हम घर से निकले, तो मेरे पति ने मुझसे कहा, "अपना लिखा 1,00,000.00 रिंग्गिट का चेक तो ले लो; आज तो तुम्हें असली चेक मिलने वाला है।" मैंने यही किया।

कमरे में दाख़िल होने से पहले मैंने उस चेक पर आख़िरी निगाह डाली, पुरस्कार जीतने की मानसिक तसवीर देखी और शंका को दूर भगाने की कोशिश की। फिर मैंने *द सीक्रेट* वाले चेक पर लिखी सलाह पढ़ी : **अच्छा महसूस करो।** मैंने तुरंत अपने पति का आईफ़ोन उठाया और अपनी दो साल की सुंदर बेटी के फ़ोटो एलबम खोल लिए। उसकी प्यारी मुस्कान देखकर मैं इतनी ख़ुश हुई कि मुझे दिल ही दिल में पूरा यक़ीन हो गया कि मैं सही मार्ग पर हूँ। पूरे कार्यक्रम के दौरान मैं बस अपनी बेटी की मुस्कान के बारे में सोचती रही और जीतने की कल्पना करती रही।

और, **मैंने पुरस्कार जीत लिया!**

मैंने 1,00,000.00 रिंग्गिट का पहला पुरस्कार जीत लिया। जब मेरे नाम की घोषणा हुई, तो मुझे यूँ महसूस हुआ, मानो मैं यह अनुभव दोबारा जी रही हूँ, क्योंकि मैं अपने मन में यही तसवीरें कई बार पहले भी देख चुकी थी।

प्रदर्शन वाला पोस्टर चेक देने के बाद जज ने मुझसे कहा, "जब आप अंतिम दौर के बाक़ी दस प्रतिभागियों के साथ इस कमरे में आई थीं, तो आप सबसे ख़ुश दिख रही थीं। शायद इसलिए, क्योंकि आप जानती थीं कि आप ही जीतने वाली हैं।"

तो यह वाक़ई एक चमत्कार है। मैंने 18 अगस्त को संयोग से नोट पर 1,000.00 रिंग्गिट लिख दिया था और 1,00,000.00 रिंग्गिट का चेक भी लिखा था और 12 दिसंबर को वे दोनों सच हो गए।

जब मैंने अपने मित्रों और परिवार वालों को पूरी बात बताई, तो शंकालु लोगों को भी विश्वास हो गया।

– *ऐन्नी*, कुआला लम्पुर, मलेशिया

आपको महसूस हो सकता है कि आपके लिए अपनी मनचाही चीज़ पाना असंभव है। लेकिन आकर्षण के नियम के लिए कुछ भी असंभव नहीं है। इसके लिए हर चीज़ संभव है, भले ही आप चमत्कार माँग रहे हों, जैसा भाग जाने वाले कुत्ते पापाई के मामले में हुआ।

पापाई

मेरी इक्कीस साल की बेटी और उसका चार साल का कुत्ता पापाई हमारे यहाँ चार महीने तक रहे, जिस दौरान मैंने पापाई की देखरेख की। जब मेरी बेटी दूसरे शहर जाकर रहने लगी, तो वह लाड़ले पापाई को अपने साथ ले गई। हमें दो महीने तक उसकी कोई ख़बर नहीं मिली। फिर एक दिन जब मैंने पापाई के बारे में पूछा, तो बेटी ने बताया कि वह जिस मकान में ठहरी थी, उसके आँगन से वह कहीं भाग गया था और अब तक नहीं मिला था।

मैंने एक पोस्टर तैयार किया और उसकी सौ फ़ोटोकॉपी कराईं। जिस इलाक़े में पापाई ग़ायब हुआ था, वहाँ मैंने चारों तरफ़ पोस्टर लगा दिए। मेरी बेटी ने बताया था कि उसे भागे हुए एक महीना हो चुका है। मैं हैरान थी कि उसने हमें यह बात पहले क्यों नहीं बताई। आंकड़े बताते हैं कि अगर गुमशुदा पालतू पशु पहले तीन सप्ताह में नहीं मिलता है, तो उसके मिलने की ज़्यादा संभावना नहीं रहती है।

पोस्टर लगाने के बाद मेरे पास उस इलाक़े से कई फ़ोन आए, जिनमें बताया गया कि उन्हें एक लावारिस कुत्ता दिखा था। फ़ोन करने वालों ने जो जगह बताई, मैं वहाँ दौड़ी-दौड़ी गई, लेकिन पापाई कहीं नहीं मिला। फिर एक दिन एक महिला ने फ़ोन करके बताया कि उसे एक कुत्ता मिला है। मैं झटपट उसके पते पर गई, लेकिन वहाँ जाकर पता चला कि वह भी पापाई नहीं था। समय गुज़रने के साथ मेरे पोस्टरों की संख्या बढ़ती गई, लेकिन फ़ोन कम आने लगे। मैंने इलाक़े की छानबीन करने के अलावा अख़बार में विज्ञापन भी दिए। मैं लोगों से बातचीत करके उन्हें पोस्टर थमाती रही।

तब तक मुझे *द सीक्रेट* की कोई जानकारी नहीं थी। इसकी जानकारी तो मुझे तब मिली, जब मैं अपने बेटे को कॉलेज घुमाने मिसिसिपी स्टेट युनिवर्सिटी ले गई और कैंपस के बुकस्टोर में गई। पहली दफ़ा मैंने उस स्टोर से कई चीज़ें ख़रीदीं, लेकिन *द सीक्रेट* नहीं ख़रीदी। मुझे वह पुस्तक दिखी ही नहीं थी। बाद में उसी दिन मेरा बेटा एक पुस्तक ख़रीदने के लिए हमें दोबारा स्टोर ले गया और जब हम बाहर निकलने की क़तार में लग रहे थे, तब मुझे *द सीक्रेट* दिख गई। मुझे ज़रा भी पता नहीं था कि इसमें क्या था, लेकिन इसके कवर ने मुझे आकर्षित कर लिया और मैंने इसे ख़रीद लिया। वीकएंड ख़त्म होने पर मैं पुस्तक को घर ले आई और पढ़ने लगी। इसके बाद मुझे इस बात का अहसास हुआ कि पापाई अब तक घर क्यों नहीं लौटा था। उसके जाने के बाद मैंने उसका पलंग गैराज में रख दिया था। वैसे पलंग मेरी अलमारी में रखा रहता था, लेकिन मैंने इसे इसलिए हटा दिया था, क्योंकि अलमारी में उसे देखने से आहत महसूस करती थी। मैंने पलंग दोबारा अलमारी में रख दिया और बाज़ार से उसका आहार भी ख़रीद लाई। मैं अब भी पोस्टर लगाती थी, लेकिन पापाई के घर लौटने के लिए हर दिन धन्यवाद भी देती थी। वह घर लौट आया है, इस बात पर मुझे इतना विश्वास था कि मैं कृतज्ञता के मारे रो पड़ती थी।

दो सप्ताह तक कोई फ़ोन नहीं आया, लेकिन इससे मेरे विश्वास में कोई कमी नहीं आई। फिर एक दिन किसी ने फ़ोन पर मुझे बताया कि उसे उस इलाक़े में एक छोटा कुत्ता दिखा था। यह तब की बात थी, जब पापाई को खोए हुए सिर्फ़ दो सप्ताह हुए थे, लेकिन वह मुझे बस इतना बताना चाहता था कि मैं उम्मीद न छोड़ूँ। मुझे यह बहुत अच्छा लगा। फिर कुछ घंटे बाद मेरे पास एक और फ़ोन आया। उस आदमी ने मुझे बताया कि पापाई टैक्सस में उसकी भतीजी के पास था। उसने कहा कि जिस वक़्त पापाई खोया था, उस वक़्त उसकी भतीजी वहाँ आई हुई थी

और वह उसे स्कूल के पास मिला था, जो उसके लापता होने की जगह के क़रीब था। भतीजी ने इलाक़े में कुत्ते के बारे में तहक़ीक़ात की थी कि क्या कोई उसे जानता है, लेकिन किसी को कुछ नहीं मालूम था। इसलिए जब भतीजी घर लौटने लगी, तो वह उसे अपने साथ ले गई। उसके अंकल कई महीनों से यात्रा कर रहे थे। जब घर लौटकर उन्होंने शहर में मेरे पोस्टर देखे, तो उन्होंने अपनी भतीजी को फ़ोन करके बताया कि पापाई का परिवार उसकी तलाश कर रहा है। अंकल ने अपनी भतीजी का नंबर दिया और मैंने फ़ोन करके पूछा कि उसके पास जो कुत्ता है, क्या वह पापाई जैसी हरकतें करता है और निश्चित रूप से यह वही निकला।

अब आप यह सोच रहे होंगे कि मैं पापाई को वापस कैसे ला पाई, जबकि वह टैक्सस में था और मैं मिसिसिपी में। देखिए, बाक़ी की कहानी यह है कि उसका घर मेरे डैडी के घर से सिर्फ़ पंद्रह मिनट की दूरी पर था। मेरे डैडी ने पापाई को ले लिया है और जब वे मेरे बेटे के स्नातक होने पर यहाँ आएँगे, तो वे उसे मुझ तक पहुँचा देंगे!

– ***मार्टा***, मिसिसिपी, अमेरिका

मार्टा जानती थी कि उसे इस बात पर पूरा विश्वास करना था कि पापाई घर पर ही है। जब कोई बहुत प्यारा पालतू पशु खो जाता है, तो यह आसान नहीं होता। उसने कुछ स्पष्ट लेकिन बहुत शक्तिशाली कार्य करने का चुनाव किया – जैसे उसका पलंग वापस अपनी अलमारी में रखना और उसका आहार ख़रीदना – क्योंकि इन कामों से यह संदेश गया कि पापाई घर लौट आया है। मार्टा का विश्वास इतना दृढ़ हो गया कि इसकी वजह से वह पापाई के लौटने की कृतज्ञता के मारे रो पड़ी। दृढ़ विश्वास ही सृजनात्मक प्रक्रिया का दूसरा अति महत्त्वपूर्ण क़दम है।

दूसरा क़दम : विश्वास करें

आपकी मनचाही चीज़ के सृजन के तीन आसान क़दम हैं - माँगें, विश्वास करें, पाएँ। लेकिन अक्सर दूसरा क़दम - विश्वास करें - सबसे मुश्किल हो सकता है, लेकिन यही आपके द्वारा उठाया गया सबसे बड़ा क़दम हो सकता है। विश्वास करने का मतलब है, मन में कहीं कोई शंका नहीं रहती है। विश्वास कभी डगमगाता नहीं है। विश्वास पूर्ण आस्था है। विश्वास अटल रहता है, चाहे बाहरी संसार में कुछ भी हो रहा हो।

जब आप विश्वास करने में माहिर हो जाते हैं, तो आप अपने जीवन पर नियंत्रण हासिल कर लेते हैं।

- द सीक्रेट दैनिक प्रेरणा

मुझे विश्वास है!

लगभग छह महीने पहले मेरे बॉयफ्रेंड और मैंने जज़्बातों में बहकर उसके पुराने शहर में बसने का फ़ैसला ले लिया। वह मुझसे पहले जाकर अपने मित्र के साथ रहने लगा, ताकि नौकरी खोजने में आसानी रहे। ज़ाहिर है, यह मेरे लिए मुश्किल था, क्योंकि मुझे उसकी बहुत याद आती थी, लेकिन तसल्ली देने वाली बात यह थी कि मैं अपनी नौकरी छोड़ने का नोटिस दे चुकी थी और मैंने एक महीने बाद उसके पास पहुँचने की योजना बना ली थी।

समय गुज़रता गया, लेकिन कोई भी चीज़ सही होती नहीं दिख रही थी। मेरे बॉयफ्रेंड को उसकी मनचाही नौकरी नहीं मिली, इसलिए वह लगभग एक महीने से बेरोज़गार भटक रहा था। मुझे भी कोई नई नौकरी नहीं मिली और सबसे बढ़कर, मुझे कोई ऐसी लड़की भी नहीं मिली, जो मेरे अपार्टमेंट में आकर रहने को तैयार हो। अगर मुझे कोई ऐसी लड़की नहीं मिलती, जो मेरे मकान ख़ाली करने वाले दिन वहाँ आकर रहने लगे, तो मुझे तीन महीने का किराया देना पड़ता, जो उस समय हमारे लिए मुमकिन ही नहीं था। मेरा बॉयफ़्रेंड और मैं मीलों दूर थे। मैं अकेली और हताश थी। समय और पैसे की हम दोनों के पास कमी हो रही थी।

एक वीकएंड पर जब मैं उससे मिलने गई, तो हमने एक अपार्टमेंट पसंद किया। लेकिन फिर हमें पता चला कि वहाँ रहने वाला परिवार हमारे रहने आने की तारीख़ के कुछ दिनों बाद तक अपार्टमेंट ख़ाली नहीं कर पाएगा। हमने पहले ही सामान ढोने वालों को तारीख़ दे दी थी, इसलिए तारीख़ें नहीं बदल सकती थीं। सब कुछ बहुत गड़बड़ नज़र आ रहा था।

जब मैं सचमुच हताश हो गई और अपनी यात्रा के लगभग एक सप्ताह पहले आँसू बहा रही थी, तो मैंने *द सीक्रेट* पढ़ी। मैंने दो पत्थरों को कृतज्ञता पत्थर के रूप में चुना। फिर एक हाथ में पत्थर थामकर दूसरे हाथ से मैंने वह हर चीज़ लिखी, जिसके लिए मैं अपने जीवन में कृतज्ञ थी। मैंने अपनी हर मनचाही चीज़ लिखी, ख़ास तौर पर अपनी नई ज़िंदगी शुरू करना। मैं एक नौकरी चाहती थी और वैकेशन भी चाहती थी। मैं तुरंत नौकरी पाना चाहती थी, लेकिन मैं शहर को जानने और नए अपार्टमेंट में आराम से जमने का समय भी चाहती थी। मैं चाहती थी कि मेरे बॉयफ़्रेंड को नौकरी मिल जाए और मैं चाहती थी कि हम उसी वीकएंड पर अपने अपार्टमेंट में रहने जा सकें, वैसे ही जैसा हमने इसके बारे में पहले से सोचा हुआ था! मैंने उस मकान की दो तसवीरें

प्रिंट कीं, जिसमें हम रहना चाहते थे और बड़े लाल अक्षरों में अपनी मनचाही तारीख़ लिख ली। मैं एक तसवीर अपने साथ रखने लगी और दूसरी को अपने पलंग के पास रख दिया। इसके अलावा, मैं यह चाहती थी कि जिस दिन मैं अपना अपार्टमेंट ख़ाली करूँ, उसी दिन कोई अच्छी लड़की मेरे अपार्टमेंट में रहने आ जाए।

मैंने अपनी जीन्स की जेब में कृतज्ञता पत्थर रखे, ताकि उन्हें छूते ही मुझे अपनी मनचाही चीज़ों की वह सूची याद आ जाए, जिसे मैंने उस रात लिखा था।

फिर पता है, क्या हुआ! मेरे जाने के पाँच दिन पहले एक लड़की ने मुझे फ़ोन करके बताया कि वह मेरे अपार्टमेंट में आकर रहना चाहती है। यही नहीं, उसने मेरी वॉशिंग मशीन भी ख़रीद ली, जिसे मैं अपने साथ नहीं ले जा सकती थी और बेचना चाहती थी। मेरा बॉयफ्रेंड और मैं उसी वीकएंड में नए अपार्टमेंट में पहुँचे, जैसी हमने इसकी योजना बनाई थी। हमारे पास अपने सुंदर नए शहर से तालमेल बैठाने के लिए दो सप्ताह का समय था, जिसके बाद हमने एक ही दिन नई नौकरी के अनुबंधों पर हस्ताक्षर किए!

मैं बहुत कृतज्ञ हूँ कि मुझे *द सीक्रेट* का पता चला। इसकी बदौलत ही मैं खुद को ज़्यादा अच्छी तरह समझ पाई। यह कारगर है; आपको तो बस इतना करना है कि आप विश्वास करें, ख़ास तौर पर खुद पर। इससे मुझे हर दिन मदद मिलती है। रॉन्डा, आपको धन्यवाद, जो आपने हमें रहस्य के बारे में बताया। मैं भी इसे बताती रहूँगी।

– ***निया***, जर्मनी

आपको यह समझ लेना चाहिए कि जिस पल आप अपनी मनचाही चीज़ माँगते हैं, उसी पल यह आपकी हो चुकी है। आपको इस बात पर पूरा विश्वास होना चाहिए। आपको इस तरह काम करना चाहिए, बोलना चाहिए और सोचना चाहिए, मानो वह चीज़ आपके पास *इसी* समय है। विश्वास करने का यही मतलब होता है।

निया को नया मकान *मिल गया है,* अपने इस विश्वास को प्रबल करने के लिए उसने नए मकान की तसवीरों का इस्तेमाल किया। जब भी आप ख़ुद को विश्वास करने की हद तक पहुँचा देते हैं, तब सृष्टि सारे लोगों, परिस्थितियों और घटनाओं को सक्रिय कर देती है, ताकि आपकी मनचाही चीज़ आपको मिल जाए! आपको यह चिंता नहीं करनी है कि यह *कैसे* होगा या सृष्टि आपकी मनचाही चीज़ आप तक कैसे पहुँचाएगी। यह आपका काम नहीं है। सृष्टि को अनुमति दें कि यह आपकी मनचाही चीज़ अपने तरीक़े से आप तक पहुँचा दे। जब आप यह पता लगाने की कोशिश करते हैं कि यह कैसे होगा, तो आप विश्वास की कमी वाली आवृत्ति भेज रहे हैं, जो बताती है कि आपको यह विश्वास नहीं है कि वह चीज़ आपके पास पहले से ही है। जब भी आप सोचते हैं कि यह काम *आपको* करना होगा, तो इसका मतलब है कि आपको विश्वास नहीं है कि सृष्टि *आपके लिए* यह काम कर देगी।

ग्रीन कार्ड का चमत्कार

जनवरी 2011 में मैं केरल के अपने गृहनगर से अमेरिका लौट रही थी। हवाई जहाज़ का इंतज़ार करते समय मैंने एक छोटे बुकस्टोर से *द सीक्रेट* ख़रीदी। लॉस एंजेलिस जाने वाली उड़ान में इसे पढ़ने के बाद मेरी ज़िंदगी बदल गई। तब तक मैं जीवन भर नकारात्मकता से जूझती

रही थी, लेकिन *द सीक्रेट* की नसीहतों ने मेरा नज़रिया बदल दिया और भविष्य की बागडोर मेरे हाथों में थमा दी।

वैसे इतना बता दूँ, मैं कई बार पटरी से फिसली। मैं अक्सर अपनी नई नौकरी, सुंदर नए मकान और बेहतरीन नए संबंधों के वरदानों को नज़रअंदाज़ कर देती थी और उन चीज़ों पर ध्यान केंद्रित करने लगती थी, जो मेरे पास नहीं थीं - ख़ास तौर पर अमेरिका में बसने वाला स्थायी ग्रीन कार्ड।

मेरे अल्पकालीन विवाह की बदौलत मुझे अस्थायी ग्रीन कार्ड मिल गया था, लेकिन स्थायी ग्रीन कार्ड पाने के लिए मुझे यह साबित करना था कि विवाह असली था और अब भी वैध था। विवाह तो असली था - मेरे भावनात्मक घाव इस बात का सबूत थे - लेकिन शादी के बमुश्किल एक साल बाद ही मैं अपने पति से अलग रहने लगी थी और हमारे तलाक़ की प्रक्रिया अंतिम दौर में थी।

मुझे एक आप्रवासी वकील की मदद लेनी पड़ी। यह महँगा मामला था। मैं खिन्न थी कि मुझे कितना ख़र्च करना पड़ रहा है और मेरे अंदर यह डर भी था कि अंततः मुझे अमेरिका से बाहर भेज दिया जाएगा। कोई ताज्जुब नहीं कि आकर्षण के नियम की वजह से मेरी समस्याएँ बरकरार रहीं।

परिस्थितियाँ बद से बदतर होती जा रही थीं। फिर मैं *द सीक्रेट* की वेबसाइट पर गई और अपनी बुरी हालत को बदलने के लिए कुछ प्रशस्ति विवरण पढ़े। मुझे कई लोगों की बातों से प्रेरणा और संबल मिला, जिन्होंने अपने व्यक्तिगत चमत्कारों का उल्लेख किया था। मैंने

तुरंत ही इसे आज़माने का निर्णय लिया। मैंने अपने वर्तमान ग्रीन कार्ड की दो रंगीन तसवीरें निकालीं और उनकी समाप्ति तिथि 2011 से 2021 कर ली। मैंने इसकी एक तसवीर अपने ऑफ़िस में लगा ली, जहाँ यह मुझे दिखती रहती थी और दूसरी तसवीर अपने पर्स में रख ली।

फिर मैंने एक ऐसी चीज़ की, जिससे मेरी इच्छा की सफलता सुनिश्चित हो गई : मैं इसके बारे में पूरी तरह भूल गई! मैंने प्रक्रिया के बारे में सोचने में एक मिनट भी बर्बाद नहीं किया। मैंने यह नहीं सोचा कि वकील क्या कर रहे हैं या मैंने अपने पक्ष में पर्याप्त दस्तावेज़ दिए हैं या नहीं - मैंने एक भी नकारात्मक विचार नहीं सोचा। मैंने प्रक्रिया में "मदद" करने की भी कोशिश नहीं की, जैसा कि मैं आम तौर पर करती। मैंने यह कल्पना नहीं की कि आप्रवासी अफ़सर के साथ मेरा इंटरव्यू अच्छा चल रहा है; मैंने इस बारे में भी नहीं सोचा कि मेरा वकील मेरे पक्ष में शानदार तर्क दे रहा है। मैंने बस इसे मुक्त कर दिया। जब कोई मुझसे पूछता था कि मेरे आवेदन का क्या हाल है, तो मैं बस कंधे उचकाकर कह देती थी कि कार्यवाही चल रही है। मैंने अपने वकील को बार-बार फ़ोन करना बंद कर दिया और यह चिंता छोड़ दी कि आप्रवासी अफ़सर कब मेरा इंटरव्यू लेगा।

मैं वीज़ा प्रक्रिया के बारे में जानती थी, इसलिए आप्रवासी अफ़सर के साथ एक संक्षिप्त इंटरव्यू, एक सफल मुलाक़ात की तसवीर देखना तार्किक क़दम होता। लेकिन आकर्षण के नियम की बदौलत मुझे इतना ज़्यादा मिला, जिसकी मैं कल्पना भी नहीं कर सकती थी! मेरे तत्कालीन ग्रीन कार्ड की अवधि ख़त्म होने के दो महीने पहले एक जून को मुझे डाक में अपना नया ग्रीन कार्ड मिल गया। कोई इंटरव्यू नहीं, कोई आप्रवासी

अफ़सर नहीं, कोई मुलाक़ात नहीं, कोई इंतज़ार नहीं, बस कार्ड जिस पर समाप्ति तिथि 2022 लिखी हुई थी : मैंने कार्ड की प्रतिलिपि में जो तारीख़ लिखी थी, उससे एक साल ज़्यादा!

इस अनुभव से मैंने यह सीखा है कि हम जिस चीज़ को चाहते हैं, उसके बारे में लगातार सकारात्मक विचार सोचना ही काफ़ी नहीं है; असली बात तो माँगने, विश्वास करने और फिर मुक्त करने की योग्यता है। असली बात तो यह विश्वास करना है कि मेरी इच्छा सृष्टि तक पहुँच गई है, मैंने इसे स्पष्टता से बता दिया है और मेरी इच्छा मंजूर हो गई है। मैं इन तीन क़दमों में माहिर हो चुकी हूँ। अब भी कई बार मैं अपने आग्रह के पूर्ण विवरण सोचने लगती हूँ, लेकिन मैं इस इच्छा को दबाने पर काम कर रही हूँ। मैं ज़्यादा सकारात्मक तरंगें जोड़कर अपनी इच्छाओं को प्रबल करने पर भी मेहनत कर रही हूँ।

– ***अम्बिका एन.***, लॉस एंजेलिस, कैलिफ़ोर्निया, अमेरिका

जैसा अम्बिका को अहसास हुआ, जब आप अच्छा महसूस करते हैं, तो यह विश्वास करना ज़्यादा आसान होता है कि आपकी मनचाही चीज़ आपको मिल जाएगी। जब आप अच्छा महसूस नहीं करते हैं, तो यह विश्वास करना आसान नहीं होता। ऐसा इसलिए है, क्योंकि विश्वास एक सकारात्मक भाव है और यह अच्छा महसूस करने की आवृत्ति पर रहता है। इसलिए अगर आप निराश महसूस कर रहे हों, तो विश्वास करने का यह अभ्यास न करें। पहले अच्छा महसूस करें, इसके बाद ही मानसिक चित्र देखें और अभ्यास करें; इससे आपको विश्वास करने में मदद मिलेगी।

अगर आप अपने जीवन में परिस्थितियों या चीज़ों के बारे में शिकायत कर रहे हैं, तो आप शिकायत करने के आवृत्ति स्तर पर हैं, और आप अपनी मनचाही चीज़ों को आकर्षित करने की स्थिति में नहीं हैं।

अपने विचारों और शब्दों के ज़रिये स्वयं को अच्छाई की आवृत्ति पर ले आएँ। सबसे पहले तो आपको अच्छा महसूस करना होगा और फिर आप अधिक अच्छाई को ग्रहण करने की स्थिति में पहुँच जाएँगे।

– द सीक्रेट दैनिक प्रेरणा

एक बार माँगें और फिर इसे मुक्त कर दें

मेरे पति और मैं नया घर ख़रीदना चाहते थे। हमने निर्णय लिया कि हम अपने वर्तमान घर को ख़ाली छोड़ देते हैं, जब तक कि यह बिक न जाए। यह बहुत बड़ा जुआ था, क्योंकि ज़मीन-जायदाद के बाज़ार में मंदी चल रही थी, लेकिन हम आशावादी महसूस कर रहे थे। बहरहाल, सात महीने में बीस ख़ाली मकानों पर कोई प्रस्ताव नहीं आए, इसलिए मैं हताश होने लगी। मुझे यह चिंता सताने लगी कि मुझे हाउस लोन की दो क़िस्तें चुकानी होंगी।

द ओपरा विनफ़्री शो देखते समय मुझे *द सीक्रेट* की जानकारी मिली। इसके कुछ समय बाद मैंने अपने पति को कंप्यूटर पर यह फ़िल्म देखने के लिए प्रोत्साहित किया। यह शुक्रवार की बात थी। रविवार को मुझे ख़ाली मकान में जाकर गैराज साफ़ करना था और उसी समय मैंने *द सीक्रेट* की तकनीकों का इस्तेमाल किया। मैंने मकान की बिक्री की माँग

की और 'यह मकान बिक चुका है' के बोर्ड का चित्र देखा। मैंने सचमुच कृतज्ञता महसूस की और इसे मुक्त कर दिया।

जब मैं गैराज बंद करके कार तक लौट रही थी, तो मैंने एक सज्जन को मेरे लॉन पर 'बिकाऊ है' बोर्ड के पास से एक विवरण पत्र उठाते देखा। अगले दिन मेरे एजेंट ने फ़ोन करके बताया कि हमारा मकान ख़रीदने के तीन प्रस्ताव आ गए हैं। हमने 45 दिनों में अनुबंध कर लिया।

– ***ट्रिशिया***, ब्रेंटवुड, कैलिफ़ोर्निया, अमेरिका

माँगें, विश्वास करें और आपको मिल जाएगा

यात्रा के आजीवन सपने

जहाँ तक मैं याद कर सकती हूँ, मैं हमेशा से सैर-सपाटा करना चाहती थी। मेरी राय में संसार को देखने और पृथ्वी की हर चीज़ का अनुभव करने से ज़्यादा बड़ा वरदान और कोई नहीं है। मुझे याद है, हाई स्कूल में पढ़ते समय मैं जर्नल में लिखती थी कि किसी दिन मैं यात्रा करूँगी। अब मुझे अहसास होता है कि उस वक़्त मैं *द सीक्रेट* का इस्तेमाल कर रही थी, हालाँकि मुझे इस बात का बिलकुल भी पता नहीं था। लेकिन मेरा पहला लक्ष्य कॉलेज की पढ़ाई पूरी करना था।

अमेरिका की मंदी मनोबल को तोड़ने वाली थी और कई बार बहुत कुंठाजनक भी। मैंने कभी कल्पना भी नहीं की थी कि जब मैं कॉलेज की पढ़ाई पूरी करूँगी, तो महामंदी के बाद का सबसे बड़ा आर्थिक संकट सामने खड़ा होगा! मेरे पास पैसे नहीं थे, पढ़ाई के क़र्ज़ थे और मुझे अपने छोटे कॉलेज क़स्बे में नौकरी नहीं मिल रही थी। या तो नौकरी मिलती नहीं थी या फिर जो मिलती थी, वह मेरे कॉलेज के टाइम टेबल के हिसाब से नहीं होती थी। मैं वाक़ई हताश महसूस कर रही थी।

मैंने *द सीक्रेट* पढ़ी थी और कुछ मामलों में इसे आज़माया था, लेकिन मुझे इस पर *पूरे दिल से* भरोसा नहीं हुआ था। मैंने इसे दोबारा पढ़ा; तब कहीं जाकर इसका संदेश मेरे दिल तक पहुँचा।

मैं साढ़े तीन महीने बाद स्नातक होने वाली थी, जिस दौरान मैं यात्रा कर सकती थी, लेकिन मेरे चारों ओर का संसार चिल्ला-चिल्ला कर कह रहा था, “तुम कभी यात्रा नहीं कर पाओगी!” यहाँ तक कि मेरे मम्मी-डैडी (जो बहुत अच्छे हैं और समर्थन करते हैं) ने भी मुझे सलाह दी, “यात्रा के सपने दिमाग़ से निकाल दो... ये काफ़ी समय तक सच नहीं होंगे। तुम्हारे पास पैसे नहीं हैं और हम इसके लिए पैसे नहीं देंगे!” ऐसे मौक़े पर हार मानना और यह कहना ज़्यादा आसान था, “उनकी बात सही है।” लेकिन इसके बजाय मैंने अपना सिर हिलाया और निर्णय लिया कि इस बारे में उनसे बात नहीं करूँगी, क्योंकि वे बहुत नकारात्मक थे। इस दौरान मैं हर दिन खुद को बताती रही, “मैं यात्रा करने वाली हूँ। मैं नहीं जानती कि कैसे या कब, लेकिन यह *ज़रूर* होगा।”

मैंने एक स्वप्न बोर्ड बनाया और उस पर उन जगहों का चित्र लगा लिया, जहाँ की मैं सैर करना चाहती थी। हर रात मैं जर्नल में लिखती थी। मैंने

ज़िंदगी की हर उस चीज़ की सूची बनाई, जिसके लिए मैं कृतज्ञ थी - वे चीज़ें जो मुझे लोगों में अच्छी लगती थीं, वे चीज़ें जो मुझे खुद में अच्छी लगती थीं आदि। मैं लिखती थी कि मैं संसार देखने का अवसर मिलने पर कितनी कृतज्ञ हूँ और इससे मेरी आत्मा को कितना सुकून मिलेगा। कई सप्ताह तक जर्नल लिखने के बाद मुझे महसूस हुआ, मानो मुझे यह अवसर सचमुच मिल गया हो। मुझे पूरे दिल से पक्का भरोसा हो गया कि यह ज़रूर होगा।

लगभग डेढ़ महीने के अभ्यास के बाद मुझे एक पुरानी मित्र का ईमेल मिला, जिसमें उसने मेरे सामने इटली में एक नौकरी का प्रस्ताव रखा - एक परिवार के साथ रहने का सांस्कृतिक आदान-प्रदान! परिवार ने मुझसे संपर्क किया और वहाँ रहने की तनख़्वाह बताई। मुझे इस पर यक़ीन नहीं हुआ। सच कहूँ, तो यह अवसर मेरी गोद में आ *गिरा* था।

उसके बाद मैंने सोचा, ठीक है, वहाँ पहुँचने के बाद *मुझे पैसा मिल जाएगा। अब मुझे बस यह पता लगाना था कि वहाँ पहुँचूँ कैसे!* मैं खुद को बताती रही कि मैं निश्चित रूप से जाने वाली हूँ; मुझे बस हवाई जहाज़ के टिकट के लिए पैसे की जुगाड़ करनी थी।

कुछ सप्ताह बाद मैंने कॉलेज की पढ़ाई पूरी कर ली और लोगों ने मुझे तोहफ़े में पैसे भेजे। तोहफ़ों की पूरी राशि ठीक उतनी ही थी, जितनी मुझे अपने टिकट के लिए चाहिए थी।

उसके बाद मुझे अहसास हुआ कि मैं इतनी दूर जा रही हूँ, इसलिए *सिर्फ़* इटली देखना ही काफ़ी नहीं होगा। मैं यूरोप की दूसरी जगहों पर भी जाना चाहती थी। इसलिए मैंने निर्णय लिया कि अपने आख़िरी महीने

में मैं लिफ़्ट लेकर यात्रा करूँगी। मेरे मित्र और परिवार वाले चिंता करने लगे। उन्होंने पूछा, "तुम इतने पैसे बचाओगी कैसे? क्या तुम अकेली जा रही हो? तुम्हारे साथ और कौन जा रहा है?" लेकिन मैं ज़ोर देकर कहती रही, "जब समय आएगा, तब देखा जाएगा। कोई न कोई मेरे साथ जाएगा और मैं पर्याप्त पैसे बचा लूँगी। मैं यह बात जानती हूँ!"

मैंने एक महीने अतिरिक्त रुकने के हिसाब से अपना वापसी का टिकट करा लिया। अगले ही दिन मेरे पास मेरी सबसे अच्छी सहेली का फ़ोन आया, जो दूसरे राज्य में रहने लगी थी। उसने सामान्य बातचीत करने के लिए फ़ोन किया था, क्योंकि काफ़ी समय से हमारी बात नहीं हुई थी। जब मैंने उसे यूरोप यात्रा की योजना बताई, तो वह तुरंत बोली, "मैं भी तुम्हारे साथ चल रही हूँ। मैं अभी अपना टिकट बुक करा लेती हूँ... रोम में मिलते हैं!"

द सीक्रेट के इस्तेमाल से मेरी यात्रा का सपना सच हो गया। इससे मेरे मन में यह सुंदर भावना उत्पन्न हुई कि सिर्फ़ विचार बदलने से ही आपके साथ बहुत बढ़िया चीज़ हो सकती है! मेरी यात्रा जीवन बदलने वाला अनुभव साबित हुई, मेरे पास इसे करने के लिए पर्याप्त पैसा था और अंत में तो पैसा बच भी गया!

यह पूरी तरह सच है : माँगो, विश्वास करो, पाओ। यह वाक़ई कारगर है।

धन्यवाद, धन्यवाद, धन्यवाद! सभी पर ईश्वर की कृपा रहे।

– ***एशले एस.***, सिएटल, वॉशिंगटन, अमेरिका

एक बार माँगें। फिर विश्वास करें कि आपकी मनचाही चीज़ आपको मिल गई है। अब उसे पाने के लिए आपको बस अच्छा महसूस करना है। जब आप अच्छा महसूस करते हैं, तो आप पाने की आवृत्ति पर होते हैं; आप अपनी ओर आने वाली सभी अच्छी चीज़ों की आवृत्ति पर होते हैं, इसलिए आपकी माँगी हुई चीज़ आपको मिल जाएगी।

उस आवृत्ति पर ख़ुद को तेज़ी से पहुँचाने का एक तरीक़ा यह कहना है, "मुझे इसी समय मिल रहा है। मुझे इसी समय जीवन में सारी अच्छी चीज़ें मिल रही हैं। मुझे इसी समय (अमुक चीज़) मिल रही है।" और इसे दिल से *महसूस* करें। इसे इस तरह *महसूस* करें, मानो आपकी मनचाही चीज़ आपको सचमुच मिल चुकी हो।

एशले ने अपने जर्नल में लिखकर इस तरह काम किया, मानो उसे उसकी मनचाही चीज़ मिल गई थी। इससे उसका विश्वास दृढ़ हुआ और विश्वास की बदौलत उसे वह चीज़ मिल गई!

कोई छोटी चीज़ माँगें

ज़्यादातर लोग अपने जीवन में छोटी चीज़ों को जल्दी प्राप्त कर लेते हैं। ऐसा इसलिए, क्योंकि छोटी चीज़ों को लेकर उनके मन में कोई प्रतिरोध नहीं होता और वे ऐसे विचार नहीं सोचते, जो उनका विरोध करें। लेकिन जब ज़्यादा बड़ी चीज़ों की बात आती है, तो लोग अक्सर शंका या चिंता के विचार प्रकट करते हैं, जो उन बड़ी चीज़ों का विरोध करते हैं। किसी चीज़ को प्रकट होने में कितना समय लगेगा, यह हमारे विरोधी विचार ही तय करते हैं।

सृष्टि के लिए कोई चीज़ बड़ी या छोटी नहीं होती।

– द सीक्रेट दैनिक प्रेरणा

एक सिक्का मिलने से हर चीज़ बदल गई

द सीक्रेट पढ़ने के बाद मैंने निर्णय लिया कि मैं किसी छोटी चीज़ से शुरू करूँगी – पुस्तक के उस आदमी की तरह, जिसने पंख की कल्पना की थी। मैंने एक पेनी की कल्पना करने का निर्णय लिया और उस पेनी को ख़ास बनाया। मैंने तय किया कि जब मुझे यह पेनी मिलेगी, तो इसका हेड वाला हिस्सा ऊपर होगा, यह बहुत चमकदार तथा नई होगी और सबसे अहम बात, इस पर 1996 लिखा होगा। यह वर्ष मेरे लिए बहुत ख़ास है, इसलिए मेरे लिए यह बहुत महत्त्वपूर्ण था कि पेनी पर यही वर्ष लिखा हो।

मैंने इस पेनी की कल्पना चार दिन पहले की थी और इस दौरान उसके बारे में कई बार सोचा भी था। कभी-कभार मैं पार्किंग की जगह और फुटपाथ पर चलते वक़्त पेनी की तलाश में ज़मीन की ओर देखने लगती थी। मुझे खुद को याद दिलाना पड़ा कि मुझे पेनी की तलाश नहीं करनी है, क्योंकि यह खुद मुझे खोज लेगी।

मुझे नहीं लगता कि आज मैंने पेनी के बारे में ज़रा भी सोचा था। जब से मैंने अपनी ख़ास पेनी की कल्पना की थी, तब से मुझे एक भी पेनी नहीं दिखी थी। आज रात मैं फ़िल्म देखने गई और जब मैं टॉकीज़ से निकल रही थी, तो मैंने यूँ ही ज़मीन की तरफ़ देखा और वहाँ मुझे एक चमकदार पेनी दिख गई। मेरे मन में तुरंत यह विचार आया कि यह मेरी पेनी थी, लेकिन इसे छूने से पहले मैंने यह सुनिश्चित किया कि इसका

हेड वाला हिस्सा ऊपर हो। निश्चित रूप से, हेड वाला हिस्सा ही ऊपर था। मैंने इसे उठा लिया और मेरे आँसू निकल पड़े, जब मैंने देखा कि इस पर 1996 लिखा था!

मुझे बहुत ख़ुशी है कि मैंने छोटी शुरुआत करने का निर्णय लिया, क्योंकि इससे मुझे सचमुच विश्वास हो गया। अब मैं जान गई हूँ कि मैं कुछ भी कर सकती हूँ और कुछ भी पा सकती हूँ। अब मैं यह पुस्तक अपने हर परिचित को ख़रीदकर देना चाहती हूँ! आपको बहुत-बहुत धन्यवाद, मैं सचमुच बहुत कृतज्ञ हूँ!

– ***अमांडा,*** कनेक्टिकट, अमेरिका

आप जो चाहते हैं, उसे प्रकट करने में सृष्टि को ज़रा भी देर नहीं लगती है। जो भी देर होती है, वह आपके कारण होती है। वह चीज़ आपको मिल चुकी है, इस बात पर विश्वास करने, जानने और महसूस करने में आपको देर लगती है। सृष्टि के लिए एक डॉलर देना भी उतना ही आसान है, जितना कि एक मिलियन डॉलर देना। इनमें से एक जल्दी आ जाता है और दूसरा देर से, इसका एकमात्र कारण आपकी यह सोच है कि एक मिलियन डॉलर बहुत बड़ी रक़म है, जबकि एक डॉलर बहुत छोटी राशि है। जब आप सोचते हैं कि कोई चीज़ सचमुच बड़ी है, तो आप दरअसल आकर्षण के नियम से यह कह रहे हैं, “यह इतनी बड़ी चीज़ है कि इसे हासिल करना मुश्किल है और इसमें शायद काफ़ी समय लगेगा।” और आप सही होंगे, क्योंकि आप जो भी सोचते और महसूस करते हैं, वही आपको मिलेगा। इसलिए, आकर्षण के नियम की शक्ति का अनुभव करने का सबसे आसान तरीक़ा किसी छोटी चीज़ से शुरू करना है। एक बार जब आप इसकी शक्ति का प्रमाण देख लेंगे, तो आपके मन में मौजूद सारी शंकाएँ अपने आप ग़ायब हो जाएँगी।

कोई छोटी चीज़

मुझे एक सहेली ने *द सीक्रेट* की जानकारी दी। उसने बताया कि मेरी ज़िंदगी में जो कुछ भी हुआ है, *द सीक्रेट* के कारण ही हुआ है। मैं सोचती रही। आख़िर यह *द सीक्रेट* क्या है? उसने मुझे नहीं बताया; उसने बस इतना ही कहा, "अगर मैं तुम्हें बता दूँगी, तो यह रहस्य नहीं रहेगा!" मैंने एक तरह से हार मान ली और इसके बारे में कुछ नहीं सोचा।

कुछ महीने बाद कैनेडा में रहने वाला कज़िन मुझसे मिलने आया। बातचीत में हम उसी विषय पर आ गए, यानी *द सीक्रेट।* वह मुझे बार-बार बताता रहा कि किस तरह *द सीक्रेट* ने उसकी ज़िंदगी बदल दी है और इस पर अमल करने से उसके साथ कितनी शानदार चीज़ें हुई हैं। तब मैंने सोचा, *ठीक है, बहुचर्चित सीक्रेट को देख लेते हैं।* अंततः मैंने ऑनलाइन डीवीडी मँगा ली और इसे देखा। मैंने सोचा, *हूँ... दिलचस्प है।* अब सवाल यह था कि मैं यह देखने के लिए क्या कर सकती हूँ कि यह कारगर है या नहीं। मैंने सोचा कि मैं किसी बहुत छोटी चीज़ से शुरू करती हूँ, लेकिन यह कोई ऐसी चीज़ होनी चाहिए, जिसे मैं सचमुच चाहती हूँ। यह *द सीक्रेट* को ग़लत साबित करने का मेरा विचित्र तरीक़ा था।

यह अजीब लग सकता है, लेकिन उस वक़्त मैं चीनी गुलगुले खाने के लिए बेताब थी, जिसे हर गाव कहा जाता है। मैं कॉकेशियन बहुल इलाक़े में रहती थी, जहाँ असली चीनी रेस्तराँ इक्के-दुक्के ही थे। लेकिन पुस्तक में बताया गया था कि मैं अपनी मनचाही चीज़ की मानसिक तसवीर देखूँ और मैंने ऐसा ही किया। मैंने हर गाव खोजने की पूरी कोशिश भी की। मैंने *द सीक्रेट* का या उन गुलगुलों को माँगने का ज़िक्र नहीं किया। मैं बस इसके बारे में एक सप्ताह तक सोचती रही, लेकिन कुछ नहीं हुआ।

फिर एक रात सोने से पहले मैंने खुद से कहा, *मैं यह व्यंजन किसी न किसी तरीक़े से खाऊँगी। मैं नहीं जानती कि कैसे, लेकिन मैं खाऊँगी ज़रूर।* अगली सुबह जब मैं ऑफ़िस गई, तो मैं पूरी तरह भूल चुकी थी कि पिछली रात मैंने क्या कहा था। मैं ऑफ़िस के सामान्य कामकाज करने लगी। तभी मेरी सहकर्मी आकर बोली, "चलो किचन में चलते हैं; दूसरे विभाग ने सबके लिए नाश्ते का इंतज़ाम किया है।" मैं उसके पीछे-पीछे गई और जानते हैं, मुझे क्या दिखा? मेरा *हर गाव!* हा-हा! और क्या? यह बहुत आकस्मिक और अप्रत्याशित था। विचित्र बात यह थी कि इसे नाश्ते में नहीं खाया जाता है! लेकिन यह वहाँ था।

एक बार जब मैंने सचमुच विश्वास कर लिया, तो यह हो गया! मैंने इसे लाने वाली लड़की से पूछा कि वह इसे नाश्ते में क्यों लाई। उसका जवाब था, "सुबह 6 बजे मेरे घर के पास बस यही मिल रहा था!"

उस पल के बाद मैं *द सीक्रेट* पर सचमुच विश्वास करने लगी!

– ***लार्नी आर.***, कैलिफ़ोर्निया, अमेरिका

यह असामान्य नहीं है कि लोग किसी छोटी चीज़ को माँगकर द *सीक्रेट* की शक्ति की "जाँच" करते हैं, "बस यह देखने के लिए कि क्या यह सचमुच कारगर है।" अगली कहानी में जेसन ने भी बहुत छोटी चीज़ से शुरू करने का निर्णय लिया। और उसने एक ऐसी दुर्लभ व ख़ास चीज़ चुनी, जिसके साकार होने पर मन में कोई शंका नहीं रह सकती थी।

मैंने विश्वास करना छोड़ दिया था, जब तक कि...

मैं *द सीक्रेट* के रिलीज़ होने से एक साल पहले से आकर्षण के नियम का अध्ययन कर रहा था। कोई भी चीज़ मेरे लिए कारगर नहीं रही थी, लेकिन मैं फ़िल्म को लेकर रोमांचित था।

जब मैंने फ़िल्म देखी, तो यह सचमुच प्रेरक लगी। मैंने इसे एक सप्ताह में कई बार देखा; मुझे इसमें बहुत आनंद आया!

एक खंड में वे कहते हैं कि शुरू करने के लिए अपनी ओर "एक कप कॉफ़ी को आकर्षित करें।" ऑडियोबुक में वे उस आदमी की कहानी बताते हैं, जिसने एक पंख को अपनी ओर आकर्षित किया था और इस तरह खुद के सामने साबित किया था कि आकर्षण का नियम सच्चा है।

मैंने भी खुद के सामने यह "साबित करने" का निर्णय लिया कि आकर्षण का नियम सच्चा है। मैं किसी ऐसी चीज़ को आकर्षित करके ऐसा करना चाहता था, जो सबसे अलग हटकर हो। मैंने एक लाल अंगुश्ताने को चुना। मैं इसे हर दिन अपनी लक्ष्य पुस्तिका में लिखने लगा। मैं इसका चित्र देखता था, अपनी आँखें बंद करता था, अपनी अँगुली को देखता था और कल्पना करता था कि मैंने उस पर लाल अंगुश्ताना पहन रखा था। जब मैं अपने लाल अंगुश्ताने को आकर्षित कर लूँगा, तो मैं क्या कहानी बताऊँगा, इस बारे में मैंने खुद को एक ईमेल भी लिखा।

दो सप्ताह गुज़र गए, लेकिन कुछ नहीं हुआ। फ़िल्म में कहा गया था कि आप एक कप कॉफ़ी एक दिन में आकर्षित कर सकते हैं और उस आदमी ने वह पंख दो दिनों में अपनी ओर आकर्षित कर लिया था। मेरे मामले में दो सप्ताह गुज़र चुके थे, लेकिन मुझे कुछ भी नहीं मिला था!

एक दिन आशुरचना क्लास में हमें एक रचना लिखनी थी, जहाँ लोगों को एक निश्चित शब्द पर दाख़िल होना और बाहर निकलना था। मुझे *अंगुश्ताना* शब्द मिला।

इससे मेरे मन में बेहतरीन भावना उत्पन्न हुई। मुझे महसूस हुआ, मानो यह सृष्टि का संदेश था, जो कह रही थी, "जो कर रहे हो, करते रहो, यह तुम्हारी तरफ़ आ रहा है!"

मैंने ऐसा ही किया, लेकिन अगले महीने भी कुछ नहीं हुआ।

मैं हताश हो गया, कुंठित हो गया और इसके बारे में भूल गया। स्पष्ट रूप से, आकर्षण का नियम काम नहीं करता था। देखिए, मुझे इस पर सच्चा विश्वास नहीं था। मुझे इसके कारगर होने पर छुटपुट यक़ीन तो था, लेकिन मैं इसके इस्तेमाल का तरीक़ा नहीं जानता था। ढाई महीने गुज़र गए थे और मैं एक अंगुश्ताने को भी आकर्षित नहीं कर पाया था? मैं जो कर रहा था, शायद मुझे उसका तरीक़ा पता नहीं था।

फिर एक दिन मैं लास वेगस में हो रहे जादूगर सम्मेलन में गया। सम्मेलन के अंत में हमारे टीचर ने हमसे कहा कि हम उनकी गेस्ट बुक में साइन करें और इसके बाद उनके "ख़ज़ाने के पिटारे" में हाथ डालकर एक छोटी चीज़ निकालें, जिसका इस्तेमाल वे सड़क पर करते थे।

एक और जादूगर पुस्तक पर साइन करके लौटा। "इस पत्थर को देखो!" वह बोला। "मैं इसका इस्तेमाल कृतज्ञता पत्थर के रूप में करने वाला हूँ!"

मैंने पूछा, "ओह, आपने *द सीक्रेट* देखी है?" उसने कहा कि उसने वह फ़िल्म देखी है। तभी अचानक मेरे दिमाग़ में यह ख़याल आया : मेरा लाल अंगुश्ताना उसी ख़ज़ाने के पिटारे में था। यह एक और संकेत था। मैं आगे गया, मैंने गेस्ट बुक पर साइन किए, पिटारे को खोला और सबसे ऊपर एक लाल अंगुश्ताना रखा हुआ था। मुझे इस पर यक़ीन नहीं हुआ! मैंने पूरे डिब्बे को खँगाला। वहाँ दूसरा कोई अंगुश्ताना था ही नहीं। सिर्फ़ एक ही था और उसका रंग भी वही था, जिसे मैंने चुना था, लाल।

जैसा मैंने इसकी इच्छा करते सोचा था, मैं उस अंगुश्ताने को हर जगह साथ ले जाता हूँ। यह इस वक़्त भी मेरी जेब में रखा हुआ है। जब भी मैं इसे छूता हूँ, तो मुझे याद आ जाता है कि वह लाल अंगुश्ताना आकर्षण के नियम में मेरे विश्वास का सबूत है। यह संयोग या क़िस्मत की बदौलत नहीं हुआ था; यह तो इसलिए हुआ था, क्योंकि मैंने इसका सृजन किया था।

मैं नहीं जानता कि उस छोटे से अंगुश्ताने को मेरे पास आने में इतना समय क्यों लगा। मुझे अब भी पक्का नहीं पता कि मैं आकर्षण के नियम का इस्तेमाल करने का पूरा तरीक़ा समझ गया हूँ। लेकिन जब भी मैं अपनी जेब में रखे उस लाल अंगुश्ताने को छूता हूँ, तो मैं हर बार विश्वास करने लगता हूँ। मैं पूरी तरह से विश्वास नहीं करता था, लेकिन अब करने लगा हूँ। आकर्षण का नियम सच्चा है!

– ***जेसन,*** मिशिगन, अमेरिका

एक बार जब आप व्यक्तिगत तौर पर *सीक्रेट* की शक्ति का अनुभव कर लेते हैं और आकर्षण के नियम में सचमुच विश्वास करने लगते हैं, तो इसका अभ्यास करने पर आपकी ज़िंदगी की हर चीज़ बदलकर बेहतर हो जाएगी।

इससे वाक़ई आपकी ज़िंदगी बदल जाएगी!

द सीक्रेट ने मेरे परिवार की ज़िंदगी बदल दी

लगभग डेढ़ साल पहले मैं अपनी दो छोटी बेटियों (एक पाँच महीने की और दूसरी पाँच साल की) के साथ कुछ महीने लॉस एंजेलिस में रही, जबकि मेरे पति दक्षिण अफ़्रीका में थे। हम अलग-अलग इसलिए रह रहे थे, क्योंकि दक्षिण अफ़्रीका में जीवन-यापन के लिए पर्याप्त पैसे नहीं मिल सकते थे। मेरे पति और मैंने निर्णय लिया कि बेहतर यही रहेगा कि मैं लड़कियों को लॉस एंजेलिस ले जाऊँ, जहाँ मेरा परिवार कुछ समय तक मदद कर सकता था। मेरे लिए पति से दूर रहना और लड़कियों के लिए डैडी से दूर रहना यातनामय था, लेकिन हम जानते थे कि इस तरह हम सभी ज़िंदा रहेंगे।

तीन अलग-अलग लोगों ने मुझे *द सीक्रेट* फ़िल्म के बारे में बताया। उन्होंने कहा कि इसे देखने से उनकी ज़िंदगी बदल गई थी। मैंने फ़िल्म देखने के लिए ऑनलाइन भुगतान कर दिया। इसे देखने के बाद मुझे अहसास हुआ कि दरअसल मैं *द सीक्रेट* को जी रही थी। मैं अपने जर्नल में उन सभी चीज़ों के बारे में लिख रही थी, जिनके लिए मैं कृतज्ञ थी।

मुझे सचमुच विश्वास था कि हमारी आर्थिक स्थिति अच्छी हो जाएगी और मैं दोबारा अपने पति के साथ रहूँगी।

मुझे यह भी अहसास हुआ कि जब मेरे पति और मैं एक साथ रहते थे, तो कोई चीज़ इसलिए कारगर नहीं हो पाती थी, क्योंकि मैं तो *द सीक्रेट* के अनुसार जी रही थी, लेकिन वे नहीं जी रहे थे। मैं जानती थी कि मुझे यह फ़िल्म अपने पति को दिखानी होगी।

अंत में मुझे काफ़ी पैसे मिले और मैं दोबारा दक्षिण अफ़्रीका पहुँच गई। मैंने अपने पति को फ़िल्म थमाते वक़्त कहा कि इससे उनकी ज़िंदगी बदल जाएगी। उस समय वे अपनी बेटियों के बिना जी रहे थे और जैसे-तैसे गुज़ारा कर रहे थे। हमारे कुत्ते भूखों मर रहे थे। पति को नौकरी नहीं मिल पा रही थी और वे अपने बिल नहीं चुका पा रहे थे। जब मैं दक्षिण अफ़्रीका लौटी, तो मेरे पास पर्याप्त पैसा था, जिससे मैंने सारे बिल चुका दिए और अच्छा भोजन ख़रीदा। अब मेरे पास वह कुंजी आ गई थी, जिसने हमारे पूरे परिवार की ज़िंदगी बदल दी।

मेरे पति ने *द सीक्रेट* देखी और कई हफ़्तों तक सोने से पहले हर रात इसे देखते रहे। उन्होंने उन चीज़ों पर ध्यान केंद्रित करना छोड़ दिया, जो उनके पास नहीं थीं। इसके बजाय वे उन चीज़ों पर ध्यान केंद्रित करने लगे, जिन्हें वे ज़िंदगी में सचमुच चाहते थे।

हमने एक काग़ज़ पर लिखा कि हम कैसी ज़िंदगी चाहते हैं। इसमें हमारा मनचाहा घर भी शामिल था। हमने दक्षिण अफ़्रीका में सब कुछ समेटा और अपने मनचाहे जीवन की चाह में लॉस एंजेलिस पहुँच गए। हमारे

पास बिलकुल वैसा ही मकान है, जिसका चित्र हमने देखा था। हमारी बड़ी बेटी लॉस एंजेलिस के सबसे अच्छे निजी स्कूल में पढ़ रही है और मेरे पति का कामकाज अच्छा चल रहा है, इसलिए हमारे पास वित्तीय सुरक्षा है। जीवन में हर दिन हम ऐसे चमत्कार होते देखते हैं, जो हमारी कल्पना से ज़्यादा बड़े होते हैं। अब हमें समझ आ गया है कि मेरे पति दक्षिण अफ़्रीका में हमसे अलग क्यों रह रहे थे, लेकिन अब हम एक ऐसा भविष्य देख सकते हैं, जो दूधिया रोशनी से दमक रहा है। और मेरे पति को फ़िल्म देखे हुए अभी सिर्फ़ एक साल ही हुआ है!

द सीक्रेट ने मेरे परिवार में हर एक की ज़िंदगी बदल दी है और यह आगे भी ऐसा ही करती रहेगी! अब हम सभी जानते हैं कि हमें बस माँगना है, विश्वास करना है और इसके बाद हमारी माँगी हुई चीज़ हमें मिल जाएगी। आप औज़ारों का जितना ज़्यादा इस्तेमाल करते हैं, आपकी इच्छा उतनी ही जल्दी पूरी होती है। यह शानदार है! और अपनी कहानी सुनाकर हमने अपने आस-पास के कई लोगों की भी ज़िंदगी बदल दी है। आपको धन्यवाद।

– ***अलेक्स***, लॉस एंजेलिस, कैलिफ़ोर्निया, अमेरिका

इस बात से फ़र्क़ नहीं पड़ता कि आप कहाँ हैं, न ही इस बात से कि परिस्थितियाँ कितनी मुश्किल नज़र आ रही हैं। आप हमेशा वैभव की ओर बढ़ रहे हैं। हमेशा।

– **द सीक्रेट दैनिक प्रेरणा**

सृजनात्मक प्रक्रिया की कुंजियाँ

- आकर्षण के नियम के लिए कुछ भी असंभव नहीं है; इसके लिए हर चीज़ संभव है।
- आप जिसके बारे में भी लगातार सोचते हैं, उसे ही अपने जीवन में आकर्षित करेंगे।
- आप जो चाहते हैं, उसके सृजन के सिर्फ़ तीन सरल क़दम हैं - माँगें, विश्वास करें, पाएँ।
- सृजनात्मक प्रक्रिया का पहला क़दम है माँगें। माँगने के लिए बस अपने मन में यह स्पष्ट कर लें कि आप क्या चाहते हैं।
- आप जितनी विशिष्ट या ख़ास चीज़ माँगना चाहें, माँग सकते हैं।
- एक बार जब आप माँग लें, तो यह जान लें कि आपकी माँगी हुई चीज़ आपको मिल चुकी है।
- सृजनात्मक प्रक्रिया का दूसरा क़दम है विश्वास करें। इस तरह काम करें, बोलें और सोचें, मानो आपको मनचाही चीज़ मिल चुकी हो।
- विश्वास करने के लिए इस तरह सोचें, बोलें और काम करें, मानो आपकी मनचाही चीज़ आपके पास इसी समय मौजूद है।

- *सृष्टि आपकी मनचाही चीज़ आप तक कैसे पहुँचाएगी, यह चिंता करना या सोचना आपका काम नहीं है।*

- *जब आप विश्वास करते हैं, तो सृष्टि सारी चीज़ें आप तक ज़रूर पहुँचा देगी।*

- *कोई छोटी चीज़ माँगकर रहस्य की शक्ति की जाँच करें।*

- *सृजनात्मक प्रक्रिया का तीसरा क़दम है पाएँ। जब आप अच्छा महसूस करते हैं, जब आप पाने की आवृत्ति पर होते हैं, तभी आपकी मनचाही चीज़ें आपको मिलेंगी।*

- *एक बार माँगें, विश्वास करें कि आपको वह चीज़ मिल गई है और इसके बाद बस अच्छा महसूस करें; आपको वह चीज़ सचमुच मिल जाएगी।*

- *इसी समय अपने विचार बदल लें; आपकी ज़िंदगी बदल जाएगी।*

AS ABOVE SO BELOW AS WITHIN SO WITHOUT

अपने जीवन को बदलने के लिए किसी न किसी मोड़ पर हमें यह निर्णय लेना होता है कि अब कष्ट सहन करने के बजाय हम हमेशा ख़ुश रहेंगे। हम यह सिर्फ़ एक तरीक़े से कर सकते हैं - हमें यह निर्णय लेना है कि हम प्रशंसा करने के लिए तत्पर रहेंगे।

- द सीक्रेट दैनिक प्रेरणा

मैंने ख़ुशी के लिए सीक्रेट का इस्तेमाल कैसे किया

ख़ुशी उन विचारों पर पूरा ध्यान केंद्रित करने से मिलती है, जिनसे आपको ख़ुशी का अहसास होता है। ख़ुशी उन विचारों को नज़रअंदाज़ करने से मिलती है, जिनसे आपको ख़ुशी का अहसास नहीं होता है।

आपकी ज़िंदगी आपके हाथों में है। आप इस वक़्त चाहे जहाँ हों, आपके जीवन में अब तक चाहे जो हुआ हो, आप चेतन होकर अपने विचार चुन सकते हैं और अपनी ज़िंदगी ख़ुशियों से भर सकते हैं। निराशाजनक स्थिति जैसी कोई चीज़ नहीं होती। जब आप अपना ध्यान उन विचारों को देते हैं, जिनसे आपको ख़ुशी का अहसास होता है, तो आप न सिर्फ़ ख़ुश रहेंगे, बल्कि आपकी ज़िंदगी की हर परिस्थिति भी बेहतर होने लगेगी!

सरल भाषा में कहें, तो आपका वर्तमान जीवन आपके सोचे हुए विचारों का परिणाम है। इसी वजह से जब आप अपने विचार और भावनाएँ बदल लेते हैं, तो आपकी पूरी ज़िंदगी बदल जाती है। इसकी सच्चाई अगली कहानी बताने वाली ट्रेसी से बेहतर कोई नहीं जानता।

द सीक्रेट ने मेरी जान बचा ली!

कई दूसरी लड़कियों की तरह मैं भी प्रताड़ित और अवांछित बच्ची थी। आत्महत्या, आहार विकृतियाँ और दूसरी खुद को हानि पहुँचाने वाली चीज़ें मेरा सुरक्षा जाल थीं। अक्षमता और आत्मगौरव-शून्यता की ये भावनाएँ वयस्क होने के बाद भी चलती रहीं।

मैंने खुद को नर्सिंग में झोंक दिया और दूसरों की परवाह करने में जुट गई, क्योंकि मेरा कोई सहारा नहीं था। लड़कियों से तो मेरी दोस्ती हमेशा बेहतरीन रहती थी, लेकिन पुरुषों के साथ मैं हमेशा बुरे संबंधों में फँस जाती थी। मेरा पूर्व-पति आदतन व्यभिचारी था और मेरे बॉयफ्रेंड ने भी मुझे धोखा दिया था। मैं अपने बेटे पर जान छिड़कती हूँ, लेकिन मुझे लगता था कि मैं अच्छी माँ नहीं हूँ और वह ज़्यादा का हक़दार था।

जब मैं आत्महत्या के बारे में गंभीरता से सोच रही थी और मुझे जीने की कोई सूरत नहीं दिख रही थी, तब एक प्रिय सहेली ने मुझे *द सीक्रेट* पढ़ने की सलाह दी। इसने सचमुच मेरी जान बचा ली। मैंने इसे पढ़ा, बार-बार पढ़ा और मैं आज भी अपनी नई जीवनशैली के तहत हर दिन इसका एक अध्याय पढ़ती हूँ। जीना कैसे है, यह समझने-सीखने में मुझे थोड़ा समय लगा। शुरुआत में तो मुझे अपने सोचने का तरीक़ा बदलने के लिए बहुत कड़ी मेहनत करनी पड़ी। लेकिन अब ऐसा लगता है, मानो मेरे पुराने जीवन और मेरे वर्तमान जीवन में कोई संबंध ही न हो। मेरा हर दिन मुस्कान और धन्यवाद की प्रार्थना के साथ शुरू होता है। आज मैं बहुत खुश हूँ। हर दिन मैं यह जानकर आनंदित रहती हूँ कि मेरी खुशी कोई भी मुझसे नहीं छीन सकता, क्योंकि मैं जितनी ज़्यादा खुश रहूँगी, मुझे उतनी ही ज़्यादा खुशी मिलेगी। मेरे पास दैनिक डायरी

और स्वप्न बोर्ड भी है। मैं अपने जीवन में मौजूद सभी बढ़िया लोगों के लिए बहुत कृतज्ञ हूँ। इसमें एक शानदार आदमी शामिल है, जो मुझसे बहुत प्रेम करता है और उतनी ही अहम बात, मैं भी उससे प्रेम करती हूँ। मैंने ख़ुद से प्रेम करना भी सीख लिया है, जो काफ़ी मुश्किल काम था। मेरा पूरा जीवन - ऑफ़िस में भी और घर पर भी - अब बहुत भरा-पूरा और संतुष्टिदायक है। मैं ख़ुद को बहुत धन्य मानती हूँ कि मुझे जीवन के सभी क्षेत्रों में इतना ज़्यादा प्रेम मिला है।

मैंने *द सीक्रेट* की प्रतियाँ अपनी कई सहेलियों को भी बाँटी हैं, ताकि दूसरे लोगों को भी पता चल सके कि ज़िंदगी कितनी सुंदर हो सकती है।

- ***ट्रेसी***, कैनेरी आइलैंड्स

जब आप अपने बारे में बुरा महसूस करते हैं, तो आप उस प्रेम और ख़ुशी का रास्ता रोक रहे हैं, जो सृष्टि आपको दे सकती है। ट्रेसी ने अपनी पुरानी ज़िंदगी और ख़ुद के बारे में दुख भरे विचार सोचना छोड़ दिया। इसके बजाय उसने सकारात्मक और सुखद विचार सोचने का चुनाव किया। उसे यह पता चला कि वह जितना ज़्यादा ख़ुश रहती थी, उतनी ही ज़्यादा ख़ुशी उसके जीवन में आती थी, जिसमें उसका आदर्श साथी भी शामिल था। इसी तरह आप अपनी ज़िंदगी को ख़ुशहाल बनाते हैं।

अगली कहानी में हैना ने भी *द सीक्रेट* पढ़ने के बाद अपने सोचने का तरीक़ा बदला। फलस्वरूप उसकी ज़िंदगी बदल गई और उसे ख़ुशी का नया अनुभव हुआ।

मेरी ज़िंदगी का सबसे अच्छा साल

मैंने *द सीक्रेट* तब पढ़ी, जब मैं एक ढर्रे में फँसी हुई थी। मैं नहीं जानती थी कि मैं ज़िंदगी में कहाँ जा रही थी या क्या करना चाहती थी। जब मैंने गर्मियों की बहुत नीरस नौकरी में *द सीक्रेट* पढ़ी, तो हालात बदलने लगे। मैं तुरंत ही इसकी तकनीकों पर अमल करने लगी। मैं उस वक़्त कंगाल थी, लेकिन *द सीक्रेट* पढ़ने के बाद वाली रात को मैंने अपना बैंक अकाउंट देखा। मैं यह देखकर दंग रह गई कि उसमें मेरे अनुमान से ज़्यादा पैसा था। मैंने एक ख़ास चीज़ का मानसिक चित्र भी देखा : चाँदी का आकर्षक लिपस्टिक केस। कुछ दिनों में ही यह मुझे मिल गया।

द सीक्रेट पढ़ने के कुछ सप्ताह बाद मुझे एक नई नौकरी मिल गई, जिसमें कामकाज के घंटे सुविधाजनक थे और तनख़्वाह बहुत अच्छी थी। मुझे मैनहट्टन की एक जनसंपर्क कंपनी में शानदार इंटर्नशिप की पेशकश भी मिली।

जब कॉलेज का मेरा जूनियर वर्ष शुरू हुआ, तो मैं शबाब पर थी। इंटर्नशिप की बदौलत मैं महत्त्वपूर्ण कार्यक्रमों में जाती थी और प्रभावशाली तथा मशहूर लोगों से मिलती थी। अपनी दूसरी नौकरी से मुझे आर्थिक स्थायित्व मिल रहा था। पीआर इंटर्नशिप के बाद मुझे एक बड़ी फ़ैशन पत्रिका ने अपने यहाँ रख लिया। यहाँ मुझे शानदार *मुफ़्त* कपड़े और फ़ैशन वीक के आमंत्रण मिलने लगे।

पूरे साल यही सिलसिला चलता रहा। एक बेहतरीन चीज़ दूसरी बेहतरीन चीज़ की तरफ़ ले गई। मुझे यक़ीन है कि *द सीक्रेट* पढ़ने की बदौलत यह सिलसिला तेज़ी से आगे बढ़ा। मेरा साल शानदार लोगों, रोमांचक अवसरों, उदार उपहारों, भव्य पार्टियों और सबसे अहम बात, सकारात्मकता से भरा हुआ था! मैंने समान मानसिकता वाले लोगों को आकर्षित किया।

मैं गर्मियों में न्यू यॉर्क में रहना चाहती थी और अपने दम पर किराया देना चाहती थी। जिस पीआर फ़र्म में मैंने प्रशिक्षण लिया था, मुझे वहीं नौकरी मिल गई। अब मैं ठीक वह कर रही हूँ, जिसका मैंने मानसिक चित्र देखा था! इस साल मेरे साथ इतनी सारी सुंदर, सौभाग्यशाली और प्रेरक चीज़ें हुई हैं कि मैं उनकी सूची बना रही हूँ। संख्या सौ के क़रीब पहुँच रही है और अच्छी चीज़ें लगातार आती ही जा रही हैं!

– ***हैना,*** न्यू यॉर्क, अमेरिका

अतीत को जाने दें

अगर आप पुरानी बातें सोचते रहते हैं और अतीत की मुश्किलों पर लगातार ध्यान केंद्रित करते हैं, तो यह बात अच्छी तरह समझ लें कि आप ज़्यादा मुश्किल परिस्थितियों को आमंत्रित कर रहे हैं। अपने बचपन के बारे में सोचते वक़्त उन चीज़ों को याद न करें, जिन्हें आप पसंद नहीं करते। सिर्फ़ उन्हीं चीज़ों को याद करें, जो आपको बहुत अच्छी लगती हों। अपनी किशोरावस्था और वयस्क वर्षों की जिन चीज़ों को आप पसंद न करते हों, उन्हें पीछे ही छोड़ दें और सिर्फ़ अच्छी चीज़ों को ही दिमाग़ में जगह दें। जब आप ऐसा करते हैं, तो आप ज़्यादा ख़ुशी महसूस करते हैं। आप जितने ज़्यादा सकारात्मक विचार रखते हैं, आप अपनी प्रिय चीजों पर जितना ज़्यादा ग़ौर करते हैं, आप उतने ही ज़्यादा ख़ुश रहेंगे।

समान चीज़ें अपने जैसी ही चीज़ों को आकर्षित करती हैं, इसलिए जब आप ख़ुश होते हैं, तो आप ख़ुश लोगों, परिस्थितियों और घटनाओं को अपने जीवन में आकर्षित करते हैं। एक बार में ख़ुशी भरा एक विचार - आपकी ज़िंदगी इसी तरह बदलती है!

> *आपने अपने भीतर जो भी भावनाएँ सँजोई हैं, आपका जीवन उसी का प्रतिबिंब है। और आप अपने भीतर कैसी भावनाएँ रखते हैं, यह हमेशा आपके नियंत्रण में होता है।*

– द सीक्रेट दैनिक प्रेरणा

एक नई शुरुआत!

मेरा जीवन तब शुरू हुआ, जब मुझे *द सीक्रेट* का पता चला।

द सीक्रेट का पता चलने से पहले मैं हर समय दुखी और खिन्न रहती थी। मैंने दो बार ख़ुदकुशी की कोशिश भी की। मैं हमेशा भन्नाई रहती थी और मुश्किल से हँसती थी। मैं ख़ुद से और अपने आस-पास के लगभग हर इंसान से नफ़रत करती थी। मैं दुख भरे गाने सुनती थी और रोती थी। दुखद फ़िल्में देखती थी और रोती थी। सारी समस्याओं के बारे में बार-बार बात करती थी और रोती थी। मैं शराब भी पीती थी और अपने मित्रों के साथ बहुत बुरा सलूक करती थी। मैं वाक़ई हतोत्साहित थी।

ज़ाहिर है, मेरे अतीत में मेरे साथ जो कुछ भी बुरा हुआ था, वह दुर्भाग्य से अब भी याद है, लेकिन अब मैं यह समझ गई हूँ कि मैं अतीत को बदल नहीं सकती, इसलिए यह आगे बढ़ने और नए सिरे से जीवन शुरू करने का समय है। *द सीक्रेट* को शुक्रिया।

जब से मैं *द सीक्रेट* का इस्तेमाल करने लगी हूँ, मैंने अपने आस-पास मौजूद प्रेम पर ग़ौर करना शुरू कर दिया है। मुझे यक़ीन नहीं होता कि मैं इसे पहले क्यों नहीं देख पाई। वाक़ई! मैं हैरान हूँ। और बहुत ख़ुश हूँ! हर कोई कहता है कि मैं पूरी तरह बदल चुकी हूँ; मैं जगमगाने लगी हूँ!

मुझे सच्चा प्रेम करने वाले कुछ मित्र भी मिल गए हैं। हर कोई मेरे प्रति अपने प्रेम का इज़हार करता है और मैं भी ऐसा ही करती हूँ। और मुझे उतना ही ज़्यादा प्रेम मिलता जाता है, जैसा मैं हमेशा चाहती थी!

मेरा अगला लक्ष्य अपनी आत्मा के जोड़ीदार को खोजना था। और हाँ, वह मुझे मिल गया है। क्या मुझे यह बताने की ज़रूरत है कि उसमें वे सारे गुण हैं, जो मैंने अपनी सूची में लिख रखे थे?

जब भी मुझे मौक़ा मिलता है, मैं लोगों को *द सीक्रेट* के बारे में बता देती हूँ। कई बार तो अजनबियों को भी। मैं तो बस यह चाहती हूँ कि हर कोई वैसा ही महसूस करे, जैसा मैं महसूस करती हूँ। मैं इसके लिए सचमुच कृतज्ञ हूँ। अगर *द सीक्रेट* न होती, तो आज मैं जाने कहाँ होती?

धन्यवाद। और ईश्वर का भी धन्यवाद।

– ***मिकी***, स्वीडन

सृजन का मतलब है कि आप कोई *नई* चीज़ बनाते हैं - जो अपने आप पुरानी चीज़ की जगह ले लेती है। जिस चीज़ को आप बदलना चाहते हैं, उसके बारे में न सोचें। इसके बजाय उस चीज़ के बारे में सोचें, जिसका आप सृजन करना चाहते हैं। जब आप अपने जीवन को सकारात्मक विचारों और भावनाओं से भर लेंगे, तो अपराधबोध, द्वेष और बाक़ी नकारात्मक भावनाएँ आपसे दूर चली जाएँगी। फिर आप भी अपनी सबसे अहम कहानी सुनाएँगे : आपके सुखद, शानदार जीवन की *सच्ची* कहानी।

खुशी पाने का रहस्य आसान है। बस वे चीज़ें करना छोड़ दें, जिनसे आपको दुख होता हो! आपके ही नहीं, बल्कि सारी मानव जाति के दुख का सबसे बड़ा कारण यह है कि आप नकारात्मक विचारों पर ज़्यादा ध्यान देते हैं। इस

भँवर से बाहर निकलने का रास्ता यह है कि अपना पूरा ध्यान सकारात्मक और सुखद विचारों पर ही केंद्रित रखें।

मित्र की थोड़ी सी मदद

अप्रैल 2008 में मेरी सबसे अच्छी सहेली ने *द सीक्रेट* से मेरा परिचय कराया। उसका भाई इसका दीवाना है और वह भी इसका अभ्यास करने की कोशिश करती है। उसे दिख रहा था कि मुझे मदद की ज़रूरत है। मैं उनतीस साल की थी, डिप्रेशन की दवाओं की भारी ख़ुराक पर जी रही थी और चार साल से मेरा यही हाल था। परोपकारी संस्थाएँ मेरे बच्चों की निगरानी कर रही थीं और मैं खोई हुई व अकेली महसूस कर रही थी।

मैंने *द सीक्रेट* ख़रीदी और इसने मुझे तत्काल अपनी ओर आकर्षित कर लिया। हर शब्द समझदारी भरा लग रहा था और ऐसा महसूस हुआ, मानो यह मेरे हृदय पर अंकित हो गया हो। मैं हर रात थोड़ा पढ़ती थी और इसे अंदर समा लेती थी। मैं नियम के अनुरूप जीने लगी और मुझे इसके परिणाम तुरंत मिले। मैं पहले से ज़्यादा शक्तिशाली, तीव्रबुद्धि और "सच्चा" महसूस करने लगी। मैंने दवा लेना छोड़ दिया और ज़्यादा मज़बूत बनने लगी। मैंने गोलियाँ पास में रखीं, ताकि अगर उनकी ज़रूरत पड़े तो काम आएँ, लेकिन मुझे उनकी फिर कभी ज़रूरत नहीं पड़ी! आज मैं बेहतर इंसान हूँ; मैं पहले से ज़्यादा यथार्थ में जी रही हूँ। मैं कृतज्ञता, शक्ति और विश्वास की अपनी भावनाएँ दूसरों को बताती रहती हूँ! परोपकारी संस्थाओं ने पिछले सप्ताह मेरा प्रकरण बंद

कर दिया। उन्होंने कहा, "मेल, तुममें आए बदलाव पर तो यक़ीन ही नहीं होता! ऐसा लगता है, जैसे तुम एक अलग इंसान बन गई हो।" मैं बस मुस्कराकर बोली, "हाँ, आख़िरकार मैं बन गई हूँ जो मैं वास्तव में हूँ!"

मैं अब 35 साल की अकेली माँ हूँ, और बहुत ख़ुश हूँ जीवन का आनंद ले रही हूँ, मज़बूत बन रही हूँ और कृतज्ञता जता रही हूँ। मेरी कृतज्ञता डायरी मेरे पलंग के पास रखी रहती है और मैं अक्सर इसमें लिखती रहती हूँ। मैंने *द सीक्रेट* की अपनी प्रति कई लोगों को पढ़ने को दी है। ज़िंदगी से जूझने वाले मित्रों को मैं अक्सर याद दिलाती हूँ कि वे कृतज्ञ होने के लिए छोटी चीज़ों की तलाश करें और वहाँ से भावनाओं को विकसित होते देखें।

अब भी मैं कई बार पाती हूँ कि मुझे ख़ुद को सही मार्ग पर पहुँचाने की ज़रूरत है, लेकिन मैं इसके बारे में जागरूक हूँ, इसलिए मैं जल्दी ही ख़ुशी की ओर लौटने में कामयाब हो जाती हूँ! मेरे रहस्य-विस्थापक काम करते हैं और मैं जो कृतज्ञता महसूस करती हूँ, वह अद्‌भुत है। मैं छोटी-छोटी चीज़ों पर भी कृतज्ञता के आँसू बहाने लगती हूँ!

द सीक्रेट काम करता है! यह अद्‌भुत है!

– ***मेलिका पी.***, एसेक्स, इंग्लैंड

मेलिका ने रहस्य-विस्थापकों का ज़िक्र किया है। ये वे चीज़ें हैं, जिन पर आप तब ध्यान केंद्रित करते हैं, जब भी आपको अहसास होता है कि आप क्रोध, कुंठा या कोई दूसरा नकारात्मक भाव महसूस कर रहे हैं, ताकि आप पल भर

में ही उन नकारात्मक भावनाओं को बदल लें। वे कुछ भी हो सकते हैं - मीठी यादें, सुखद घटनाएँ, मज़ेदार पल, सुंदर प्रकृति, प्रिय व्यक्ति या आपका पसंदीदा संगीत। आपके रहस्य-विस्थापक आपके लिए अनूठे होते हैं और आपको उनकी सूची अपने साथ रखनी चाहिए, ताकि ज़रूरत पड़ने पर आप उनकी मदद ले सकें। याद रखें, अलग-अलग चीज़ें अलग-अलग समय आपकी मनोदशा बदलती हैं, इसलिए अगर एक चीज़ से काम नहीं बन रहा है, तो दूसरी से बन जाएगा।

खुद को सही मार्ग पर लाने के लिए मेलिका की तरह ही आप भी रहस्य-विस्थापकों का इस्तेमाल कर सकते हैं। इससे आप अच्छा महसूस करने लगेंगे और जब आप अच्छा महसूस करते हैं, तो इसका मतलब है कि आप *अच्छी* चीज़ों को अपनी ओर प्रबलता से आकर्षित कर रहे हैं!

इसे देखें, इसे महसूस करें, इसे पा लें

आप जो चाहते हों, उसकी कल्पना करें, उसे सचमुच पाने का मानसिक चित्र देखें, अपने भीतर ख़ुशी महसूस करें। इसके बाद आकर्षण का नियम वह चीज़ आप तक पहुँचाने का आदर्श तरीक़ा खोज लेगा।

नया मकान, नई संतान

द सीक्रेट की नसीहतों पर अमल करके मैंने अपने जीवन में कई चीज़ें हासिल कर ली हैं : मेरे पति, मेरा आर्थिक स्थायित्व, मेरा स्वास्थ्य, एक नई कार, और भी बहुत कुछ।

मेरी छह साल की बेटी, पति और मैं शादी के बाद पति के गृहनगर में रहने लगे। वे रोज़ी-रोटी कमाते हैं और मैं अपनी शिक्षा पर ध्यान केंद्रित करती हूँ।

कुछ समय पहले हमने अपने विवाह में अगले क़दम उठाने की सोची, यानी हम अपना पहला मकान ख़रीदने और दूसरी संतान पैदा करने की सोचने लगे। हमारे मन में एक समय सीमा थी, लेकिन अंतिम तारीख़ क़रीब आने पर भी मकान या संतान के कोई आसार नहीं दिख रहे थे।

मेरे पति भी आकर्षण के नियम में दृढ़ विश्वास करते हैं और हमें अहसास हुआ कि हमने सही तरीक़े से नहीं माँगा है, पूरी तरह से विश्वास नहीं किया है, इसीलिए हमें यह अब तक नहीं मिल पाया है!

हम जिस शानदार इलाक़े में रहना चाहते थे, मन ही मन लगातार उसका चित्र देखने लगे। हमने अपने चित्र में ख़ास शैली का मनचाहा घर देखा। हमने यह कल्पना भी की कि हम कितनी क़ीमत चुकाएँगे। हम गर्भावस्था और नई संतान का मानसिक चित्र भी देखते रहे। मैंने उन सारी चीज़ों की ऑनलाइन रजिस्ट्री भी कर ली, जिनकी संतान होने पर ज़रूरत पड़ने वाली थी!

हम हर दिन अपने मनचाहे इलाक़े की सैर करने निकल पड़ते थे। हम सही जगह खोजने के लिए बेताब थे, इसलिए हमने दो अलग-अलग मकान ख़रीदने के प्रस्ताव दिए, लेकिन दोनों ही मामलों में किसी दूसरे के ज़्यादा ऊँचे प्रस्तावों की वजह से हमें मकान नहीं मिल पाया।

एक रात जब हम उस इलाक़े में घूम रहे थे, तो हमें अपने सपनों का मकान दिख गया। जगह आदर्श थी। इसकी शैली ठीक वैसी थी, जैसी हमने मानसिक चित्र में देखी थी। लेकिन क़ीमत बहुत ज़्यादा थी। हम जानते थे कि यही हमारा घर है, इसलिए हमने अपना प्रस्ताव भेज दिया। हमने जितनी क़ीमत में उसे ख़रीदने की पेशकश की थी, वह बहुत कम, लगभग अपमानजनक थी। अगले ही दिन हमारे एजेंट ने हमें फ़ोन किया। बेचने वाले ने हमारी पेशकश मंजूर कर ली थी! यह ख़बर सुनकर हम दंग रह गए, क्योंकि उसी सुबह मेरी गर्भावस्था जाँच का परिणाम भी सकारात्मक आया था!

गर्भवती होने से पहले मैंने जो सामान बुक किए थे, वे लड़के के लिए थे। मैं अपने तकिए के नीचे काग़ज़ रखकर भी सोई थी, जिस पर मैंने उसका नाम, लिंग और आँख का रंग तक लिखा था। और आप जानते हैं, क्या हुआ? मैंने हरी आँखों वाले एक बेटे को जन्म दिया, जैसी मैंने कल्पना की थी।

यह आश्चर्यजनक है कि विचार कितने शक्तिशाली हो सकते हैं।

– ***हैदर एम.***, बफ़ैलो, न्यू यॉर्क, अमेरिका

क्या आपने कभी किसी अप्रिय चीज़ के बारे में सोचना शुरू किया है और आपने उसके बारे में जितना ज़्यादा सोचा, यह उतनी ही ज़्यादा बुरी दिखती गई? ऐसा इसलिए है, क्योंकि जब आप किसी विचार पर लगातार ध्यान केंद्रित

करते हैं, तो आकर्षण का नियम उससे *मिलते-जुलते* विचार आपके मन में ले आता है। लेकिन अच्छी ख़बर यह है कि इसका विपरीत भी सच है।

यदि आप उन विचारों पर ध्यान केंद्रित करते हैं, जिनसे आपको ख़ुशी महसूस होती है, तो आप ज़्यादा आनंदमय विचारों को आकर्षित करेंगे। वास्तव में, ख़ुशी आपके जीवन की हर मनचाही चीज़ पाने का शॉर्टकट है। बस ख़ुशी महसूस करें और वर्तमान पल में ख़ुश रहें! सृष्टि में ख़ुशी और प्रसन्नता की भावनाएँ संचारित करने पर ध्यान केंद्रित करें। ऐसा करने पर आप ख़ुशी और प्रसन्नता देने वाली तमाम चीज़ों को अपनी ओर आकर्षित कर लेंगे, जिनमें आपकी हर मनचाही चीज़ शामिल होगी। जब आप ख़ुशी की भावनाएँ संचारित करते हैं, तो वे सुखद परिस्थितियाँ बनकर आपके जीवन में लौट आती हैं।

अगली कहानी में डायना ने एक ऐसी चीज़ पाने का मानसिक चित्र देखा, जिसे वह सचमुच चाहती थी और अंत में उसे अपनी कल्पना से भी ज़्यादा ख़ुशी मिली।

त्वरित परिणाम

जब मैंने *द सीक्रेट* फ़िल्म पहली बार देखी, तो यह इतनी सच्ची लगी, जैसे मैं इसे पहले से जानती थी, लेकिन एक साथ नहीं देख पाई थी। अब तक मैंने जितनी भी बड़ी चीज़ें हासिल की थीं, इसी तरह की थीं। मैं हर चीज़ के लिए कृतज्ञ रही, उसका मानसिक चित्र देखा और सावधानीपूर्वक अवलोकन करती रही।

कुछ समय पहले मैंने बोस्टन से फ़ीनिक्स की रात वाली उड़ान पकड़ी। मैं सबसे पहले चढ़ी, क्योंकि मैंने सामने वाली बेहतर सीट के लिए ज़्यादा पैसे दिए थे। एक साल पहले उसी उड़ान में मैं ख़ुशक़िस्मती से अपनी क़तार में अकेली बैठी थी, जिस कारण मैं यात्रा के दौरान पसरकर सोई थी। पूरे दिन मैंने यह मानसिक चित्र देखा कि मेरे आस-पास की सीटें ख़ाली रहें, ताकि मैं उसी विलासिता का आनंद ले सकूँ। जब मैं अपना सामान लगेज रैक में रख रही थी, तो मैंने सुना कि एक बुज़ुर्ग महिला एयर होस्टेस से पूछ रही थी कि क्या वह सामने वाली क़तार में बैठ सकती है। उसे बताया गया कि आगे वाली सीटों के ज़्यादा पैसे लगते हैं। बुज़ुर्ग महिला ने कहा कि पीछे उसे घुटन महसूस हो रही है, इसलिए वह आगे बैठना चाहती है। मैं आराम से बैठी रही, जब एयर होस्टेस ने उसे विनम्रतापूर्वक बताया कि वे उसे आगे बैठा तो सकते हैं, लेकिन उसे ज़्यादा पैसे देने होंगे, जिस पर उसने कठोरता से जवाब दिया कि वह इतने ज़्यादा पैसे नहीं दे सकती।

बाक़ी यात्रियों के चढ़ने पर मेरा आनंद बढ़ गया, क्योंकि मेरी क़तार में कोई नहीं बैठा था। मैंने मन ही मन सोचा कि मानसिक चित्र कितने असरदार हो सकते हैं। आख़िरकार, एयर होस्टेस ने घोषणा की कि हवाई जहाज़ उड़ान भरने वाला है। उसने आग्रह किया कि हम अपने इलेक्ट्रॉनिक उपकरणों का इस्तेमाल न करें, क्योंकि केबिन द्वार बंद हो रहे हैं। मैं यह जानकर ख़ुश थी कि मेरी इच्छा पूरी हो गई थी, लेकिन मुझे उस बुज़ुर्ग महिला की बार-बार याद आती रही। मैंने सोचा कि घुटन की वजह से पीछे बैठकर वह कितनी परेशान होगी। उसके कष्ट के ख़याल से मैं अतिरिक्त जगह की विलासिता का आनंद नहीं ले सकती थी। मैं उठकर उस एयर होस्टेस के पास गई, जिसने उस महिला से बात की थी। मैंने बताया कि मैं घुटन महसूस करने वाली महिला की तरफ़ से

पैसे देना चाहती हूँ और यह भी चाहती हूँ कि उसे मेरी क़तार में एक सीट दे दी जाए, लेकिन उस महिला को यह पता नहीं चलना चाहिए कि उसकी तरफ़ से मैंने पैसे दिए थे। एयर होस्टेस मेरी तरफ़ देखकर मुस्कराई और बोली कि वह सारा इंतज़ाम कर देगी।

कुछ मिनट बाद उस बुज़ुर्ग महिला को मेरी क़तार में बैठा दिया गया। हमारे बीच छुटपुट बातचीत हुई, लेकिन वह बहुत ख़ुश दिख रही थी और इससे मेरे दिल को इतनी ज़्यादा ख़ुशी मिली, जितनी नींद से नहीं मिल सकती थी। शाम जैसे पंख लगाकर उड़ गई।

जब उतरने का समय आया, तो एयर होस्टेस यात्रियों के भोजन और पेय पदार्थ के भुगतान के लिए हर व्यक्ति से क्रेडिट कार्ड माँगने लगी। मैंने इंतज़ार किया कि कोई एयर होस्टेस मेरे पास भी रुकेगी, लेकिन ऐसा लग रहा था जैसे वे लोग मुझे भूल ही गए थे। आख़िरकार जिस एयर होस्टेस से मेरी बातचीत हुई थी, वह मेरी सीट के बग़ल में रुकी और मेरे क़रीब झुकी। मैंने उसकी ओर अपना क्रेडिट कार्ड बढ़ाया। उसने कार्ड नहीं लिया। उसने बहुत धीमे स्वर में कहा कि वह पूरे स्टाफ़ की तरफ़ से मुझे धन्यवाद देना चाहती है। मैंने जो किया था, वह सबसे अच्छी चीज़ थी, जो उन्होंने अब तक विमान में देखी थी और वे सब इससे प्रेरित हो गए थे। उसने अंत में कहा कि वे न सिर्फ़ उस महिला की सीट के लिए मुझसे पैसे नहीं लेंगे, बल्कि वे मेरे भोजन और पेय पदार्थों का भुगतान भी ख़ुद करेंगे।

मैं इतनी गौरवान्वित और प्रेमपूर्ण महसूस कर रही थी कि मेरे मुँह से शब्द ही नहीं निकल रहे थे। मैंने फुसफुसाकर कहा, "धन्यवाद!"

यह बहुत अद्भुत और प्रेमपूर्ण अनुभव था। मैं हैरान हूँ कि इतनी सारी ख़ुशी सिर्फ़ इसलिए बिखरी, क्योंकि मैंने एक अच्छा काम करने की पेशकश की।

– ***डायना आर.***, फ़ीनिक्स, एरिज़ोना, अमेरिका

ख़ुशी के विचार सोचें और इसी समय ख़ुश हो जाएँ!

हममें से ज़्यादातर लोग ख़ुशी के बारे में ग़लत विचार रखते हैं। हम यह मान लेते हैं कि अगर हमें अपनी मनचाही हर चीज़ मिल जाए और ज़िंदगी हमेशा हमारे हिसाब से चलती रहे, तो हम ख़ुश रहेंगे। इस ग़लत यक़ीन के चलते हम संसार के सारे बहाने बना लेते हैं कि हम इसी पल ख़ुश क्यों नहीं हो सकते। "मैं ख़ुश हो जाऊँगा यदि मुझे नौकरी मिल जाएगी, प्रमोशन मिल जाएगा, नौकरी बदल जाएगी, यह परीक्षा पास कर लूँगा, कॉलेज में पहुँच जाऊँगा, कॉलेज से निकल जाऊँगा, वज़न कम कर लूँगा, वज़न बढ़ा लूँगा, ख़ुद का घर ख़रीद लूँगा, अपना घर बेच दूँगा, क़र्ज़ उतार दूँगा, तनावरहित हो जाऊँगा, इस संबंध से छुटकारा पा लूँगा, एक नया संबंध बना लूँगा, परिवार हो जाएगा, स्वास्थ्य सुधर जाएगा।"

लेकिन ख़ुशी के बारे में परम सत्य यह है कि ये सब बहाने हैं, जो आपकी अंदरूनी ख़ुशी पर पर्दा डाल देते हैं, जो आपको हर दिन मिल सकती है, चाहे आपके जीवन में कुछ भी हो रहा हो। ये बहाने ही हैं, जो आपको *इस वक़्त*

ख़ुश होने से रोक रहे हैं। जीवन की परिस्थितियाँ आपको ख़ुश होने से नहीं रोक रही हैं; आपके वो सारे बहाने रोक रहे हैं जो आप ख़ुश न होने के लिए बना रहे हैं! समान समान चीज़ें एक दूसरे को आकर्षित करती हैं, ख़ुशी ख़ुशी को आकर्षित करती है, इसलिए बस बहाने छोड़ दें - हर बहाना छोड़ दें - और इसी समय ख़ुश हो जाएँ!

ख़ुशी की शक्ति

मैं सबसे दुखी लोगों में से एक थी। दुख मेरी जीवनशैली थी, हालाँकि उस वक़्त मैं यह बात नहीं जानती थी। मैं उम्र के चालीस साल से ज़्यादा समय तक घोर दुख में रही। फिर सब कुछ अचानक बदल गया। सबसे अच्छी बात यह थी कि यह बहुत सरल था। ज़िंदगी में बस एक चीज़ बदलने से सब कुछ बदल गया। इससे पहले मैं बहुत खिन्न और बेरोज़गार अकेली माँ थी, जो शराब का सहारा लेती रहती थी। और आज देखिए, मैं अपनी ख़ुद की स्वतंत्र प्रकाशन कंपनी चला रही हूँ!

मुझे वह समय याद है, जब मैंने पहली बार अपनी जान लेने की कोशिश की थी। मेरे दिल को बहुत चोट पहुँची थी और मैं रोती हुई बाथरूम की ओर दौड़ी थी। मैंने दवाई का बक्सा खोला और उसमें रखी सारी दवाएँ निकालकर गटक गई। मैं बस मरना चाहती थी। तब मुझे ख़ुदकुशी शब्द का मतलब भी पता नहीं था, क्योंकि उस वक़्त मेरी उम्र सिर्फ़ नौ साल थी। लेकिन मैं यह जानती थी कि वे गोलियाँ मेरी जान ले सकती हैं और मैं किसी तरह मरना चाहती थी।

ख़ुदकुशी की इस कोशिश के बाद मैंने कई और ऐसी कोशिशें कीं - गोलियाँ खाना, कलाई काटना, अपना दम घोंटना। किशोरावस्था में मैंने एक बार अपनी कनपटी पर रिवॉल्वर तक रख लिया था, लेकिन मेरे मम्मी-डैडी जल्दी घर लौट आए, इसलिए मैं रिवॉल्वर उनकी अलमारी में वापस फेंककर अपने कमरे में भाग गई। बीस साल की उम्र के बाद मैं शराब की शरण में पहुँच गई। मैं नौकरियाँ और संबंध बदलती रहती थी। मैं हमेशा अस्थिर रहती थी। मेरी आर्थिक हालत अच्छी थी, लेकिन बाद में मैं बेरोज़गार हो गई, यहाँ तक कि नीलामी में मेरा घर भी चला गया। मैं गंभीर पीठ दर्द के कारण अक्सर छुट्टियाँ लेती थी और मुझे स्तन कैन्सर तक हो गया था। और ये तो फिर भी अच्छा समय था।

फिर दो साल पहले मैंने आख़िरकार निर्णय लिया कि मैं अपने सपने का पीछा करूँगी और मनोवैज्ञानिक साहित्य की लेखिका बनूँगी। मैंने ऐसा ही किया। मैं पुस्तकें लिखने में डूब गई, जिनकी बिक्री काफ़ी अच्छी रही। लेकिन एक दिन जब मैं अपने कंप्यूटर पर बैठी और अपनी छठी पुस्तक निकालने को तैयार थी, तो मुझे अहसास हुआ कि मैं दरअसल यह काम आगे नहीं करना चाहती।

मैं थकी हुई और दुखी थी। मैंने लेखिका बनने का सपना साकार करने के लिए बहुत मेहनत की थी, लेकिन अब मैं दोबारा भावनात्मक रसातल में पहुँच गई थी। मुझे इस पर यक़ीन नहीं हुआ और मैं बहुत गहरे डिप्रेशन में चली गई। मैं बहुत सोती थी, पीती थी और बेजान महसूस करती थी। मैंने संसार के साथ अच्छा बर्ताव करने की भरसक कोशिश की, लेकिन दरअसल मैं इससे अलग-थलग महसूस करती थी। मैं दो लड़कियों की अकेली माँ थी, इसलिए ख़ुदकुशी करने का सवाल नहीं

उठता था। मैं अपनी पूरी ताक़त लगाकर ज़िंदगी से जूझती रही और प्रियजनों को वह बताती रही जो वे सुनना चाहते थे, क्योंकि मैं हालात की सच्चाई नहीं समझती थी।

मैं बरसों से आकर्षण के नियम के बारे में पढ़ रही थी और इसे सीख रही थी, लेकिन कोई चीज़ छूट रही थी और मुझे इसका पता नहीं चल रहा था। कुछ सप्ताह बाद मैंने यह सोचा कि लेखिका बनने से मुझे जीवन में खुशी नहीं मिलेगी। यह बात मैंने बार-बार तब तक कही, जब तक कि यह इसे समेटकर मैं यह कहने लगी, "मुझे ख़ुश बनाओ, मुझे खुश बनाओ।" मैंने दर्जनों बार *द सीक्रेट* देखी थी, पढ़ी थी और सुनी थी और इसमें रॉन्डा बर्न ने बार-बार कहा था, "आपको अच्छा महसूस करना चाहिए।"

फिर बात मुझे समझ में आ गई। अगर मैं किसी चीज़ का पीछा करती थी, तो मैं दरअसल वह चीज़ नहीं पाना चाहती थी, बल्कि ख़ुशी पाना चाहती थी, अच्छा महसूस करना चाहती थी। इसका क्या मतलब था?

मुझे अहसास हुआ कि मैंने खुश होना कभी सीखा ही नहीं था। बेशक मेरे जीवन में ख़ुशी के पल रहे थे, लेकिन ख़ुशी का लंबा दौर नहीं रहा था। मैं इसके पीछे दौड़ रही थी, लेकिन मुझे इसका अहसास तक नहीं था। उसी पल मैंने यह सीखने का निर्णय लिया कि ख़ुश कैसे बना जाए और जो एकमात्र व्यक्ति मुझे यह सिखा सकता था, वह मैं थी।

मैंने उन 10 चीज़ों की सूची बनाई, जिनसे मुझे सच्ची ख़ुशी मिलती थी। फिर मैंने इन्हें हर दिन अपने जीवन में शामिल करने का निर्णय लिया।

लेकिन ज़िंदगी की व्यस्तताएँ बीच में आ गईं और मैं ऐसा नहीं कर पाई। मगर फिर भी मैं हर सुबह अपनी सूची देखती थी और इन चीज़ों को करने के बारे में सोचती थी, हालाँकि यह सिर्फ़ मेरे दिमाग़ में होता था।

और जानते हैं, क्या हुआ? मैं ख़ुश महसूस करने लगी। हर सुबह उन चीज़ों की कल्पना करने और उनके बारे में सोचते रहने से मुझे ख़ुशी मिलती थी। इस तरह आख़िरकार मैंने ख़ुश होना सीख लिया। जब मैंने अपने मन और शरीर को ख़ुश रहने का तरीक़ा सिखा दिया, तो ज़्यादा सुखद चीज़ें सामने आने लगीं। चूँकि मैं ख़ुशी महसूस करती थी, इसलिए स्वाभाविक रूप से मेरे जीवन में ज़्यादा सुखद चीज़ें प्रकट होने लगीं।

काश मैं अतीत में जाकर नौ साल की उम्र में ख़ुद को बता पाती, "तुम्हें अपने दिल का दर्द दूर करने के लिए गोलियाँ लेने की ज़रूरत नहीं है। तुम इन भीषण भावनाओं को दूर भगा सकती हो। तुम्हें तो बस ख़ुशी की सूची बनानी है और इसके बाद सब कुछ ठीक हो जाएगा। यह ठीक से भी ज़्यादा होगा; यह बेहतरीन होगा।" लेकिन मैं लौट नहीं सकती। अब तो मैं बस यह कर सकती हूँ कि अपनी कहानी दूसरों को बताऊँ और उनसे कहूँ कि चालीस साल से ज़्यादा समय तक दुख झेलने के बाद मेरी ज़िंदगी बदल गई, जब मैंने अपनी ख़ुशी के सृजन में सक्रिय भूमिका निभाई और बाक़ी का काम आकर्षण के नियम ने कर दिया। मैंने जो दुख झेला है, अगर वह संसार तक यह संदेश पहुँचाने के लिए झेलना पड़ा है, तो यह सार्थक है।

– ***हेदी टी.***, चिको, कैलिफ़ोर्निया, अमेरिका

खुशी अनुभव करें - *अभी*। अपने आप को अच्छा महसूस कराएँ - *अभी*। आपको बस यही एक चीज़ करनी है। और अगर आप इस पुस्तक से सिर्फ़ यही एक चीज़ ग्रहण कर लेते हैं, तो आपने द *सीक्रेट* के सबसे बड़े सत्य को ग्रहण कर लिया है।

हम जो भी चाहते हैं, वह चुनने के लिए पूरी तरह स्वतंत्र हैं। शक्ति अब आपके हाथों में है और आप ही यह चुन सकते हैं कि अपने जीवन में उस शक्ति का इस्तेमाल किस तरह करें। आप चुनाव कर सकते हैं :

कि आज ही अपने जीवन को खुशियों से भर दें, या इसे कल तक के लिए टाल दें।

कौन-सा विकल्प बेहतर महसूस होता है? आप ही तय करें।

- द सीक्रेट दैनिक प्रेरणा

ख़ुशी की कुंजियाँ

- *आप एक समय में एक सुखद विचार रखकर अपनी ज़िंदगी बदल सकते हैं।*
- *उन विचारों पर पूरा ध्यान केंद्रित करें, जिनसे आपको ख़ुशी मिलती हो। उन विचारों को नज़रअंदाज़ कर दें, जिनसे आपको ख़ुशी न मिलती हो।*
- *आप जितने ज़्यादा सकारात्मक विचार रखेंगे, उतने ही ज़्यादा ख़ुश रहेंगे।*
- *जब आप ख़ुश होते हैं, तो आप सुखद लोगों, परिस्थितियों व घटनाओं को अपनी ज़िंदगी में आकर्षित करते हैं।*
- *जीवन की परिस्थितियाँ आपको ख़ुश होने से नहीं रोक रही हैं; आप ख़ुश न होने के लिए जो बहाने बना रहे हैं, वे आपको ख़ुश होने से रोक रहे हैं।*
- *अतीत की किसी भी चीज़ के बारे में दुख भरे विचार सोचना छोड़ दें। अगर आप अतीत की मुश्किलों पर ध्यान केंद्रित करते हैं, तो आप इस वक़्त ज़्यादा मुश्किल परिस्थितियों को आमंत्रित कर रहे हैं।*
- *नकारात्मक विचारों पर विश्वास करना मानव जाति के दुख का सबसे बड़ा कारण है।*
- *अपने मन को सकारात्मक विचारों और भावनाओं से भर लें, क्योंकि जहाँ सकारात्मकता मौजूद होती है, वहाँ नकारात्मकता रह नहीं सकती।*

- *नकारात्मक विचारों को बदलने के लिए सीक्रेट शिफ़्टर्स या रहस्य-विस्थापकों का इस्तेमाल करें।*

- *आपके आस-पास चाहे जो हो रहा हो, ख़ुश होने के लिए अच्छी चीज़ों की तलाश करें।*

- *निराशाजनक स्थिति जैसी कोई चीज़ नहीं होती है।*

- *आज ही ख़ुश होने का अभ्यास करें। आपका भावी जीवन इस पर निर्भर करता है।*

- *बेहतरीन जीवन का शॉर्टकट यह है कि इसी समय ख़ुशी महसूस करें और ख़ुश हो जाएँ!*

AS ABOVE SO BELOW AS WITHIN SO WITHOUT

पैसे से ख़ुशी नहीं मिलती -
लेकिन ख़ुशी ही पैसे लाती है।

– द सीक्रेट दैनिक प्रेरणा

मैंने दौलत पाने के लिए सीक्रेट का इस्तेमाल कैसे किया

ज़्यादा पैसे को आकर्षित करने के लिए समृद्धि पर ध्यान केंद्रित करें

पैसे की तंगी शक्तिशाली भावना होती है। अगर आपमें यह भावना है, तो आकर्षण के नियम की वजह से आपकी ओर *पैसे की तंगी* ही आकर्षित होगी। यदि आप अपनी ओर आकर्षित होने वाली चीज़ को बदलना चाहते हैं, तो आपको अपने विचारों को बदलना होगा। आपको अपने विचारों के तराजू को पैसे-की-कमी से बहुत-सारे-पैसे की ओर झुकाना होगा। कमी के बजाय समृद्धि के ज़्यादा विचार सोचेंगे, तो आप तराजू के पलड़े को झुका देंगे।

पैसा आसानी से और बहुत आता है!

मैं एक निजी विश्वविद्यालय में पढ़ती हूँ। यह बहुत महँगा है। यहाँ का शिक्षण शुल्क ही लगभग 40,000 डॉलर है और खाने-पीने व रहने का ख़र्च अलग। मैं निम्न मध्यम वर्गीय परिवार की हूँ और मुझे मेरे

माता-पिता से कोई मदद नहीं मिलती, इसलिए सारे ख़र्च मुझे ही उठाने पड़ते हैं। जिस दिन विश्वविद्यालय अगले साल के लिए स्कॉलरशिप की सूची जारी करने वाला था, उस दिन सुबह उठकर मैं बोली, "आज का दिन बहुत बढ़िया होगा; अब से पैसा आसानी से और बहुत आता रहेगा।" लेकिन जब स्कॉलरशिप की सूची जारी हुई, तो मेरे नाम के आगे सिर्फ़ 5,000 डॉलर लिखे थे। मैं न्यूनतम वेतन पर पार्ट-टाइम नौकरी करती थी, इसलिए मैं बची हुई 35,000 डॉलर फ़ीस का इंतज़ाम नहीं कर सकती थी, जो मुझे विश्वविद्यालय में आगे पढ़ने के लिए चाहिए थे।

चूँकि मैंने *द सीक्रेट* पढ़ी थी, इसलिए मैं कृतज्ञता महसूस करने लगी। मैंने अपनी पढ़ाई की फ़ीस का इंतज़ाम करने के लिए ईश्वर और सृष्टि को धन्यवाद दिया। फ़ेसबुक पर मेरे कुछ साथी अपनी स्कॉलरशिप को लेकर नकारात्मक बातें लिख रहे थे। वे इस तरह के संदेश लिख रहे थे, "अलविदा युनिवर्सिटी," "मेरी पढ़ाई ख़त्म हो गई," और "यह मूर्खतापूर्ण और बहुत दुखद है!" मैंने मुस्कराते हुए सोचा, *कम से कम मेरी फ़ीस का तो पूरा भुगतान हो गया है!*

उस दोपहर मैं वित्तीय सहायता ऑफ़िस गई, जहाँ मुझे बताया गया कि मैं उन्हें ईमेल भेजकर अपने पैकेज की समीक्षा करा सकती हूँ, लेकिन उसका जवाब मुझे एक सप्ताह बाद ही मिल पाएगा।

मैं कला की पढ़ाई करती हूँ और कलाकृतियाँ बनाती हूँ। दोपहर को मैंने कला संबंधी स्कॉलरशिप और अनुदान के बारे में लोगों से बातचीत की, लेकिन अपनी युनिवर्सिटी या स्कॉलरशिप कम मिलने के बारे में कोई नकारात्मक बात नहीं की। मैंने बस आर्थिक सलाह ली। मैंने बस कृतज्ञता

और प्रेम महसूस किया। मैंने बस प्रार्थना की और अपने चेहरे पर मुस्कान लाकर फ़ीस चुकाने में मदद करने के लिए ईश्वर को धन्यवाद दिया, "पैसा आसानी से और बहुत आता है।"

घर पहुँचकर मैं वित्तीय सहायता ऑफ़िस को ईमेल लिखने लगी। लिखते वक़्त मैंने यह छानबीन की कि क्या मुझे ठीक 5,000 डॉलर की ही स्कॉलरशिप मिली थी। मुझे लग रहा था कि राशि थोड़ी ज़्यादा हो सकती है - शायद 5,150 डॉलर या 5,200 डॉलर। जब मैंने कंप्यूटर पर सूची खोली, तो आप कभी अंदाज़ा नहीं लगा पाएँगे कि क्या हुआ! हालाँकि पहले वाली सूची पर "अंतिम सूची" लिखा हुआ था, लेकिन न जाने कैसे यह बदल गई थी। दरअसल अगले साल के लिए मेरी पूरी फ़ीस माफ़ कर दी गई थी! मुझे अपनी तरफ़ से एक भी पैसा नहीं देना था और इतना ही नहीं, मेरे अपार्टमेंट के किराये के लिए थोड़ा पैसा बच भी रहा था।

मैंने *द सीक्रेट* का इस्तेमाल पहले भी किया है, लेकिन पहले मेरे मन में इस तरह के विचार भी रहते थे कि मैं कितनी मेहनत करती हूँ और कितने अच्छे ग्रेड लाती हूँ, लेकिन इसके बावजूद हमेशा कंगाली में रहती हूँ। अब मैं सोचती हूँ कि मैं कुछ भी कर सकती हूँ और मैं एक अच्छी, योग्य इंसान हूँ, जिसके पास हर मनचाही चीज़ हो सकती है। हर व्यक्ति के दिल में यह विश्वास होना चाहिए!

- ***चल्सी***, सैन फ़्रांसिस्को, कैलिफ़ोर्निया, अमेरिका

समृद्धि में विश्वास करने के लिए सहायक वस्तुओं का इस्तेमाल करें

सहायक वस्तुओं का इस्तेमाल करने से यह विश्वास करने में मदद मिलती है कि आपको आपकी मनचाही चीज़ मिल रही है। याद है, पहले अध्याय में ऐन्नी ने बताया था कि उसने बैंक ऑफ़ द युनिवर्स के चेक का इस्तेमाल किया था। यह सहायक वस्तु द *सीक्रेट* टीम ने इसीलिए बनाई है, ताकि आपको विश्वास करने में मदद मिल सके। आप www.thesecret.tv/check वेबसाइट से बैंक ऑफ़ द युनिवर्स का कोरा चेक मुफ़्त में डाउनलोड कर सकते हैं। बैंक ऑफ़ द युनिवर्स के पास असीमित धनराशि है। इसमें से आप कितनी भी राशि निकाल सकते हैं, इसलिए अपना नाम लिखकर अपनी मनचाही राशि का चेक काट लें। फिर यह चेक किसी अच्छी जगह पर रख दें और इसे हर दिन देखें, ताकि आपको सचमुच यह विश्वास हो जाए कि आपके पास वह पैसा *इसी समय* मौजूद है। अपनी मनचाही चीज़ों पर पैसे ख़र्च करने की कल्पना करें! महसूस करें कि यह कितना अद्‌भुत है! इस बात को जान लें कि वह पैसा आपका हो चुका है, क्योंकि जब आप माँगते और विश्वास करते हैं, तो यह वाक़ई आपका हो जाता है।

याद रखें, आकर्षण का नियम यह नहीं जानता है कि आप नाटक रच रहे हैं या कोई चीज़ वास्तव में है, इसलिए नाटक करते वक़्त आपको इसे वास्तविक महसूस करना होता है। जब आपका नाटक

वास्तविक महसूस होने लगे, तो आप जान जाएँगे कि आप अपनी मनचाही चीज़ को वास्तविक बनाने में सफल हो रहे हैं।

– द सीक्रेट दैनिक प्रेरणा

अपना चेक स्वयं लिखें

फ़िल्म देखने के पहले पल से ही मैं *द सीक्रेट* में विश्वास करने लगी। मैं इसके बारे में ज़्यादा से ज़्यादा लोगों को बताने लगी। इसने सचमुच मेरी ज़िंदगी बदल दी। मेरे मँगेतर से विच्छेद के बाद, दिवालियेपन की नौबत आने के बाद और दोबारा अपने माता-पिता के घर रहने जाने के बाद मुझे लग रहा था कि मेरा जाना-पहचाना जीवन ख़त्म हो गया है। *द सीक्रेट* ने इस सबको बदल दिया - ख़ास तौर पर, उस कोरे चेक ने, जो डाउनलोड और प्रिंट करने के लिए वेबसाइट पर उपलब्ध है।

मैं बरसों से बुरे वक़्त में भी समृद्धि चेक लिखती आ रही हूँ और इससे मुझे कभी-कभार लाभ भी हुआ है, जो मेरे विश्वास की मात्रा पर निर्भर करता था। *द सीक्रेट* देखने और युनिवर्सल बैंक का कोरा चेक मिलने के बाद मैंने इसका प्रिंट निकाला और इसके इस्तेमाल का निर्णय लिया। मैंने एक ऐसी राशि लिखी, जिसके मिलने की कल्पना करना मेरे लिए लगभग असंभव था : 55,000 डॉलर। मैं नहीं जानती कि मैंने यह संख्या क्यों चुनी; मैंने बस चुन ली। फिर मैंने इसे दीवार पर लटके एक बोर्ड

पर लगा लिया, जो मेरे बचपन के बेडरूम में लगा हुआ था। मैं रात को सोने से पहले और सुबह जागते ही हर दिन इसे देख सकती थी।

कुछ दिन तक तो मैं इस भावना पर सक्रियता से काम करती थी कि मेरे जीवन में पैसा आ रहा है, लेकिन बाक़ी दिन मैं निंदा करते हुए हँसती थी (मुझे लगता है कि इसीलिए इसमें ज़्यादा समय लगा)।

मैं सोच रही थी कि ज़िंदगी इससे बदतर नहीं हो सकती थी (मेरी नौकरी छूट गई थी, मेरी माँ ख़तरनाक रूप से बीमार हो गई थीं और पूर्व मँगेतर के साथ संबंध ख़त्म जैसा नज़र आता था)। उसी वक़्त मुझे एक रिश्तेदार का पत्र मिला, जिसमें बताया गया था कि मुझे विरासत में 50,000 डॉलर मिलने वाले हैं।

सच कहूँ, तो लाख कोशिश करने के बावजूद मैं इसकी कल्पना नहीं कर सकती थी। यह ख़बर मिलने पर मुझे घबराहट होने लगी कि कहीं मेरा दिल ख़ुशी के मारे फट न जाए। इससे मैं क़र्ज़ से बाहर निकली, मैंने निवेश किया और दोबारा कॉलेज की पढ़ाई करने लगी। अब मेरी सूची में एक ऐसी लाभप्रद प्रॉपर्टी ख़रीदना शामिल है, जिस पर मैं अपना कारोबार खड़ा करने वाली हूँ।

– ***मिसेज़ अबन्डंट,*** ओटावा, ऑन्टेरियो, कैनेडा

दौलत के लिए स्वप्न बोर्ड बनाएँ

स्वप्न बोर्ड एक ऐसा साधन है, जो आपकी इच्छित वस्तु की छवि आपके मन पर अंकित कर देता है। जब आप स्वप्न बोर्ड की ओर देखते हैं, तो अपनी इच्छित चीज़ के चित्र की छाप अपने मन पर अंकित कर रहे होते हैं। जब आप उस बोर्ड पर ध्यान केंद्रित करते हैं, तो वह आपकी इंद्रियों को उत्तेजित कर आपके भीतर एक सकारात्मक भाव उत्पन्न कर देता है। तब आपके पास सृजन के दो तत्व (आपका मन और भावनाएँ) पूरी शक्ति से काम करते हैं।

– द सीक्रेट दैनिक प्रेरणा

अगली कहानी में नैटली ने मनचाही चीज़ को ज़िंदगी में लाने पर ध्यान केंद्रित किया और इसके लिए उसने स्वप्न बोर्ड का इस्तेमाल किया। उसके बोर्ड पर युनिवर्सल बैंक का चेक लगा था। जैसा आप देखेंगे, बैंक ने उसे उसकी मुँहमाँगी चीज़ दे दी - हालाँकि उस वक़्त उसे इस बात का अहसास नहीं हुआ।

तारीख़ की जाँच करें

मैंने 2009 में *द सीक्रेट* के बारे में पहली बार सुना। उस वक़्त मैं इराक में तैनात थी। मैंने उसी समय एक किंडल ऑर्डर किया था और वेबसाइट से *द सीक्रेट* पुस्तक डाउनलोड कर ली। मैंने दो ही दिन में पूरी पुस्तक

पढ़ डाली। मेरे दिमाग़ की बत्ती तुरंत जल गई। मैं ईश्वर से प्रार्थना कर रही थी कि वह मेरे कुछ सवालों के जवाब दे। मुझे पूरा विश्वास था कि ईश्वर पवित्र प्रेम है और वह चाहता है कि मैं एक समृद्ध जीवन जियूँ, लेकिन कोई भी चीज़ कामयाब होती नहीं दिख रही थी। मैं कोई न कोई चीज़ चूक रही थी और मैंने ईश्वर से इसे मेरे सामने उजागर करने की प्रार्थना की।

पहले तो मैंने छोटी चीज़ें आकर्षित कीं, लेकिन समय के साथ मैं बड़ी चीज़ें आकर्षित करने लगी, जैसे असैनिक अधिकारी के रूप में अच्छे वेतन वाली नौकरी, तीन बड़ी वेतनवृद्धियाँ और मेरे सपनों का प्रेमी। एक बार जब मैंने चीज़ों को आकर्षित करना सीख लिया, तो मैंने सृष्टि से वह सबसे बड़ी धनराशि माँगी, जिसके मैं अपने पास आने की सचमुच कल्पना कर सकती थी। मैंने बैठकर खुद से पूछा, "मैं अपने पास सचमुच कितना पैसा चाहती हूँ?" मैं कुछ समय तक ख़ामोश बैठी रही और फिर मेरे दिमाग़ में एक आंकड़ा आया। मैं जानती थी कि मुझे उतनी ही धनराशि माँगनी चाहिए। 2010 में नए साल पर मैंने स्वप्न बोर्ड बनाया कि मैं उस साल क्या आकर्षित करना चाहती हूँ। मैंने वेबसाइट से *द सीक्रेट* चेक डाउनलोड किया और उस पर अपनी मनचाही राशि भर ली। उस साल 31 दिसंबर तक मैंने अपने बोर्ड पर लगी हर चीज़ को आकर्षित कर लिया; सिर्फ़ वह बड़ी धनराशि ही नहीं मिल पाई।

मैंने चेक को अगले साल के बोर्ड पर लगा लिया। मैं मन ही मन उस पैसे से ख़रीदारी करती रही और उसे ख़र्च करने के तमाम तरीक़े सोचती रही। मैं यह भी सोचती रही कि उस पैसे से मैं अपने आस-पास

के लोगों की कैसे मदद करूँगी। यह सिलसिला दो साल तक चलता रहा और हर साल मैं पैसे को छोड़कर अपने बोर्ड पर लगी हर चीज़ को आकर्षित कर लेती थी।

जब 2012 ख़त्म होने लगा और एक बार फिर नया साल आने को था, तब मैंने अपने स्वप्न बोर्ड को देखा; एक बार फिर मैंने उस बड़ी धनराशि को छोड़कर लगभग हर चीज़ आकर्षित कर ली थी। मैंने ख़ुद से कहा, "मैं जानती हूँ कि जब मैं इसे पाने के लिए तैयार हो जाऊँगी, तो सृष्टि इसे दे देगी।" मैं अपने दृढ़ संकल्प दोहराती रही, मनन करती रही और *द सीक्रेट* वेबसाइट पर प्रकाशित कहानियाँ पढ़ती रही।

अब मैं आख़िरकार कह सकती हूँ कि इस नववर्ष की पूर्व संध्या पर मेरे स्वप्न बोर्ड से हर चीज़ हटने वाली है, क्योंकि पहली बार मैंने अपने बोर्ड पर लगी हर चीज़ आकर्षित कर ली है, जिसमें वह बड़ी धनराशि भी शामिल है। यह बिलकुल अप्रत्याशित था और पहले तो मुझे लगा कि यह किसी तरह का मज़ाक़ है, लेकिन यह नहीं था। मैंने निर्णय लिया कि मैं अब 2013 के अपने नए स्वप्न बोर्ड पर काम करूँगी। आश्चर्य की बात, जब मैंने पुराने चेक को देखा, तो मैंने पहली बार इस बात पर ग़ौर किया कि मैंने उस पर ग़लती से 31 दिसंबर, 2012 की तारीख़ डाल दी थी!

यह टाइपिंग की त्रुटि थी, लेकिन सृष्टि ने मेरी ग़लती को भी मेरे आदेश की तरह माना था। मैं जानती हूँ कि मेरी "ग़लती" में भी दैवी हाथ था, क्योंकि जब मैंने पहलेपहल पैसा माँगा था, तब अगर यह मुझे मिल जाता, तो मैं इसे उड़ा डालती, क्योंकि उस वक़्त मैं वित्तीय दृष्टि से

ज़िम्मेदार नहीं थी। तब से मैंने अपनी आर्थिक स्थिति की बागडोर सँभाल ली है और इसे पाने के लिए ज़्यादा अच्छी स्थिति में आ गई हूँ।

माँगें। विश्वास करें। पाएँ। सृष्टि हमेशा सुन रही है और हमेशा दे रही है। धन्य बनें। मैं जानती हूँ कि मैं हूँ।

– ***नैटली एफ़.***, सवाना, जॉर्जिया, अमेरिका

पाने के लिए कृतज्ञ बनें

जब आप सृष्टि से कोई चीज़ माँगें - चाहे यह पैसा हो या और कुछ - तो आपके मन में यह विश्वास होना चाहिए कि वह चीज़ आपके पास आ चुकी है, जिसका मतलब है कि आपको इसी वक़्त इसके लिए कृतज्ञता महसूस करनी चाहिए। दूसरे शब्दों में, कोई चीज़ पाने से *पहले* उसके लिए कृतज्ञ बनें।

जब आप किसी नकारात्मक स्थिति पर कृतज्ञता की शक्ति का इस्तेमाल करते हैं, तो एक नई परिस्थिति बनती है, जो पुरानी नकारात्मक परिस्थिति को ख़त्म कर देती है। इसका मतलब है कि जब आप पैसे कम होने के बावजूद ज़्यादा पैसे के लिए कृतज्ञ महसूस करते हैं, तो एक नई परिस्थिति बन जाती है, जो पैसे के अभाव को ख़त्म कर देती है और इसकी जगह पर ढेर सारा पैसा ले आती है।

एक अविश्वसनीय आश्चर्य

मैं एक परोपकारी संस्था का एक्ज़ीक्यूटिव डायरेक्टर हूँ। दिसंबर 2007 में मैंने संचालक मंडल से हमारे ग़ैर-लाभकारी संगठन के लिए एक इमारत ख़रीदने का आग्रह किया। मुझे जो इमारत मिली, उसमें बहुत काम होना था और हमें एक नई मॉर्गेज लेनी थी, जिससे हम सभी घबरा रहे थे, लेकिन इसके बावजूद हम विश्वास के साथ आगे बढ़े।

क्रिसमस पर यात्रा के दौरान मेरी पत्नी और मैं एक कार दुर्घटना में फँस गए। घर से दूर हमारी कार तबाह हो गई। पिछले कुछ महीनों में हमारे कई मित्र हमें *द सीक्रेट* पढ़ने की सलाह दे चुके थे। कार दुर्घटना के बाद हम जान गए कि हम किसी ऐसी चीज़ को आकर्षित कर रहे थे, जिसे बदलना लाज़िमी है, इसलिए हमने पुस्तक का ऑडियो संस्करण ख़रीदा और घर लौटते वक़्त इसे सुना। कृतज्ञता जर्नल के विचार से मैं इतना रोमांचित हो गया कि मैंने हम दोनों के लिए एक-एक जर्नल ख़रीद लिया। 1 जनवरी 2008 को पहले पेज पर मैंने उन सभी मौजूदा चीज़ों की सूची बनाई, जिनके लिए मैं कृतज्ञ था। सामने वाले पेज पर कृतज्ञता इरादे का शीर्षक डालकर मैंने लिखा, "मैं उस 75,000 डॉलर के लिए कृतज्ञ हूँ, जो हमारी नई इमारत के लिए मेरी परोपकारी संस्था को 31 मार्च 2008 को मिले।" ग़ौर करें, मैं यह बात 1 जनवरी को लिख रहा था, इसलिए मैं वर्तमान काल में उस आर्थिक उपहार के लिए कृतज्ञता जता रहा था, जो हमें तब तक नहीं मिला था।

15 मार्च 2008 को एक स्थानीय फ़ाउंडेशन ने मुझसे संपर्क किया, जिसे नई इमारत की हमारी योजनाएँ पता चली थीं। फ़ाउंडेशन हमारी मदद करना चाहता था और इसने कहा कि मैं इस मामले पर आगे बातचीत

करने के लिए अपने बोर्ड के सदस्यों के साथ 25 मार्च को मीटिंग रख लूँ। हमने इस फ़ाउंडेशन से मदद नहीं माँगी थी, बल्कि इसने ख़ुद पहल की थी, इस बात को ध्यान में रखते हुए हमने 25 मार्च को मीटिंग रख ली। मीटिंग में हमें एक पत्र दिया गया, जिसमें कहा गया था कि फ़ाउंडेशन हमारी नई इमारत की मॉर्गेज चुकाना चाहता है, ताकि हम अपना पूरा ध्यान चंदा इकट्ठा करने पर केंद्रित कर सकें। इससे भी आश्चर्यजनक बात, वे दो क़िस्तों में पैसे देने वाले थे : हमें 31 मार्च को 75,000 डॉलर मिलने वाले थे, जो उनके वित्तीय वर्ष का आख़िरी दिन था और बाक़ी की रक़म 1 अप्रैल को, जो नए वित्तीय वर्ष का पहला दिन था!

– ***जेन जी.***, प्योब्लो, कोलराडो, अमेरिका

हम अपनी ओर कभी कोई चीज़ आकर्षित नहीं कर सकते, जब तक कि हम उन चीज़ों के लिए कृतज्ञ न हों, जो हमारे पास पहले से ही हैं। सच तो यह है कि अगर कोई व्यक्ति हर चीज़ के लिए पूरी तरह से कृतज्ञ है, तो उसे कभी कोई चीज़ माँगने की ज़रूरत ही नहीं पड़ेगी, क्योंकि वह उसके माँगने से पहले ही उसे दे दी जाएगी।

– द सीक्रेट दैनिक प्रेरणा

लोग कहते हैं कि पैसे पेड़ पर नहीं उगते, लेकिन जब आप सचमुच कृतज्ञ होते हैं, तो यह सृष्टि के उपहार की तरह आसमान से आपकी गोद में अचानक टपक सकता है।

आसमान से टपका पैसा

मेरा बॉयफ्रेंड और मैं शहर के बीचोबीच एक ऊँचे कॉन्डोमिनियम में रहते हैं। *द सीक्रेट* की बदौलत मैं हर सुबह उठकर अपनी बालकनी में खड़ी होती थी और अपने पास की हर चीज़ के लिए कृतज्ञता जताती थी।

एक सुबह मुझे अपनी बालकनी में एक पेनी मिली। मैंने यह वहीं पड़ी रहने दी। कुछ महीने बाद मुझे सुबह-सुबह बालकनी में एक-एक डॉलर के कई नोट मिले - कुल सात। चारों ओर देखने पर मुझे नज़र आया कि कई और लोगों की बालकनी में भी एक डॉलर के नोट पड़े थे।

एक महीने बाद मैं मुँह अँधेरे ही उठ गई। मुझे बालकनी के फ़र्श पर दो नोट नज़र आए। अँधेरे में यह नहीं दिख रहा था कि वे कितने के थे, इसलिए मैं उन्हें उठाकर अंदर ले आई। आहा, वे 20 डॉलर के दो नोट थे! वाह। मैं इतनी रोमांचित हुई कि दोबारा बाहर निकलकर देखा कि क्या किसी दूसरे की बालकनी में भी नोट पड़े थे। किसी के यहाँ कुछ नहीं था, लेकिन अपनी बालकनी में चारों ओर देखने पर मुझे 20 डॉलर के तीन और नोट मिले, जिनमें से एक मेरे गमले में था! जागते ही मुझे 100 डॉलर मिल गए थे और मैं इस बात पर बहुत हैरान थी! किसी दूसरे को कोई पैसा नहीं मिला था, न ही किसी का पैसा ग़ायब था। कितना बड़ा वरदान था!

एक सप्ताह बाद मुझे सपने में एक ख़ास नंबर दिखाई दिया। हालाँकि मैं सट्टा या लॉटरी नहीं खेलती हूँ, लेकिन मैंने अपने बॉयफ्रेंड से कहा कि हमें इन तीन नंबरों पर दाँव लगाना चाहिए। मेरे मुँह से ऐसी बात

अनोखी लग रही थी! मेरे नंबर उस दिन नहीं आए, लेकिन वह उन्हें कुछ दिनों तक खेलता रहा - हाँ, आपने अंदाज़ा लगा लिया - कुछ दिन बाद वे नंबर हूबहू आ गए। जैसा मैंने सपने में देखा था! मुझे 290 डॉलर मिल गए।

उसके बाद मुझे डाक में यह समाचार मिला कि मुझे एक सामूहिक मुकदमे में पैसा मिल रहा है, जिसके बारे में मैं कुछ नहीं जानती थी। मुझे कुछ नहीं करना है, बस इसे पाने का इंतज़ार करना है।

इसमें कोई शक नहीं है कि द *सीक्रेट* काम करता है। कृतज्ञता बहुत ही अभिन्न हिस्सा है। मुझे उम्मीद है कि मेरे पास हर दिन और ज़्यादा पैसा आएगा।

सभी को वरदान मिले!

– ***पैट***, जॉर्जिया, अमेरिका

वह सब होने की कल्पना करें, जो आप चाहते हैं

अगर आप ज़्यादा पैसा आकर्षित करना चाहते हैं, तो सूची बना लें कि आप उस पैसे से कौन-कौन सी चीज़ें ख़रीदेंगे। अपने चारों तरफ़ उन्हीं चीज़ों के चित्र रखें, जिन्हें आप चाहते हैं। सदा यह महसूस करें कि आपकी मनचाही चीज़ें अभी आपके पास हैं। कल्पना करें

कि आप अपने प्रियजनों के साथ उन चीज़ों को साझा कर रहे हैं और उनकी ख़ुशी की कल्पना करें।

– द सीक्रेट दैनिक प्रेरणा

पैसा ही आपकी मनचाही चीज़ें पाने का एकमात्र तरीक़ा है, यह सोचकर अपने जीवन को सीमित न करें। पैसे को अपना एकमात्र लक्ष्य न बनाएँ; लक्ष्य तो उसे बनाएँ, जो आप बनना, करना या पाना चाहते हैं। अगर आप एक नया घर चाहते हैं, तो उसमें रहने की ख़ुशी की कल्पना करें और उसे महसूस करें। अगर आप सुंदर कपड़े, उपकरण या कार चाहते हैं, अगर आप कॉलेज जाना चाहते हैं या दूसरे देश में रहना चाहते हैं - तो इसकी कल्पना करें! ये सारी चीज़ें असंख्य तरीक़ों से आपके पास आ सकती हैं।

द सीक्रेट ने हमें नई जगह कैसे पहुँचाया – सचमुच

मेरा परिवार चौदह साल तक हमारे पुराने मकान में रहा। हम वहाँ क़तई ख़ुश नहीं थे। बहुत सी चीज़ें मरम्मत माँग रही थीं और हमारे पास इसके लिए पैसे नहीं थे, लेकिन इससे भी बड़ी बात यह थी कि हम एक पड़ोसी से दूर जाना चाहते थे, जो हम सभी को बहुत दुखी कर रहा था। यह ख़राब स्थिति थी, पूरी तरह नकारात्मक माहौल था। मैं उस मकान के बजाय ऑफ़िस में रहना ज़्यादा पसंद करती थी; मकान तो उदासी का ब्लैक होल लगता था। लगभग चौदह साल तक हम ख़ुद से कहते रहे, "हम कभी किसी दूसरी जगह जाकर नहीं रह सकते," "कोई भी इस मकान को कभी नहीं ख़रीदेगा," "हमारे पास दूसरी जगह जाकर रहने के लिए पैसे नहीं हैं।" हम तब यह नहीं जानते थे कि सृष्टि का नज़रिया

यह रहता है - "आपकी इच्छा ही मेरे लिए आदेश है।" हम यह भी नहीं जानते थे कि अपनी नकारात्मक सोच की वजह से ही हमने ख़ुद को पीछे रोक रखा था।

हमारी निगाह बाज़ार में आए एक मकान पर थी। हालाँकि क़ीमत की दृष्टि से वह हमारी पहुँच के बाहर था, लेकिन इसके बावजूद हम उसी में रहना चाहते थे। मेरे पति ने तो पूरा मन ही बना लिया था। वे उसकी तरफ़ इशारा करके कहते थे, "यह मकान हमारा होने वाला है।"

हम सभी ने *द सीक्रेट* देखी और इसकी बदौलत हमारा जीवन चमत्कारिक रूप से बेहतर हो गया। हम चारों ने मिलकर *द सीक्रेट* की शक्ति का इस्तेमाल किया। हम जिस सुंदर मकान का मालिक बनने के सपने देख रहे थे, हम उसके चित्र देखने लगे : हम नया फ़र्नीचर कहाँ रखेंगे, अंदर से खिड़की के बाहर कैसे देखेंगे, इसकी सजावट कैसी होगी, किचन में खाना कैसे बनाएँगे और भोजन की गंध कैसी आएगी, आँगन में शांति से कैसे बैठेंगे, बागवानी कैसे करेंगे, दूर से हमारे नए पड़ोसियों की तरफ़ हाथ कैसे हिलाएँगे। हम भावनाओं को महसूस करने लगे। हमें यक़ीन हो गया कि हम वहीं रहने लगे हैं।

और पाँच हफ़्तों में हम सचमुच वहीं रहने लगे। हमने अपना मकान "जिस हाल में" था, उसी में बेचने की पेशकश की और दो दिन में ही हमारी माँगी हुई क़ीमत के आस-पास का प्रस्ताव मिल गया। जिस मकान में हम रहना चाहते थे, वह अठारह महीनों से बिकाऊ था और अब इसकी क़ीमत बहुत कम कर दी गई थी। हमें जल्दी ही और बिना किसी समस्या के मॉर्गेज मिल गई और नया फ़र्नीचर ख़रीदने के लिए हमारे पास काफ़ी पैसा बच गया। अब मैं ऑफ़िस से घर लौटने के लिए

बेकरार रहती हूँ। मैं लंच में भी घर आती हूँ। मैं हर दिन ईश्वर को धन्यवाद देती हूँ और वहाँ रहने का हर पल आनंद लेती हूँ। हम सभी बहुत खुश हैं!

– ***जीना***, प्लाइमाउथ, पेनसिल्वेनिया, अमेरिका

जीना और उसके परिवार ने अपने मानसिक चित्रण में एक बहुत शक्तिशाली काम किया – उन्होंने अपनी *सारी* इंद्रियों का इस्तेमाल किया। उन्होंने अपने सपनों के घर को केवल देखा ही नहीं; उन्होंने इसे महसूस किया और यहाँ तक कि इसकी गंध भी ली! आप अपने मानसिक चित्रण में जितनी ज़्यादा इंद्रियों का इस्तेमाल करते हैं, उस कल्पना में आपका विश्वास उतना ही बढ़ता है और वह तसवीर उतनी ही जल्दी साकार होती है।

अब नैन्सी नकारात्मक नहीं रही

मैं हमेशा से नकारात्मक नैन्सी रही हूँ, हालाँकि मैं ख़ुद को यथार्थवादी मानती थी। मैं हमेशा किसी स्थिति के दोनों पहलू देखती थी, लेकिन हमेशा नकारात्मक पहलू को ही चुनती थी, क्योंकि मैं सोचती थी कि परिस्थितियाँ "इतनी अच्छी नहीं हो सकतीं।"

बहुत छोटी उम्र से ही मैं रोमांचक जीवन जीने के सपने देखती थी। मैं विदेश यात्राएँ करने की कल्पना करती रहती थी। अपने स्कूल की पुस्तकों में प्राचीन स्मारकों, मंदिरों और भव्य इमारतों के चित्र देखकर मैं सोचती थी कि इन जगहों को अपनी आँखों से सचमुच देखना कितना शानदार रहेगा।

बाद में कॉलेज जाने और ऑफ़िस में नौकरी करने के बाद मैं थक गई और निचुड़ गई। मैंने सोचा, क्या ज़िंदगी इसी को कहते हैं? क्या दिन भर एक छोटे से कक्ष में फ़ोन और कंप्यूटर पर बैठे रहना ही ज़िंदगी है? मैं संक्षिप्त विरामों का आनंद लेती थी, जिनमें मैं बाहर जाकर बेंच पर बैठ जाती थी और पूरे संसार की यात्रा करने के सपने देखती थी। मैं अपने दिल में जानती थी कि किसी तरह मेरे सपने सच हो जाएँगे। मैं मन ही मन तसवीरें देखती थी कि मैं दूसरे देशों में सुंदर जगहों पर काम कर रही हूँ और संसार भर की सैर कर रही हूँ। तब मैं कहाँ जानती थी कि मेरा सपना साकार हो जाएगा। मैंने *द सीक्रेट* पढ़ना शुरू किया और इसकी बातों पर धीरे-धीरे अमल करने लगी।

अंततः मैंने अपनी नौकरी छोड़ दी, लेकिन कुछ महीनों बाद मैं हताश हो रही थी, क्योंकि कोई भी मुझे संसार की यात्रा करने के लिए नौकरी नहीं दे रहा था। फिर एक दिन मेरी एक बेरोज़गार सहेली ने मुझे एक नौकरी के बारे में बताया, जिसकी पेशकश उसके पूर्व-सहकर्मी ने उसके सामने की थी। इसमें कई समुद्री पर्यटन जहाज़ों पर यात्रा करना, वस्तुओं का प्रचार करना और उच्चवर्गीय आभूषण बेचना शामिल था। जैसे ही उस सहेली की बात पूरी हुई, मेरे मुँह से तुरंत निकल पड़ा, “यही तो मेरे सपनों की नौकरी है!”

एक महीने बाद मैं समुद्री यात्रा करते हुए संसार की सैर कर रही थी। ज़्यादातर लोग जिस सैर-सपाटे पर ढेर सारे पैसे ख़र्च करते हैं, वह मैं मुफ़्त में कर रही थी। मैं यात्री केबिनों में रुकती थी, अतिथियों के साथ घुलती-मिलती थी और महँगे आभूषण पहनती थी - यह सब नौकरी का हिस्सा था! जब जहाज़ बंदरगाहों में रुकता था, तो मेरे पास ख़ाली

समय होता था। इस ख़ाली समय में मैंने पूरे दक्षिण व मध्य अमेरिका, कैरिबियन और भूमध्य सागरीय इलाक़ों की यात्रा की। आख़िरकार मैं वो सारी मशहूर इमारतें अपनी आँखों से देख पाई, जिनके चित्र मैंने अपने स्कूल की पुस्तकों में बरसों पहले देखे थे। मैंने मिस्र जाकर पिरामिड भी देख लिए!

मुझे *द सीक्रेट* में पक्का विश्वास तब हुआ, जब मिस्र की यात्रा पर मैंने सृष्टि से कहा कि यह मुझे कमीशन में निश्चित राशि दे। मैं चाहती थी कि यह संख्या थोड़ी हटकर हो, लेकिन मुझे याद रहे। मैंने जो जादुई संख्या सोची, वह थी 5,432 डॉलर। रात-दिन मैं इसी संख्या के बारे में सोचती थी और यह चित्र देखती थी कि मुझे इतनी राशि का चेक थमाया जा रहा है। इस समुद्री यात्रा में मुझे 5,400 डॉलर का कमीशन मिला। तब से मुझे शत-प्रतिशत विश्वास हो गया है।

– ***अंजी***, फ़ोर्ट लॉडरडेल, फ़्लोरिडा, अमेरिका

सुनिश्चित करें कि आपके कार्य आपकी इच्छाओं के सामंजस्य में हों

जब आप अपने जीवन में किसी चीज़ को आकर्षित करना चाहें, तो यह सुनिश्चित करें कि आपके काम आपकी इच्छाओं के विरोध में नहीं हों। अपनी माँगी हुई चीज़ के बारे में सोचें और यह सुनिश्चित करें कि आपके कार्य उसके मिलने की दिशा में हों। अपनी इच्छाओं के लिए जगह बनाना आशा का प्रबल संकेत भेजने का अच्छा तरीक़ा है।

मकान कैसे बेचें

जब मैं अपने बॉयफ्रेंड के पास जाकर रहने लगी, तो मैंने अपना फ़्लैट किराए पर उठा दिया। जब किरायेदार ने उसे ख़ाली किया, तो मैंने उसे बेचने का निर्णय लिया। मेरे ख़रीदने के बाद से इसकी क़ीमत काफ़ी बढ़ गई थी और मेरे बॉयफ्रेंड की भी यही राय थी कि हमें इस पर बिकाऊ का बोर्ड लगा देना चाहिए और उसका फ़्लैट हम दोनों के नाम करा लेना चाहिए।

शुरुआत में मुझे विश्वास था कि मेरा फ़्लैट बहुत जल्दी बिक जाएगा। मैं उस साल की शुरुआत से ही *द सीक्रेट* का अभ्यास कर रही थी और मैंने सोचा कि अगर मैं शिद्दत से चाहूँगी, तो यह बिक जाएगा। सप्ताह गुज़रते गए, लेकिन फ़्लैट नहीं बिका। प्रेरणा की तलाश में मैं *द सीक्रेट* वेबसाइट पर गई। तब जाकर मुझे समस्या समझ में आई - मेरे काम मेरी इच्छाओं के तालमेल में नहीं थे। मैं फ़्लैट बेचना तो चाहती थी, लेकिन दरअसल मैं इसके लिए कुछ नहीं कर रही थी! जब से किरायेदार ने इसे ख़ाली किया था, तब से मैं फ़्लैट में गई भी नहीं थी, क्योंकि मैं इसे बोझ मानने लगी थी, जिस वज़ह से यह बोझ ही बना रहा।

एक बार जब मुझे अपनी ग़लती का अहसास हो गया, तो मैंने फ़्लैट में जाकर उसे संभावित ग्राहकों के लिए आकर्षक बनाया। मैंने दूसरे एस्टेट एजेंट्स से मिलकर इस बात की पुष्टि की कि मैंने जो क़ीमत माँगी थी, वह सही है।

वेबसाइट पर मुझे यह बेहतरीन सलाह मिली कि आप अपने मकान की हर मनपसंद चीज़ के बारे में सोचें, उसके लिए धन्यवाद दें और फिर

कल्पना करें कि नया ख़रीदार वहाँ खुशी-खुशी रह रहा है। यह सलाह पढ़ने के बाद मैं फ़्लैट में बैठी और सुखद यादों के लिए हर कमरे को धन्यवाद दिया और यह स्पष्ट किया कि मैं इसे क्यों बेच रही थी। मैंने बहुत स्पष्ट तसवीर देखी कि नया ख़रीदार वहाँ रहने के बारे में बहुत रोमांचित है।

मुझे एक और तकनीक से मदद मिली। मैंने चाबियाँ अपने हाथ में लीं और उन्हें नए ख़रीदार को थमाने की कल्पना की। मैंने कल्पना की कि चाबियाँ देते समय मैं कह रही हूँ, "बिक्री के लिए धन्यवाद।" इससे मैं महसूस करने लगी कि मैंने फ़्लैट को मुक्त कर दिया है और मैं इसे बेच चुकी हूँ।

हालाँकि बाज़ार में बहुत मंदी चल रही थी, लेकिन इन तकनीकों को आज़माने के कुछ सप्ताह के भीतर ही मुझे कई प्रस्ताव मिले और मैं दरअसल अपनी उम्मीद से ज़्यादा भाव पर बेचने में कामयाब रही। जैसे ही मुझे प्रस्ताव मिला, मैंने सोचा, *मैं सचमुच यह चाहती हूँ कि ख़रीदार फ़र्नीचर भी ख़रीद ले, ताकि हमें इसे हटाना न पड़े।* और आप जानते हैं, उसने ऐसा ही किया!

मेरा बॉयफ़्रेंड अब मेरा पति बन चुका है और अब हम अपना फ़्लैट बेचकर एक मकान में रहने जा रहे हैं, क्योंकि मैं गर्भवती हूँ - यह सब मैंने *द सीक्रेट* के सिद्धांतों का इस्तेमाल करके आकर्षित किया है!

– ***रेबेका***, लंदन, इंग्लैंड

अगली कहानी में कॉन्सर्ट देने वाले एक बैंड के सदस्यों ने भी इसी तकनीक पर चलकर अपनी इच्छाओं को सशक्त बनाया, हालाँकि उन्हें यह डर सता रहा था कि उनका कार्यक्रम देखने-सुनने कोई भी नहीं आएगा।

ख़ाली कुर्सियाँ

मैं एक सेल्टिक बैंड में हूँ। अब हम मशहूर होने लगे हैं, लेकिन यह घटना जिस वक़्त की है, तब हम मशहूर नहीं थे। हम एक बहुत छोटे क़स्बे में परोपकारी कॉन्सर्ट करने वाले थे। हमने एक और बैंड के साथ टीम बना ली थी, जिसके साथ हमें भविष्य में प्रदर्शन करने की उम्मीद थी, लेकिन हमें यह डर लग रहा था कि हमारे कार्यक्रम में एक भी दर्शक नहीं आएगा। हम पहले भी उस इलाक़े में कॉन्सर्ट कर चुके थे, जिसमें सिर्फ़ चार दर्शक ही आए थे। इसके अलावा, उस इलाक़े में उसी रात कई दूसरे बड़े कार्यक्रम भी होने वाले थे। हमने शो तैयार करने में पैसा लगाया था और फ़ायर ब्रिगेड के लाभ के लिए इसका विज्ञापन किया था, इसलिए इस पर बहुत कुछ निर्भर था।

एक सप्ताह पहले तक हमारे सिर्फ़ छह टिकट ही बिके थे। मैं अपने मन में इक्का-दुक्का दर्शकों के चित्र देख रही थी और जानती थी कि मुझे अपने विचार तुरंत बदल लेने चाहिए। मैंने लोगों के आने की बात पर विश्वास के लिए प्रार्थना की। मेरे मन में तुरंत यह विचार आया कि मैं खुद उस छोटे क़स्बे में जाकर पोस्टर लगाऊँ, हालाँकि बैंड के दूसरे साथी

यह काम कर चुके थे। इसलिए बारिश भरी एक सुबह मैं कार से वहाँ गई। मैंने और पोस्टर लगाए, लेकिन इससे ज़्यादा अहम बात, मैंने उस जगह को अपने सकारात्मक नज़रिये से भर दिया कि लोग आएँगे।

शो वाले दिन तक हमारे सिर्फ़ छह ही टिकट बिके थे। मैंने 96 कुर्सियाँ लगवाईं। यह देखकर मेरे बैंड के साथी हँसने लगे कि हमारा संगीत कार्यक्रम ख़ाली कुर्सियाँ देखेंगी-सुनेंगी। मैंने मुस्कराकर कहा, "हमें ज़्यादा कुर्सियों की ज़रूरत पड़ेगी।" मुझे वाक़ई इस बात पर भरोसा था।

फिर कमाल हो गया! शो के एक घंटे पहले लोग झुंड में आने लगे। वहाँ पर 96 लोग बैठे और कुछ तो खड़े भी रहे। कार्यक्रम बेहतरीन रहा और हमने फ़ायर ब्रिगेड के लिए पैसे इकट्ठे किए। यह जादू से कम नहीं था!

– ***कैथी***, सैन फ़्रांसिस्को, कैलिफ़ोर्निया, अमेरिका

जब आप सृष्टि से पाने के लिए काम करेंगे, तो आपको ऐसा महसूस होगा, मानो आप प्रवाह में बह रहे हैं। यह प्रयास रहित महसूस होगा। यह प्रेरित कर्म की भावना है। यह सृष्टि तथा जीवन के प्रवाह के साथ बहने की भावना है।

अच्छे विचार सोचें।

अच्छे शब्द बोलें।

अच्छे काम करें।

ये तीन तरीक़े आपके लिए इतना कुछ लाएँगे, जिसकी आपने कभी कल्पना भी नहीं की होगी।

– द सीक्रेट दैनिक प्रेरणा

दौलत की कुंजियाँ

- आप किसी चीज़ की कमी पर ध्यान केंद्रित करके उसे अपने जीवन में बढ़ा नहीं सकते। ज़्यादा पैसे को आकर्षित करने के लिए समृद्धि पर ध्यान केंद्रित करें।
- अपने विचारों के तराजू के पलड़े को धन-की-कमी से बहुत-सारे-पैसे की ओर झुका दें।
- उन चीज़ों की सूचियाँ बनाएँ, जिन्हें आप उस पैसे से ख़रीदना चाहते हैं।
- अपनी मनचाही चीज़ों पर पैसे ख़र्च करने की कल्पना करें। ख़ुद से कहें, "मैं इसका ख़र्च उठा सकता हूँ।"
- पैसे को अपना एकमात्र लक्ष्य न बनाएँ; लक्ष्य उसे बनाएँ जो आप बनना, करना या पाना चाहते हैं।
- एक स्वप्न बोर्ड बनाएँ और इसे अपनी मनचाही चीज़ों के चित्रों से भर लें, जिन्हें आप पाना चाहते हैं।
- समृद्धि में विश्वास करने के लिए बैंक ऑफ़ द युनिवर्स का चेक डाउनलोड कर लें (www.thesecret.tv/check)।

- *यह सुनिश्चित करें कि आप जिसे पाना चाहते हैं, आपके कार्य उसी दिशा में हों।*

- *हम किसी चीज़ को अपनी ओर तब तक नहीं ला सकते, जब तक कि हम अपने पास मौजूद चीज़ों के लिए कृतज्ञ न हों।*

- *कृतज्ञता दौलत है। मनचाही चीज़ मिलने से पहले ही उसके लिए कृतज्ञ बनें।*

- *ख़ुशी से पैसा आता है।*

AS ABOVE SO BELOW AS WITHIN SO WITHOUT

अगर आप जीवन में किसी के साथ ख़ुद को नकारात्मक स्थिति में पाएँ, तो हर दिन कुछ मिनट दिल में उस व्यक्ति के लिए प्रेम महसूस करें और उसे ब्रह्माण्ड में प्रेषित कर दें। बस यह एक काम करने से उस व्यक्ति के प्रति आपके द्वेष, क्रोध या नकारात्मकता को दूर करने में मदद मिलती है।

याद रखें कि द्वेष, क्रोध या किसी भी नकारात्मक भाव को महसूस करने से यह पलटकर आपकी ओर आकर्षित होता है। प्रेम महसूस करने से प्रेम ही पलटकर आपकी ओर आकर्षित होता है। आप दूसरे के लिए जो भी महसूस कर रहे हैं, उसे आप दरअसल अपनी ओर ला रहे हैं।

- द सीक्रेट दैनिक प्रेरणा

मैंने संबंधों में बदलाव लाने के लिए सीक्रेट का इस्तेमाल कैसे किया

प्रेम वह सर्वोच्च और सबसे शक्तिशाली भावना है, जिसे आप महसूस कर सकते हैं। सिर्फ़ प्रेम महसूस करने से ही आपके संबंधों का कायाकल्प हो सकता है। आपमें प्रेम की भावनाएँ उत्पन्न करने की असीमित क्षमता है और आप जब प्रेम करते हैं, तो सृष्टि के साथ पूरे सामंजस्य में होते हैं। हर चीज़ से प्रेम करें। हर व्यक्ति से प्रेम करें। सिर्फ़ उन्हीं चीज़ों पर ध्यान केंद्रित करें, जिनसे आप प्रेम करते हैं। प्रेम को महसूस करें। इसके बाद आप प्रेम और खुशी को अपनी तरफ़ लौटते देखेंगे - कई गुना होकर!

आदर्श जोड़ीदार को आकर्षित करना

यदि आप आदर्श जोड़ीदार को आकर्षित करना चाहते हैं, तो यह सुनिश्चित करें कि आपके कार्य उसे प्रतिबिंबित कर रहे हों, जिसे आप पाना चाहते हैं। इसका क्या मतलब है? इसका मतलब वह सब करना है, जो आप तब करते, अगर वह आदर्श व्यक्ति आपके पास *इसी* वक़्त होता।

सभी अकेली लड़कियों के लिए

मेरी उम्र सत्ताईस साल थी। मैं तीन साल से अपने बच्चे के साथ ज़िंदगी गुज़ार रही थी। मैं बुरी तरह अकेलेपन से ग्रस्त थी। मैं एक अच्छे व प्रेमपूर्ण साझेदार के साथ रहने को बेताब थी। लेकिन कुछ बुरे लोगों को आकर्षित करने के बाद मैंने हार मान ली और अकेलेपन को बर्दाश्त करने लगी।

फिर एक दिन मैं बीच लंदन में रास्ता खोजते-खोजते शादी के जोड़ों की दुकान के सामने पहुँच गई। वहाँ शीशे के पार डमी पर एक ड्रेस देखकर मैं मंत्रमुग्ध रह गई। उसे ज़्यादा क़रीब से देखने के लिए मैं दुकान के भीतर गई। सेल्स असिस्टेंट के बहुत आग्रह पर मैंने वह ड्रेस पहनकर देखी और इसकी फ़िटिंग इतनी बढ़िया थी कि मैंने अंततः यह ख़रीद ली। सड़क पर कुछ क़दम आगे जाने के बाद मुझे अहसास हुआ कि मैंने शादी का जोड़ा तो ख़रीद लिया था, लेकिन मेरी शादी की कहीं से कहीं तक कोई उम्मीद नहीं थी। मेरे पास तो बरसों से कोई बॉयफ्रेंड भी नहीं रहा था। मैं सचमुच मूर्ख महसूस कर रही थी।

मैं जिस पते की तलाश कर रही थी, उसे खोजते-खोजते मुझे एक आदमी मिला। वह भी मेरी ही उम्र का था और वह भी वही पता खोज रहा था, जो मैं खोज रही थी। वह अभिनेता माइकल ईली जैसा दिखता था, जिसकी फ़ोटो मेरे कंप्यूटर के स्क्रीन सेवर पर लगी थी। हम मिलकर पता खोजने लगे और बाक़ी इतिहास है।

चार महीने बाद हम एक साथ रहने लगे और अब हमारी शादी हो चुकी है। यह सब मुझे अलौकिक सा लगता है। हम हर दिन मिलकर हँसते हैं,

वह मुझसे प्यार करता है और मैं उससे प्यार करती हूँ। उसे पाकर मुझे अपनी हर मनचाही चीज़ मिल गई है। मैं जैसा महसूस करती हूँ, उसे शब्दों में बयां करना मुमकिन नहीं है।

मैं हर लड़की से यह नहीं कह रही हूँ कि जब वह अकेली हो, तो जाकर शादी का जोड़ा ख़रीद ले, लेकिन मैं आप सबसे यह ज़रूर कहना चाहूँगी कि *विश्वास करो!*

– *ज़ी*, लंदन, इंग्लैंड

उस जोड़े को ख़रीदकर ज़ी इस तरह काम कर रही थी, *मानो* उसकी शादी होने वाली थी, हालाँकि उस वक़्त उसे ज़रा भी अंदाज़ नहीं था कि यह *कैसे* होगी। उसके काम कह रहे थे कि उसकी शादी होने वाली है। फलस्वरूप सृष्टि ने उसे उसकी मनचाही चीज़ दे दी - शादी करने के लिए एक दूल्हा! आप ऐसा कौन सा काम कर सकते हैं, जिससे यह संदेश जाए कि आपको आदर्श जोड़ीदार मिल गया है?

अपने आदर्श साथी के कपड़ों के लिए अपनी अलमारी में जगह बनाना कैसा रहेगा? एक के बजाय दो लोगों के लिए टेबल सजाना कैसा रहेगा? या फिर अपने बिस्तर के बीच में सोने के बजाय एक तरफ़ सोकर जगह बनाना कैसा रहेगा? बाथरूम में दो टूथब्रश रखना कैसा रहेगा? ऐसे सृजनात्मक उपायों की कोई कमी नहीं है, जिनसे आपके काम सृष्टि को बता दें कि आप पाने के लिए तैयार हैं।

अपनी ज़िंदगी बदलने के लिए अपनी मानसिकता बदलें

आपके जीवन की हर परिस्थिति और पल में आपके लिए दो रास्ते उपलब्ध होते हैं। ये दो रास्ते हैं सकारात्मक और नकारात्मक। और आप ही चुनाव करते हैं कि आप किस रास्ते पर चलेंगे।

– द सीक्रेट दैनिक प्रेरणा

आप अपने जीवन की किसी भी नकारात्मक स्थिति को बदल सकते हैं। इसका उपाय यह है कि आप उसके बारे में सोचने का तरीक़ा बदल लें। अगली कहानी में टैमी को यह विश्वास था कि सच्चे प्रेम जैसी कोई चीज़ इस ज़माने में मौजूद नहीं होती है। द *सीक्रेट* पढ़ने और फ़िल्म देखने के बाद उसने अपने सोचने का नज़रिया बदला और हर चीज़ के सकारात्मक पहलू को देखने लगी।

प्रेम को कभी न छोड़ें

जब 2006 में मेरा परिचय द *सीक्रेट* से हुआ, तो मेरी शादी-शुदा ज़िंदगी बहुत ख़राब थी और मैं सच्चे प्रेम के विचार से तौबा कर चुकी थी। मेरा दृढ़ विश्वास था कि प्रेम का दावा करने वाले लोग सबके सामने नाटक करते हैं और उनकी ज़िंदगी की हक़ीक़त भी शायद मेरे ही जैसी होती है।

मैं हमेशा ऐसा महसूस नहीं करती थी। मैं बहुत स्नेहमयी घर में बड़ी हुई थी। मेरे माता-पिता विवाह के 41 साल बाद अब भी गले मिलते हैं और एक दूसरे को चूमते हैं, चाहे उन्हें कोई भी देख रहा हो। मेरे दादा-दादी और नाना-नानी भी सबसे निष्ठावान दंपति हैं, जो मैंने कभी देखे हैं। लेकिन मैंने खुद को विश्वास दिला दिया कि उनके जैसे संबंध आज की पीढ़ी में मौजूद नहीं हैं। अपनी शादी की हक़ीक़त को स्वीकार करना मुश्किल था; इस तरह विश्वास करना ज़्यादा आसान था।

द सीक्रेट फ़िल्म देखने के बाद मैं लपककर पुस्तक ख़रीद लाई। मैंने ठान लिया कि मैं अपने सोचने का नज़रिया बदलने की पूरी कोशिश करूँगी। मैंने छोटी शुरुआत की और हर दिन खुद को याद दिलाया कि मैं हर चीज़ के सकारात्मक पहलू को देखूँगी। मैं दोबारा लिखने लगी। जब मेरा विवाह रसातल में जा रहा था, तो मैंने लिखना छोड़ दिया था। मैंने एक रोमानी कहानी लिखी, हालाँकि पहले कभी मैंने रोमांस की कहानी नहीं लिखी थी। मैं यह देखना चाहती थी कि क्या मैं अपनी सबसे मनचाही चीज़ - सच्चे प्रेम - के बारे में लिख सकती हूँ और इस प्रक्रिया में खुद को विश्वास दिला सकती हूँ कि यह अब भी मौजूद है।

फिर मैं अपने पति से अलग हो गई। जब मैं टीचर की उपाधि लेने का अपना आजीवन सपना साकार करने के लिए कॉलेज गई, तो ज़िंदगी सुखद और व्यस्त हो गई। मैं अपनी लिखी पुस्तक के बारे में भूल गई।

उसके एक साल बाद मैं एक अद्भुत शख़्स से मिली। उससे मिलते ही मुझे यह अहसास हो गया कि मुझे उससे प्रेम हो गया है। वह अमेरिका में रहता था और मैं कैनेडा में, लेकिन समय गुज़रने पर हम एक साथ रहने के बारे में सोचने लगे।

कुछ महीनों तक एक साथ रहने के बाद मैंने उसे उस पुस्तक के बारे में बताया, जो मैंने लिखना शुरू की थी। मैंने इसे कुछ समय से नहीं देखा था और मैं कहानी के मुख्य प्रसंग लगभग भूल चुकी थी, यहाँ तक कि पात्रों के नाम भी। बहरहाल, उसके प्रोत्साहित करने पर मैंने अपनी लिखी रोमांस कथा बाहर निकाली और उसे दोबारा पढ़ने लगी। मेरे दिल की धड़कन रुक सी गई, जब मैंने पाया कि कहानी की नायिका के प्रेमी का नाम भी वही था, जो मेरे नए प्रेमी का था! मेरी आँखों में आँसू भर आए, जब मुझे अहसास हुआ कि मैं लिखकर उसे अपने जीवन में ले आई थी।

लेकिन कहानी यहीं ख़त्म नहीं होती है। अपने पुराने विवाह को तोड़ने से पहले मैंने अपनी मनचाही जगहों और घटनाओं का एक स्वप्न बोर्ड भी बनाया था। बोर्ड पर एकमात्र भौतिक वस्तु हीरे की अँगूठी में जड़े नीलम का चित्र था, जो मैंने एक पत्रिका में देखा था। जब मेरे प्रेमी ने मेरे सामने प्रेम प्रस्ताव रखा, तो यह ठीक उसी जगह पर था, जहाँ मेरे दादा-दादी ने 66 साल पहले शादी की थी और उसने मेरी अँगुली में जो अँगूठी पहनाई वह वही थी, जिसकी तसवीर मेरे स्वप्न बोर्ड पर लगी थी।

अब मैं कैलिफ़ोर्निया में रहती हूँ और मेरी शादी जल्दी ही उस सबसे अद्भुत शख़्स से होने वाली है, जिससे मैं मिली हूँ। *द सीक्रेट* आज भी

मेरे लिए मार्गदर्शक शक्ति है और मैं जान गई हूँ कि मुझे ज़िंदगी में जो भी मिल सकता है, वह सब मेरी मुट्ठी में है, बशर्ते मैं इस बात पर विश्वास करती रहूँ।

- ***टैमी एच.***, फुलर्टन, कैलिफ़ोर्निया, अमेरिका

टैमी के लिए कुंजी रोमांस की कहानी लिखना था, क्योंकि लिखने की प्रक्रिया में उसने सृजनात्मक प्रक्रिया के पहले दो क़दम पूरे कर दिए थे : माँगें और विश्वास करें। अब बस यही रह गया था कि उसे वह सच्चा प्रेम कब मिलेगा, जिसके बारे में उसने लिखा था।

आप जो भी चाहते हों, कहानी या जर्नल लिखना सृजनात्मक प्रक्रिया के इस्तेमाल का बेहतरीन तरीक़ा है। अगर आप अपने जीवन में आदर्श जोड़ीदार को आकर्षित करना चाहते हैं, तो आप उसका सटीक वर्णन लिखें कि वह कैसा है और आपका संबंध कैसा है। आप उसमें उसकी पसंद, नापसंद, रुचियाँ, शौक, पारिवारिक पृष्ठभूमि और अपने लिए महत्त्वपूर्ण हर चीज़ शामिल कर सकते हैं। आपको अपने आदर्श जोड़ीदार का वर्णन करने वाली कम से कम सौ चीज़ों की सूची बनानी चाहिए। और फिर बैठकर देखें कि सृष्टि आपके मनचाहे इंसान को जीवन में कैसे लाती है।

आसमान से टपका सच्चा प्रेम!

दो बार *द सीक्रेट* फ़िल्म देखने और पुस्तक पढ़ने के बाद मैं इसके विचारों को रोज़मर्रा की ज़िंदगी में उतारने लगी। मैंने लिखा कि मैं क्या चाहती हूँ और मैं कृतज्ञता ज्ञापित करने लगी। मैं सभी सही चीज़ें कर रही थी। बस एक चीज़ थी, जो मैं सही नहीं कर रही थी और सृष्टि ने मुझे यह बता दिया।

जब मैं उस व्यक्ति से मिली जो मेरे लिए आदर्श था, उस वक़्त मैं एथेन्स में रह रही थी। मुझे लगा कि उसे मेरे लिए ही बनाया गया था। हम चार महीने तक एक साथ रहे, फिर धीरे-धीरे वह मुझसे दूर होने लगा। शुरुआत में तो मैंने उससे इस बारे में कुछ नहीं पूछा, क्योंकि मैं दख़लंदाज़ी नहीं करना चाहती थी। बाद में अगर एक सप्ताह तक उसका फ़ोन नहीं आता तब मैं पूछती थी और उसका जवाब होता था, "चिंता मत करो; कोई बात नहीं है।" मेरे मन में टनों बुरे विचार भरे रहते थे, लेकिन मुझे कभी कोई जवाब नहीं मिला। और फिर वह मेरे आस-पास से ग़ायब हो गया। वह न मेरे फ़ोन का जवाब देता था, न ही मेरे मैसेज का। उसकी कार आस-पास दिखती रहती थी, इसलिए मैं जानती थी कि वह ठीक था। दूसरे लोग भी उसे यहाँ-वहाँ देखते रहते थे (कोई तीसरा व्यक्ति शामिल नहीं था)। मैं पगला गई। मैं गुस्से में थी। मैं अपने लहूलुहान दिल को लेकर अमेरिका लौटने को तैयार थी।

मैं *द सीक्रेट* पढ़कर अपनी ग़लती समझने की कोशिश करती रही। और आख़िरकार मैं समझ गई। मैं हर वह चीज़ कर रही थी, जो पुस्तक करने को कह रही थी। यह मेरी ग़लती थी। मैं *कर रही थी - महसूस नहीं कर रही थी।* आदर्श छोटी लड़की की तरह मैं सारी चीज़ें उसी

तरह कर रही थी, जैसे जाँच सूची में लिखे गए काम किए जाते हैं। मेरा तरीक़ा ग़लत था। आपको इसे *महसूस* करना होता है। आप जो कर रहे हैं, उसे महसूस करें; उसे अपने वजूद का हिस्सा बन जाने दें। इस सच्चाई के प्रति जब आख़िरकार मेरी आँखें खुलीं, तो मैंने अपने पैमाने ऊपर कर लिए। मैंने निर्णय लिया कि अगर कोई व्यक्ति मेरे जीवन में रहना चाहता है, तो उसे मेरे पैमानों से ऊपर होना चाहिए। बात ख़त्म। मैं इससे कम किसी चीज़ को स्वीकार नहीं करने वाली थी।

मैं एक स्थानीय स्कूल में डांस सिखा रही थी। मेरे सहकर्मी और मैं अक्सर क्लासों के बीच बाहर सीढ़ियों पर बैठकर बातचीत करते थे और कई बार विद्यार्थी भी हमसे बातचीत करने आ जाते थे। इससे मुझे चिढ़ होती थी, क्योंकि वे हमारी बातचीत में बाधा डालते थे। इसलिए जब उनमें से एक ने आकर पूछा, “मैं लेमोनेड पीने जा रहा हूँ, क्या आप पीना पसंद करेंगी?” तो मैंने मन ही मन सोचा, “नहीं, हम तो बस इतना चाहते हैं कि तुम यहाँ से चले जाओ।”

वह विद्यार्थी लौटकर मेरे बगल में बैठ गया और अपनी यात्राओं के क़िस्से सुनाने लगा। मैंने बातचीत में योगदान नहीं दिया, लेकिन उसकी बातें लुभावनी थीं।

लंबी कहानी को सारांश में बताऊँ, तो दो दिन बाद शुक्रवार को मैं एथेंस के दूसरे छोर के एक डिस्कोथेक में गई। संयोग से वह भी वहाँ था (ईश्वर ने इसकी योजना बनाई थी)। हमने मिलकर डांस किया और बहुत सारी बातें कीं। उसने डेट पर चलने के लिए पूछा और मैंने हाँ कर दी। शनिवार को हमारी पहली डेट थी। रविवार को हम तीन दिनों की कैंपिंग

यात्रा पर गए। आज हम छह बरसों से एक साथ रह रहे हैं, तीन साल पहले हमारा सुखमय विवाह हो चुका है और हमारी दो साल की बेटी है। यह सब द *सीक्रेट* की देन है।

– ***ईवेंजेलिया के.***, एथेंस, ग्रीस

जैसा ईवेंजेलिया ने पाया, अपनी मनचाही चीज़ को पाने के लिए जब आप सृजनात्मक प्रक्रिया सफलतापूर्वक पूरी कर लेते हैं, तो सृष्टि आपकी माँगी हुई चीज़ आप तक पहुँचा देती है, क्योंकि आप सृष्टि के काम में बाधक नहीं बन रहे हैं।

आप अपने जीवन को स्वर्ग स्वरूप बना सकते हैं, लेकिन इसे करने का एकमात्र तरीक़ा यह है कि पहले आप अपने भीतर स्वर्ग बना लें। इसका कोई दूसरा तरीक़ा नहीं है। आप कारण हैं; आपका जीवन परिणाम है।

– द सीक्रेट दैनिक प्रेरणा

तथाकथित नकारात्मक संबंध चाहे जितने लंबे समय से चल रहा हो और भले ही आप यह कल्पना न कर सकते हों कि वह ख़ास संबंध किस तरह सकारात्मक बन सकता है – लेकिन यह हो सकता है! आप अपने जीवन में मौजूद किसी भी नकारात्मक संबंध को बदल सकते हैं। इसका तरीक़ा यह है कि आप उस व्यक्ति के बारे में अपना दृष्टिकोण बदल लें। सामने वाले में सकारात्मक चीज़ों की तलाश करें, उनकी क़द्र करें और संबंध ख़ुदबख़ुद बदल जाएगा। आप – और केवल आप – ही ऐसा कर सकते हैं।

पिताजी के साथ सुलह

जब मम्मी-डैडी का तलाक़ हुआ, तो इसके बाद डैडी के साथ मेरे संबंध पूरी तरह से बदल गए। पहले हमारे बीच क़रीबी और सुरक्षित संबंध थे, लेकिन अब उनमें कटुता और क्रोध भर गया। मैं पच्चीस साल तक इस विश्वास के साथ जीती रही कि डैडी के साथ दोबारा संबंध जुड़ने की कोई उम्मीद नहीं है - जब तक कि मम्मी ने मुझे *द सीक्रेट* डीवीडी नहीं दी। और इसने मेरी ज़िंदगी हमेशा के लिए बदल दी।

फ़िल्म देखते वक़्त मैं पहली तीन बार रोई। मुझे पहली बार महसूस हुआ कि मेरे जीवन के सभी क्षेत्रों में उम्मीद बंध रही थी। मैं डैडी के साथ बहुत सकारात्मक संबंध का मानसिक चित्र देखने लगी। और फिर अचानक डैडी ने मुझे अपने घर आकर रहने के लिए आमंत्रित किया। हमने एक साथ बहुत अच्छा समय गुज़ारा और पिता-पुत्री के बंधन को दोबारा जोड़ा तथा मज़बूत बनाया। यह एक चमत्कार था, जो मुझे कभी संभव नहीं लगता था। अब डैडी और मैं एक बार फिर क़रीब हैं और हमारी जोड़ी बेहतरीन है।

मैं शब्दों में बयां नहीं कर सकती कि रहस्य कितनी अविश्वसनीय और अद्भुत है। इसने एक निराशाजनक स्थिति को ज़बर्दस्त वरदान में बदल दिया। मुझे उम्मीद है कि संसार के बाक़ी लोग भी आशावादी बन जाएँगे, क्योंकि *द सीक्रेट* हम सभी को आशा का वरदान देती है।

– ***एमी, मैग्नोलिया***, अरकंसास, अमेरिका

अगली कहानी में ग्लेंडा ने भी एक बिछड़े अभिभावक के साथ संबंध सुधारने की खुशी महसूस की, जब उसने मतभेदों को नज़रअंदाज़ करके इस बात पर ध्यान केंद्रित किया कि वह अपनी माँ की किन चीज़ों को पसंद करती थी और किन चीज़ों की क़द्र करती थी।

प्यारी माँ के लिए

चालीस साल के मेरे जीवन में मुझे कभी अपनी माँ के साथ जुड़ाव महसूस नहीं हुआ। जब मैं किशोरावस्था में थी, तभी हमारे बीच गंभीर झगड़े होने लगे थे और मैं जैसे-जैसे और बड़ी हुई, तब भी मैंने कभी उनसे निकटता महसूस नहीं की। ज़िंदगी में कई बिंदुओं पर तो मैंने उनके साथ संपर्क ही तोड़ लिया था।

जब उनकी उम्र ज़्यादा हो गई और आँखों की रोशनी कम होने लगी, तो मुझे महसूस हुआ कि अब इस तनावपूर्ण संबंध को दुरुस्त कर लेना चाहिए।

द *सीक्रेट* पढ़ने के बाद मैं कृतज्ञता के बारे में कुछ चीज़ें लिख रही थी और मैंने वे सारी चीज़ें लिखने का निर्णय लिया, जिनके लिए मैं अपनी माँ की कृतज्ञ थी : वे सुंदर पोशाकें जो उन्होंने बचपन में मेरे लिए सिली थीं, वे बेहतरीन सब्ज़ियाँ जो उन्होंने हम सभी के लिए उगाई थीं, जिस तरह उन्होंने हमारे बड़े बगीचे की देखभाल की थी आदि। जब मैंने इन चीज़ों को पहचाना, तो इतने बरसों तक उनकी कड़ी मेहनत और परवाह के लिए मेरे मन में कृतज्ञता का सैलाब महसूस हुआ।

उसके बाद मैंने अपनी नोटबुक में लिखा, "मैं मम्मी के साथ ख़ुशी, शांति और विश्वास का संबंध चाहती हूँ।" यह लिखने के बाद मुझे उन्हें लेकर शांति का एक नया अहसास हुआ। मैंने उनसे लगभग एक साल से बात नहीं की थी, लेकिन अब मैं उनसे मिलने गई।

उनसे मिलने पर मैंने पाया कि हमारे बीच की हर चीज़ बदल गई है। हमारे बीच अब कोई तनाव नहीं था, कोई अवरोध नहीं था। मैंने उन्हें अपनी ज़िंदगी की कुछ मुश्किलों के बारे में बताया, जिनका मैंने सामना किया था और उन्होंने, जिन्होंने मुझे पहले कभी गले नहीं लगाया था, मुझे गले लगाया, प्रेम और समर्थन दिया। ज़िंदगी में मुझे कभी भी माँ का ऐसा प्रेम महसूस नहीं हुआ था। यह मेरे जीवन का सचमुच ख़ास पल था।

अब मैं हर सप्ताह माँ को फ़ोन करती हूँ और हम एक दूसरे से उस तरह बात करते हैं, जैसा मैं हमेशा चाहती थी। हमारे बीच इस तरह का प्रेम है, जिसे शब्दों में नहीं बताया जा सकता।

– *ग्लेंडा*, न्यू ज़ीलैंड

जब आप नकारात्मक चीज़ों पर ग़ौर करने के बजाय उन चीज़ों को देखने की कोशिश करते हैं, जिनसे आप प्रेम करते हैं और जिनकी आप सराहना करते हैं, तो चमत्कार हो जाएगा। प्रेम और सराहना की सकारात्मक अवस्था में रहने पर ऐसा नज़र आएगा, मानो पूरी सृष्टि आपकी हर इच्छा पूरी कर रही है, वह दुनिया भर की ख़ुशी आपकी ओर ला रही है और हर अच्छे व्यक्ति को आपके क़रीब ला रही है। और यह सोलह आने सच है।

जाने दें और जिएँ

कई बार नकारात्मक धारणाओं को छोड़ना मुश्किल होता है, ख़ास तौर पर अगर वे आपके संबंधों से जुड़े हों, जैसा सबरीना के मामले में था।

क्षमा के ज़रिये उपचार

बचपन में मुझे बहुत प्रताड़ित किया गया; मेरी माँ ने मुझे और मेरे छोटे भाई-बहन को बहुत चोट पहुँचाई। मैं सबसे बड़ी थी, इसलिए जब भी हममें से कोई ग़लत काम करता था, तो उसकी सज़ा मुझे ही मिलती थी। ज़िंदगी के पहले पंद्रह साल मैंने हर दिन शारीरिक और मानसिक हिंसा झेली।

जब मैं तेरह साल की थी, तो आवेश में माँ ने अपना घुटना मेरी पीठ पर दबा दिया, ताकि पीटते समय मुझे स्थिर रख सकें। फलस्वरूप कई साल तक मेरी कमर दुखती रही।

उस घटना के दो साल बाद मैं अपने डैडी और उनकी नई गर्लफ़्रेंड के पास जाकर रहने लगी। मैं अपनी छोटी बहन के साथ घोड़ों के साथ खेल रही थी। दोनों घोड़ों के खुर हमारी पीठ पर पड़े, जिससे हम दोनों ही हवा में उछले और गिर पड़े। एक सप्ताह बाद मैं जिस कुर्सी पर बैठ रही थी, उसे मेरे छोटे भाई ने पीछे खींच दी। मैं पीठ के बल गिर गई - एक बार फिर। मेरी टेलबोन डेढ़ सेंटीमीटर खिसक गई।

कुछ सालों तक मैं डॉक्टर के पास जाती रही, क्योंकि मुझे समझ नहीं आ रहा था कि मेरी कमर अब भी क्यों दुखती है। आख़िरकार डॉक्टर ने मुझे बताया कि इसका अतीत की समस्याओं से कोई संबंध हो सकता है, लेकिन मेरे बड़े स्तनों से भी दर्द बढ़ने की आशंका थी। मैंने स्तन छोटे कराने के ऑपरेशन से इनकार कर दिया और खुद को कमर के दर्द के लिए तैयार कर लिया।

द सीक्रेट पढ़ने के बाद मैंने माँ को माफ़ करने और ज़िंदगी में आगे बढ़ने का निर्णय लिया।

एक दिन सोफ़े पर बैठकर ध्यान करते वक़्त मैंने अपनी माँ को अपने सामने देखा और मैंने उन्हें गले लगा लिया। उनकी बाँहों में खड़े-खड़े मैंने उन्हें बताया कि मैं उनसे प्रेम करती हूँ, उन्हें क्षमा करना चाहती हूँ और अतीत को मिटाना चाहती हूँ। मैंने उनसे कहा, “मैं अब समझती हूँ कि आपने वह सब किया, जो आप उस वक़्त के ज्ञान और अनुभव के लिहाज़ से कर सकती थीं।” मैं कहती रही, “मैं आपसे प्रेम करती हूँ और आपको क्षमा करती हूँ।” मैं रोने लगी और आँसू मेरे गालों पर बहते रहे। मैं लंबे समय तक ध्यान में बैठी रही और बस क्षमा करती रही। मैंने कहा, “मैं आपसे प्रेम करती हूँ और मेरे भीतर की सबरीना को जी भरकर रो लेने दो।” यह मेरे साथ हुई सबसे डरावनी लेकिन सबसे सुंदर चीज़ों में से एक थी।

उस अनुभव के बाद मैंने अपने डैडी और सौतेली माँ को बता दिया कि मैंने अपनी माँ को क्षमा कर दिया है और अतीत को अतीत में ही छोड़ दिया है। उस रात मेरी पीठ का दर्द चला गया और दोबारा कभी नहीं लौटा। इसे दूर करने के लिए मैंने बस एक ही चीज़ की थी; मैंने अपनी माँ को क्षमा किया था।

– ***सबरीना***, डेनमार्क

सबरीना के मानसिक चित्रण और ध्यान की बदौलत वह अपनी माँ के बारे में सकारात्मक रुख़ अपना सकी। इससे उसे न सिर्फ़ रिश्तों में घुली कड़वाहट से छुटकारा मिला, बल्कि वह शारीरिक दर्द से भी उबार पा सकी। जब आप किसी स्थिति के बारे में सोचने का तरीक़ा बदल लेते हैं, तो उस स्थिति से जुड़ी हर चीज़ बदल जाएगी।

आप जितना ज़्यादा देते हैं, उतना ही ज़्यादा पाते हैं

देने की क्रिया आपके लिए प्राप्त करने के द्वार खोल देती है।

अच्छे शब्द बोलें। मुस्कान दें। प्रेम और प्रशंसा दें।

आपके पास देने के बहुत सारे अवसर होते हैं, इसलिए आपके पास पाने के भी बहुत सारे अवसर होते हैं।

– द सीक्रेट दैनिक प्रेरणा

उपहार

जब मैं एक कारोबारी यात्रा से घर लौट रही थी, तो रात को मैंने हवाई अड्डे पर *द सीक्रेट* पढ़ना शुरू की। हवाई जहाज़ में यात्रा के दौरान मैं उस खंड पर पहुँची, जहाँ पाठकों से आग्रह किया जाता है कि वे अपनी कल्पना में अपने सपनों की कार चलाएँ। मैंने जगुआर के प्रतीक वाले स्टियरिंग व्हील का मानसिक चित्र देखने की कोशिश की, लेकिन मेरे दिमाग़ में पोर्श का प्रतीक बार-बार आता रहा। आख़िरकार, मुझे अहसास हुआ कि मैं पोर्श कार का मानसिक चित्र देख रही हूँ, जिसे ख़रीदना हमेशा से मेरे पति का सपना रहा था।

मैंने अपने मन में चित्र को स्पष्ट किया : बाहर और भीतर के रंग; इसके पूरी तरह से सुरक्षित बाहरी और अंदरूनी हिस्से; इसके बेहद अच्छे रखरखाव वाले उपकरण। मैं जानती थी कि हम दस साल पुरानी 1997 के मॉडल वाली कार का ही ख़र्च उठा सकते हैं। मैं यह भी जानती हूँ कि इतने साल बाद ज़्यादातर कारें अपनी उम्र से ज़्यादा पुरानी दिखने लगती हैं। लेकिन मैं इस दस साल पुरानी कार का मानसिक चित्र इस तरह देखती रही, मानो यह बिलकुल नई हो, माइलेज की दृष्टि से भी।

जब मैं यह मानसिक चित्र देख रही थी, तो मैंने ख़ुद को किसी और चीज़ के बारे में सोचते पाया, जिसे मैं बहुत ज़्यादा चाहती थी - अपने दामाद ब्रैन्डन के साथ बेहतर संबंध। जब मेरी बेटी का प्रेम विवाह डावाँडोल हुआ था, तो हमारे बीच तनाव और फ़ासला आ गया था। फलस्वरूप पाँच महीनों से ज़्यादा समय से दामाद से मेरी न के बराबर बातचीत हुई थी।

मैंने ख़ुद को बताया कि मैं उससे अकेले में मिलने का मौक़ा चाहती थी, उनकी शादी के बारे में बातचीत करने के लिए नहीं, बल्कि सिर्फ़ उसकी बात सुनने और उसे यह बताने के लिए कि मुझे उसकी बहुत परवाह थी और मुझे सफल होने की उसकी योग्यता पर भरोसा था।

जब हवाई जहाज़ उतरा, तो मैंने *द सीक्रेट* में जो पढ़ा था, उसे लेकर मैं इतनी रोमांचित थी कि तुरंत अपने पति को सब कुछ बताने के लिए बेकरार थी।

अगली सुबह मैं अपनी बेटी और भतीजे को नाश्ते के लिए बाहर ले गई। रेस्तराँ में मेरी बेटी के सेल फ़ोन पर एक फ़ोन आया और बहुत हैरानी से उसने मुझे फ़ोन थमाते हुए कहा, “ब्रैन्डन का फ़ोन है। वह आपसे बात करना चाहता है।”

ब्रैन्डन एक महीने पहले एक स्थानीय कार डीलर की बिक्री टीम में काम करने लगा था। वह बोला कि मेरे पति टेड ने एक बार कहा था कि वे पोर्श बॉक्स्टर ख़रीदना चाहते हैं। फिर उसने रोमांचक अंदाज़ में एक बहुत असाधारण कार का वर्णन शुरू किया, जो उसके यहाँ उसी सुबह

आई थी। केवल एक ही पुराना मालिक था, जो बहुत ही व्यवस्थित था और वह पिछले दस सालों से इसे एक दिन में दो ब्लॉक से ज़्यादा दूर चलाकर नहीं ले गया था। ब्रैन्डन ने कार का वर्णन करते समय इसे शोरूम जैसी शब्दावली का इस्तेमाल किया, जैसा मैंने पिछली रात अपने मन में सोचा था। कहने की ज़रूरत नहीं है, मैंने उससे कहा कि वह किसी को उस कार के पास भी न फटकने दे और मैं तुरंत वहाँ आ रही हूँ।

जब मैं वहाँ पहुँची, तो यह सचमुच मेरे सपनों की कार थी - शानदार रंग, शोरूम जैसी, 5,000 मील से भी कम चली हुई! मैंने उससे कहा कि मुझे यह टेड को दिखानी होगी, हालाँकि मुझे यक़ीन था कि उन्हें इससे बहुत ख़ुशी होगी। ब्रैन्डन ने कहा, इसमें कोई समस्या नहीं है। उसने मेरा ड्राइविंग लाइसेंस माँगा और चाबियाँ लेने चला गया।

लौटकर उसने बताया कि उसके मैनेजर की सिर्फ़ एक ही शर्त थी : ब्रैन्डन को मेरे पति के रेस्तराँ से आने-जाने की ढाई घंटे की यात्रा में मेरे साथ जाना होगा।

मैं सचमुच हैरान थी : मेरे दोनों आग्रह चौबीस घंटे से भी कम समय में साकार हो गए थे। मेरे पति को उनके सपनों की कार मिल रही थी और रेस्तराँ तक की कार यात्रा में ब्रैन्डन और मैं एक ऐसे संबंध का निर्वाह कर रहे थे, जो हम दोनों के लिए ही बहुत मायने रखता था।

हवाई अड्डे पर गुज़री उस रात के बाद से मैंने हमारे सबसे प्रिय मित्रों को इस पुस्तक की प्रतियाँ दी हैं; हम हर दिन अपने कृतज्ञता जर्नल लिख रहे हैं और मेरे यह लिखते समय ब्रैन्डन की कार में ऑडियो चल रहा है।

– ***दुरैला पी.***, डलास, टैक्सस, अमेरिका

प्रसन्नता अधिक प्रसन्नता को लुभाती है। आनंद अधिक आनंद को आकर्षित करता है। शांति अधिक शांति को आकर्षित करती है। कृतज्ञता अधिक कृतज्ञता को आकर्षित करती है। दयालुता अधिक दयालुता को आकर्षित करती है। प्रेम अधिक प्रेम को आकर्षित करता है।

– द सीक्रेट दैनिक प्रेरणा

संबंधों की कुंजियाँ

- *आप किसी व्यक्ति को देखने का दृष्टिकोण बदलकर किसी भी नकारात्मक संबंध को बदल सकते हैं।*
- *उन चीज़ों की तलाश करें, जिन्हें आप सामने वाले में पसंद करते हैं और जिनसे प्रेम करते हैं। इससे संबंध बदल जाएगा।*
- *जीवन में हर चीज़ की तरह ही संबंधों में भी आपको पाने के लिए यह विश्वास करना होता है कि वह चीज़ आपके पास पहले से ही है।*
- *जब आप किसी संबंध को आकर्षित या सुधारने की कोशिश करें, तो यह सुनिश्चित कर लें कि आपके कार्य उसके तालमेल में हों, जिसे आप पाने की उम्मीद करते हैं।*
- *अपने जीवन में आदर्श जोड़ीदार को आकर्षित करने के लिए मानसिक चित्र में हर विवरण देखें कि वह कैसा है और सारी चीज़ें लिख लें।*
- *आप किसी दूसरे के लिए जो महसूस कर रहे हैं, उसे आप अपनी ओर ला रहे हैं।*
- *प्रेम महसूस करने से ही आपके जीवन के संबंधों का कायाकल्प हो सकता है।*
- *हर चीज़ से प्रेम करें। हर व्यक्ति से प्रेम करें। सिर्फ़ उन्हीं चीज़ों पर ध्यान केंद्रित करें, जिनसे आप प्रेम करते हैं।*
- *आप जितना ज़्यादा देते हैं, संबंधों और जीवन में आपको उतना ही ज़्यादा मिलेगा।*

आकर्षण के नियम हमारी अंदरूनी उपचारक शक्ति के आह्वान का शक्तिशाली औज़ार हैं। इनका प्रयोग आज उपलब्ध आश्चर्यजनक चिकित्सा तकनीकों के पूर्ण सामंजस्य में किया जा सकता है।

\- द सीक्रेट देनिक प्रेरणा

मैंने स्वास्थ्य के लिए सीक्रेट का इस्तेमाल कैसे किया

मैं जानती हूँ कि कोई चीज़ लाइलाज नहीं है। इतिहास में किसी न किसी समय हर तथाकथित असाध्य बीमारी ठीक हो चुकी है। मेरे मन में और मेरे बनाए संसार में "असाध्य" जैसी कोई चीज़ मौजूद ही नहीं है। जब से *द सीक्रेट* फ़िल्म रिलीज़ हुई है, तब से चमत्कारों की कहानियों की बाढ़ आ गई है, जिनमें बताया गया कि लोगों ने *द सीक्रेट* का इस्तेमाल करके सभी प्रकार की बीमारियों से कैसे मुक्ति पाई। विश्वास से सब कुछ संभव है।

अपना मन बदलें, अपना स्वास्थ्य बदलें

डॉक्टर इसे चमत्कार कहते हैं

चौबीस साल की उम्र में मुझे एक रहस्यमय, घातक हृदय रोग हुआ। मुझे बताया गया कि दस लाख लोगों में से सिर्फ़ एक को ही यह रोग होता है।

मुझे कुछ दवाएँ दी गईं और मेरे सीने में एक डिफ़िब्रिलेटर लगा दिया गया। कहने की ज़रूरत नहीं है कि मौत का विचार मेरे मन में हर दिन मौजूद रहता था।

इसके बाद के पाँच सालों में मेरा तलाक़ हुआ और हृदय के दो असफल ऑपरेशन भी हुए। उस मोड़ पर मैं जवाब खोजने लगी। *द सीक्रेट* फ़िल्म देखने और इस पर अमल करने के बाद मैंने खोज की आध्यात्मिक यात्रा शुरू की, ताकि यह पता लगा सकूँ कि मुझे यह रोग क्यों हुआ था। इसमें दो साल लग गए, लेकिन आख़िरकार मुझे जीवन की एक नई समझ हासिल हुई और इस रोग को जारी रखने की कोई ज़रूरत महसूस नहीं हुई। मैंने इसे मुक्त करने का निर्णय लिया।

मैं खुद से कहने लगी, *एक दिन तुम जागोगी और पाओगी कि तुम्हें अब दवाओं की ज़रूरत नहीं रह गई है।* लगभग छह महीने बाद मैं एक सुबह जागी और टेनिस के जूते पहनकर किसानों के हाट में जाने लगी। वहाँ पहुँचने पर मुझे अहसास हुआ कि मैं दवा लेना तो भूल ही गई थी। मेरे दिमाग़ में एक आवाज़ ने स्पष्ट रूप से कहा, "आज मेरा दिन है! अब तुम्हें दवा लेने की कोई ज़रूरत नहीं है।"

तब से मैंने कोई दवा नहीं ली है और मैंने छह महीने पहले डिफ़िब्रिलेटर भी हटवा दिया है।

शुरुआत में तो डॉक्टर इसे हटाने में झिझक रहे थे, क्योंकि इस बात का कोई सबूत नहीं था कि यह कैसे ठीक हुआ, लेकिन उन्हें अब रोग के

मौजूद होने का सबूत भी नहीं मिला। उन्होंने कहा कि यह एक चमत्कार है और इस तरह का कोई दूसरा प्रामाणिक प्रकरण कभी उनके सामने नहीं आया था।

– *नाइट ए.*, कोलराडो स्प्रिंग्स, कोलराडो, अमेरिका

ज़ाहिर है, डॉक्टर की बताई गई किसी भी दवा या उपचार को छोड़ने का निर्णय डॉक्टर की सलाह के बाद ही लेना चाहिए। लेकिन इस महिला और उसके डॉक्टरों ने मिलकर जो हासिल किया, उससे आकर्षण के नियम की शक्ति का पता चलता है, जब इसका इस्तेमाल पारंपरिक चिकित्सा के साथ किया जाता है।

विश्वास और कुछ नहीं, बल्कि बार-बार दोहराए गए विचार हैं, जिनके साथ प्रबल भावनाएँ जुड़ी हैं। विश्वास का मतलब है कि आपने इरादा कर लिया है, फ़ैसला कर लिया है, दरवाज़े पर कील ठोककर उसे बंद कर दिया है और चाबी फेंक दी है, और विचार-विमर्श की कोई गुंजाइश नहीं है।

अगर आपने अपनी सेहत के बारे में नकारात्मक विश्वास बना लिए हैं, तो विचार-विमर्श की मेज़ पर जाएँ। आप अपने विश्वास कभी भी बदल सकते हैं। और अगर आप अपनी सेहत बदलना चाहते हैं, तो नकारात्मक विचारों को बदलना अनिवार्य है।

मेरा चमत्कारी हृदय

एक अजनबी ने फ़ोन पर मुझे अपनी विरासत के बारे में बताया। इस तरह मुझे अपने पिता की आकस्मिक मृत्यु का पता चला। उनकी उम्र 53 साल थी और वे मार्फ़न सिंड्रोम नामक एक दुर्लभ आनुवंशिक रोग की वजह से हुए महाधमनी रोग से मरे। मैं बेवर्ली हिल्स में सीडर्स-सिनाई के हृदय रोग विभाग प्रमुख के पास गई और जाँच के बाद पता चला कि मुझे भी मार्फ़न सिंड्रोम था।

मार्फ़न सिंड्रोम एक अनुवांशिक रोग है, जिसका कोई इलाज नहीं है; इसके फलस्वरूप अक्सर महाधमनी रोग से मृत्यु हो जाती है। यह जीवन में जल्दी ही लोगों पर हमला कर देता है, आम तौर पर बीस साल के बाद किसी भी वक़्त। मेरी उम्र 28 साल हो चुकी थी।

मैं बुरी तरह टूट गई। मुझे पहले दर्जे का हृदय अवरोध था। अवरोध के दूसरे दर्जे पर पहुँचते ही मुझे पेसमेकर की ज़रूरत पड़ने वाली थी, लेकिन असली चिंता थी महाधमनी का वाल्व, क्योंकि यह कभी भी फट सकता था। मैं बच्चे पैदा नहीं कर सकती थी। वॉलीबॉल और तैराकी की टीम का हिस्सा होने से कॉलेज टेनिस तक मैं हमेशा ही बहुत अच्छी खिलाड़ी रही थी। मैं पोषण और फ़िटनेस के क्षेत्र में सक्रिय थी। मगर इस ख़बर के बाद मैं बहुत दहशत में आ गई थी। पहले मैं खुद को शक्तिशाली और सकारात्मक मानती थी, लेकिन अब कमज़ोर और नाज़ुक मानने लगी, क्योंकि मुझे बताया गया था कि मेरे सीने में एक “टाइम बम टिकटिक” कर रहा था। हालाँकि सामान्यतः मैंने सकारात्मक रहने की कोशिश की, लेकिन दिमाग़ के किसी कोने में मैं हमेशा आसन्न जोखिम और मृत्यु के बारे में जागरूक थी, जिससे बचने की कोई आशा नहीं थी।

मैं बरसों तक इस डर के साथ जीती रही और साल में दो बार अपने हृदय रोग विशेषज्ञ से जाँच कराती रही, जब तक कि मैंने *द सीक्रेट* नहीं देखी। इसके कुछ ही समय बाद मैं हृदय रोग विशेषज्ञ से परामर्श लेने वाली थी। मैं उस व्यक्ति की कहानी से बहुत प्रभावित हुई, जिसने हवाई जहाज़ दुर्घटना के बाद अपने आप को वापस तंदुरुस्त कर लिया था। मैंने उसी समय निर्णय लिया कि मैं भी अपने हृदय का उपचार करूँगी। मैंने इस पर विश्वास किया और इसे संभव मान लिया।

मैंने अपने हृदय के बारे में सभी नकारात्मक विचार दूर हटा दिए और उन्हें अपने मन में दाख़िल नहीं होने दिया। हर रात जब मैं अपने बिस्तर पर लेटती थी, तो मैं अपने हृदय पर अपना दायाँ हाथ रखकर शक्तिशाली हृदय का मानसिक चित्र देखती थी। मैंने मन ही मन यह रिहर्सल की कि मेरा हृदय मज़बूती से धड़क रहा था और उसी तरह दिख रहा था तथा आवाज़ कर रहा था, जिस तरह एक मज़बूत स्वस्थ हृदय करता है। हर सुबह जागने पर मैं कहती थी, “मेरे मज़बूत, स्वस्थ हृदय के लिए आपको धन्यवाद।” मैंने मानसिक चित्र देखा कि हृदय रोग विशेषज्ञ मुझे बता रहा है कि मैं ठीक हो गई हूँ। आलोचना या अविश्वास के डर से मैंने ये बातें किसी को भी नहीं बताईं। मैंने हृदय रोग विशेषज्ञ के अपॉइंटमेंट को लगभग चार महीनों तक टाल दिया, ताकि इसे आज़माने के लिए मुझे पर्याप्त समय मिल जाए।

जब मैं हृदय रोग विशेषज्ञ के पास गई, तो मेरी मेडिकल फ़ाइल इलेक्ट्रोकार्डियोग्रामों और ईकोकार्डियोग्रामों से भरी थी, जो मेरे शारीरिक हृदय रोग के विभिन्न प्रकारों का सबूत थे। जब मेरा ईकेजी और सोनोग्राफ़ी हुई, तो मैं रोमांचित थी, लेकिन मैंने ख़ुद को शांत कर लिया।

हृदय रोग विशेषज्ञ जब परीक्षण के परिणाम लेकर लौटे, तो वे पूरी तरह हैरान थे। पहले दर्जे के हृदय अवरोध का कोई संकेत नहीं था। दरअसल हृदय में किसी तरह का कोई अवरोध ही नहीं था। मेरी महाधमनी नहीं बढ़ी थी। उन्होंने पुराने और नए परीक्षणों का अच्छी तरह मिलान किया। नए परीक्षण में पूरी तरह स्वस्थ हृदय दिख रहा था और मार्फ़न सिंड्रोम का कोई शारीरिक संकेत ही नहीं था! उन्हें इसका कारण समझ नहीं आ रहा था। मैं बेहद खुश थी, लेकिन सच कहूँ, तो हैरान नहीं थी। यह ठीक वैसा ही था, जैसा मैंने मानसिक चित्र में देखा था। मैं हृदय रोग विशेषज्ञ के क्लीनिक से दौड़ते हुए अपनी कार तक गई। उस वक़्त मैं खुद को जितना शक्तिशाली और सजीव महसूस कर रही थी, उतना मैंने पहले कभी नहीं किया था।

मैंने अपनी मम्मी को फ़ोन किया, जिन्हें मैं पहले ही *द सीक्रेट* की एक प्रति दे चुकी थी। मैंने उन्हें बताया कि मैंने इसके सिद्धांतों पर अमल किया है और अब मेरा हृदय स्वस्थ, मज़बूत व सामान्य है। यह सुनकर वह भावुक हो गईं और फूट-फूट कर रोईं।

– ***लॉरेन टी.***, लैग्युना बीच, कैलिफ़ोर्निया, अमेरिका

आपने जिन डॉक्टरों को चुना है, उन्हें अपना काम करने दें और अपना दिमाग़ केवल स्वास्थ्य पर केंद्रित रखें।

तंदुरुस्ती के विचार सोचें। तंदुरुस्ती के शब्दों को बोलें। और स्वयं की एक पूरी तरह स्वस्थ व्यक्ति के रूप में कल्पना करें।

– द सीक्रेट दैनिक प्रेरणा

एक बार में एक छोटा सकारात्मक विचार

सारा तनाव एक नकारात्मक विचार से शुरू होता है। एक विचार अनजाने में ही अंदर आ जाता है और फिर एक के बाद एक ज़्यादा विचार आते जाते हैं, जिनके कारण तनाव हो जाता है। यह न भूलें कि तनाव सिर्फ़ परिणाम है; असल कारण नकारात्मक सोच है और यह सब एक छोटे नकारात्मक विचार से शुरू होता है। आपने अपने संसार में जो भी प्रकट किया है, आप उसे बदल सकते हैं... एक छोटे, सकारात्मक विचार से और फिर एक और छोटे, सकारात्मक विचार से।

सुंदर उपचार

जब से मैंने *द सीक्रेट* की सीडी सुनी है, तब से मेरी ज़िंदगी में कई आश्चर्यजनक चीज़ें हुई हैं, लेकिन सबसे चमत्कारी चीज़ यह हुई कि मेरा अल्सरेटिव कोलाइटिस ठीक हो गया, जिसकी वजह से मैं बरसों से परेशान थी।

मैं पेंटेकोस्टल पंथ (रूढ़िवादी प्रोटेस्टैंट चर्च के अनुयायी) वाले घर में जन्मी और पली-बढ़ी थी, इसलिए मैं बचपन से ही बहुत तनाव में रहती थी

और नरक व ईसा मसीह की वापसी से आतंकित थी। मेरे दिल में चर्च संबंधी कई सवाल उठते थे। अगर ईश्वर प्रेम है, जैसा बाइबल सिखाती है, तो फिर मैं इतना ज़्यादा क्यों डर रही हूँ? मुझे हर चीज़ से डर लगता था।

मेरे डैडी को अल्सरेटिव कोलाइटिस था और मेरी माँ ने मुझे बताया कि अगर मैं छोटी-छोटी चीज़ों की चिंता करती रही, तो यह मुझे भी हो जाएगा। और यही हुआ! 23 साल की उम्र में मुझे पता चला कि मुझे अल्सरेटिव कोलाइटिस हो चुका है।

मैंने सपने देखना और गाना छोड़ दिया। पच्चीस साल की उम्र में जब मैं एक "उचित" संबंध में आकर मैं जमकर पीने लगी। इसके बाद अल्सरेटिव कोलाइटिस सचमुच उभर गया।

मैंने श्रीमान उचित को छोड़ दिया और "मेरे लिए बने" शख़्स से मिली। इसके बाद भी मेरी आँत में हर दिन दर्द होता था और ख़ून निकलता था। तब मैं फुल टाइम जॉब कर रही थी और मैंने अपने दम पर अपनी छोटी बेटी व परेशानहाल किशोर बेटे को पाला। अपने शानदार प्रेम प्रसंग की बदौलत मैं सारा दर्द सहन तो कर लेती थी, लेकिन मेरा शरीर थक रहा था।

मैंने अपनी नौकरी गँवा दी। फिर अपने नए पति के प्रेम और परवाह की बदौलत मैंने अपने अतीत और अपने शरीर के उपचार पर पूरा ध्यान केंद्रित किया। हर दिन ख़ून निकलने की वजह से मुझमें ख़ून की बहुत ज़्यादा कमी थी और मैं बहुत थकी-थकी रहती थी। मानसिक रूप से भी मैं काफ़ी जर्जर हाल में थी। मैं एक विशेषज्ञ से मिली, जिसने मुझे बताया

कि मुझे ज़िंदगी भर दर्दशामक दवाओं की भारी ख़ुराक और एनीमा लेने होंगे। निराशा में मैंने दवाओं से शरीर को भर लिया और समस्या से जूझती रही।

एक साल से ज़्यादा समय बीतने पर भी हर दिन ख़ून निकल रहा था। मेरा जीवन बाक़ी मायनों में शानदार और आदर्श था, लेकिन मेरी शारीरिक और भावनात्मक पीड़ा बरकरार थी। ख़ुद के साथ काफ़ी वाद-विवाद करने के बाद मैंने *द सीक्रेट* ख़रीदी। इसे पाँच मिनट तक पढ़ने के बाद ही मेरे चेहरे पर ख़ुशी के आँसू बहने लगे। मुझे यक़ीन ही नहीं हुआ कि मेरे अनकहे विचारों की कैसे पुष्टि हो रही थी।

उस दिन मेरी ज़िंदगी बदल गई। कोलाइटिस के लक्षण तुरंत कम हो गए। मैंने गूगल पर स्वस्थ बड़ी आँत का चित्र देखा और मन ही मन इसे देखने लगी। मैंने अपने उपचार के लिए धन्यवाद दिया और अपने शरीर को लगातार दुआ देती रही। मैंने कल्पना की कि पानी मेरे शरीर का उपचार कर रहा है। मैंने सोचा कि हमारा शरीर ज़्यादातर पानी से बना होता है, इसलिए अस्वस्थ बैक्टीरिया को बाहर निकालने के लिए ज़्यादा पानी पीना लाभकारी रहेगा। इसलिए मैं पानी पीती थी और धन्यवाद देती थी। (बाद में *द पॉवर* सुनने के बाद मुझे पता चला कि पानी सकारात्मक माहौल पर अच्छी प्रतिक्रिया करता है)।

मैं हर दिन *द सीक्रेट* सुनती रही। मेरे शरीर का उपचार हो रहा था और मैं ज़िंदगी में बेहतरीन महसूस कर रही थी, लेकिन इसके बावजूद मेरा स्वास्थ्य वहाँ नहीं पहुँचा था, जहाँ मैं इसे पहुँचाना चाहती थी।

मानसिक रूप से मैं अपने अतीत को छोड़ने के लिए जूझती रही। मैं प्रियजनों के साथ संघर्ष में उलझती रही। मुझे व्यग्रता और चिंता के दौरे पड़ते थे और मैं इतनी कुंठित थी कि "शांत व उत्तेजनारहित" नहीं रह पाती थी। मैं खुद पर बहुत कठोर थी। मेरे पास सारे साधन और हर मनचाही चीज़ थी। फिर मेरा स्वास्थ्य आदर्श क्यों नहीं था? मैं जानती थी कि मैं पूर्ण स्वास्थ्य हासिल करने के बहुत क़रीब थी, लेकिन कोई महत्त्वपूर्ण चीज़ चूक रही थी।

हर दिन *द सीक्रेट* सुनने के छह महीने बाद और आध्यात्मिक विकास तथा उपचार व कृतज्ञता पर पुस्तकें पढ़ने के बाद मैंने *द पॉवर* ख़रीदी और तब मुझे पता चला कि मुझसे कहाँ चूक हो रही थी। मैं प्रेम को सबसे पहले रखना भूल रही थी। मैंने तुरंत हर चीज़ से प्रेम करने का निश्चय किया, सबसे छोटी चीज़ से लेकर सबसे बड़ी हर चीज़ से। दो दिन बाद ही कोलाइटिस के लक्षण ग़ायब हो गए।

अब मैं प्रेम महसूस करके दिन की शुरुआत करती हूँ। मैं अपने परिवार के सदस्यों और मित्रों का चित्र देखती हूँ तथा उन्हें प्रेम देती हूँ। मैं उनके सुख और सफलता का चित्र देखती हूँ। मैं सृष्टि की प्रतिक्रिया से बहुत प्रभावित हूँ। मेरे संघर्ष ख़त्म हो चुके हैं। मेरे आस-पास के लोग ज़्यादा खुश हैं। मैं अब कल्पना करने और प्रेम महसूस करने से ज़्यादा कुछ नहीं कर रही हूँ। यह करना बहुत आसान है। अब मैं हर चीज़ के लिए प्रेम महसूस करती हूँ! मैं हर वस्तु और हर व्यक्ति को प्रेम देती हूँ।

मेरी सबसे बड़ी चीज़ अपने अतीत में प्रेम खोजना है। यदि कोई दुखद याद आ जाती है, तो मैं अतीत की किसी पसंदीदा चीज़ को खोज लेती हूँ

और उसे महसूस करने लगती हूँ। फिर समय का वह पल मुझे दोबारा कभी परेशान नहीं करता है।

मेरे जीवन का हर क्षेत्र पहले से बेहतर हो गया है। *द सीक्रेट* ने मेरे सामने सोचने के नए तरीक़े और जीवन का द्वार खोल दिया है। *द सीक्रेट* सुनने के ढाई साल बाद मेरे जन्मदिन पर छमाही परीक्षण के परिणामों में पता चला कि वह अल्सरेटिव कोलाइटिस, जिससे मैं इतने साल से परेशान थी, ग़ायब हो चुका है। सिर्फ़ निशान वाला ऊतक बचा है। अब मैं इतनी ज़्यादा स्वस्थ और ख़ुश हूँ, जितनी पहले कभी नहीं रही।

– ***जेसिका टी.***, वैंकुवर, ब्रिटिश कोलंबिया, कैनेडा

अगर आप तनाव महसूस कर रहे हैं, तो मनचाही चीज़ अपने पास नहीं ला सकते। किसी भी तरह का तनाव या दबाव एक ऐसी चीज़ है, जिसे आपको अपने अंदर से हटाना होगा।

तनाव का भाव रखने का मतलब प्रबलता से यह कहना है कि आपके पास आपकी मनचाही चीज़ नहीं है। दबाव या तनाव का अर्थ आस्था का अभाव है, इसलिए इसे हटाने के लिए आपको बस अपनी आस्था को बढ़ाना है!

द सीक्रेट दैनिक प्रेरणा

द सीक्रेट ने मेरे जीवन को बेहतर कैसे बनाया

ज़्यादातर वयस्क जीवन में मुझे भीड़ से डर लगता रहा है। मैं चिंता और दहशत के विकारों से भी परेशान रही हूँ। मुद्दे की बात यह है कि मैंने अपनी सुविधा के दायरे के बाहर एक भी चीज़ नहीं की थी, जब तक कि मैंने द *सीक्रेट* नहीं पढ़ी। इसके बाद ही मैं हर चीज़ के बारे में बहुत सकारात्मक बनने लगी।

मेरा हर दिन सकारात्मक दृढ़ संकल्पों के साथ शुरू होने लगा। मैंने यह बोलना छोड़ दिया कि मैं क्या नहीं कर सकती थी और उस बारे में बोलने लगी, जो मैं कर सकती थी।

मैं 33 साल तक कभी हवाई जहाज़ में नहीं बैठी थी और कोई विदेश यात्रा नहीं की थी। आख़िरकार, मैं अपने नौ और बारह साल के बेटों को दो सप्ताह की सैर के लिए बाली ले गई।

पहले मैं अपने शहर के सुपर मार्केट तक भी नहीं जा पाती थी और अब मैं दुनिया की सैर कर रही हूँ। और इस सबके लिए मैं द *सीक्रेट* की शुक्रगुज़ार हूँ!

- ***कैरन सी.***, सिडनी, ऑस्ट्रेलिया

जैसा कैरन की कहानी बताती है, दृढ़ कथन डर और चिंता से उबरने में मदद कर सकते हैं, यहाँ तक कि दहशत के विकार से भी।

दृढ़ कथन का प्रभावी इस्तेमाल पूरी तरह इस बात पर निर्भर करता है कि उन्हें कहते समय आप उन पर कितना विश्वास करते हैं। यदि उन पर आपको ही विश्वास नहीं है, तो दृढ़ कथन कोरे शब्द मात्र हैं, जिनमें कोई शक्ति नहीं है। विश्वास ही आपके शब्दों को शक्ति देता है।

– द सीक्रेट दैनिक प्रेरणा

अच्छा महसूस करने से ज़्यादा महत्त्वपूर्ण कुछ नहीं है

स्वस्थ रहने का मतलब है स्वस्थ शरीर *और* स्वस्थ मन। अगर आपका मन नकारात्मक विचारों या नकारात्मकता से भरा है, तो आप कभी ख़ुश या स्वस्थ नहीं रह सकते। अगर आप अपने मन को स्वस्थ रखते हैं, तो आपके शरीर को स्वस्थ रहने में मदद मिलती है।

अपने मन को स्वस्थ रखने का एक तरीक़ा नकारात्मक विचारों पर विश्वास न करना है। आपके जीवन में चाहे जो हो रहा हो, अपने मन को सौंदर्य, प्रेम, कृतज्ञता और ख़ुशी के सकारात्मक विचारों की ओर मोड़ें। इससे आप अपने शरीर को वह रामबाण दवा देंगे, जिसकी इसे ज़रूरत है।

जगाने वाली घंटी

मेरा जीवन हमेशा से स्वास्थ्य को समर्पित रहा है। लगभग चालीस साल तक मैंने गहरे ध्यान का अभ्यास किया, व्यायाम किया, "सही" भोजन किया और आठ घंटों की नींद ली। इसलिए जब मेरे 60वें जन्मदिन के एक सप्ताह पहले मुझे स्तन कैन्सर का पता चला, तो मेरे साथ-साथ मेरे डॉक्टर को भी सदमा लगा।

अगले कुछ दिनों तक मैं डर की वजह से पंगु बन गई, जैसा अक्सर ऐसी बीमारी का पता चलने के बाद आम तौर पर होता है। और फिर "संयोग से" मुझे अख़बार में *द सीक्रेट* के बारे में एक लेख दिख गया। मैंने इसकी ऑडियो सीडी मँगाई और सुनी - कार में, सोने जाने से पहले, कुत्ते को घुमाते समय। मुझे इस बात का अहसास हुआ कि मैं और मेरे पति हर समय काम कर रहे थे और जीवन का आनंद नहीं ले रहे थे। यह कोई गर्व करने लायक़ चीज़ नहीं थी, इसलिए हमने मिल-बैठकर अपने जीवन को ज़्यादा संतुलित बनाने के लिए प्राथमिकताएँ दोबारा तय कीं।

फिर मैंने कैन्सर संबंधी वे सारी पुस्तकें लौटा दीं, जो मेरी सहेलियों ने मुझे अच्छे इरादे से दी थीं। मैंने मेड डॉट कॉम पर जानकारी खोजना भी छोड़ दिया। मैं यह समझ गई थी कि मुझे ख़ुद को स्तन कैन्सर का रोगी नहीं मानना चाहिए। इसके बजाय हर दिन घूमने जाते समय मैंने ज़ोर से कहना शुरू किया, "मैं प्रफुल्लित स्वास्थ्य से भरी हूँ! धन्यवाद, धन्यवाद, धन्यवाद!" शॉवर लेते समय मैंने कल्पना की कि मेरी सारी कोशिकाएँ पूर्ण सामंजस्य में हैं, सारी शारीरिक प्रणालियाँ सुचारु हैं और सारे ऊतक स्वस्थ हैं। मैंने हर चीज़ के लिए धन्यवाद दिया, सारे समय - जब मैं जागती थी, तब से बिस्तर पर सोने जाते समय तक मैं बार-बार दोहराती रही कि मैं बहुत स्वस्थ हूँ।

मैं जानती थी कि परिणाम मिलने में लगभग छह सप्ताह लगेंगे। अस्पताल वालों ने कहा था कि वे मेरे ऑपरेशन की तारीख़ तय करने के लिए कुछ दिनों बाद फ़ोन करेंगे, इसलिए मैंने उपचार के लिए ज़्यादा समय पाने के लिए भी *द सीक्रेट* का इस्तेमाल किया। मैंने दोहराया, "ठीक होने के लिए मुझे जितना समय चाहिए, मेरे पास वह सारा समय है," और सृष्टि ने मेरी बात मान ली! किसी ने भी फ़ोन नहीं किया और साढ़े पाँच सप्ताह बाद मैंने आख़िरकार खुद अस्पताल फ़ोन किया। क्या आप यक़ीन करेंगे, मेरे काग़ज़ात खो गए थे!

लेकिन अब मुझे कोई गाँठ महसूस ही नहीं हो रही थी!

मेरी सर्जरी के बाद डॉक्टर ने मेरे पति को बताया कि ऑपरेशन मुश्किल था, क्योंकि उसे ट्यूमर ही नहीं मिला था। वह अतिरिक्त ऊतक पैथोलॉजी भेजती रही, ताकि यह पक्का कर सके कि उसे सही जगह मिल गई है! किसी को भी नहीं पता था कि ट्यूमर इतना क्यों सिकुड़ गया है। बस मुझे पता था!

अब मैं हर मिनट का आनंद लेते हुए जीती हूँ, और हालाँकि मैं दोबारा ऐसी चीज़ नहीं झेलना चाहती हूँ, लेकिन मैं बहुत ख़ुश हूँ कि मैंने विचारों की शक्ति के बारे में इतना सीखा और यह भी कि हमें अपने जीवन के बारे में अद्भुत विकल्प चुनने का मौक़ा मिलता है।

– ***कैरोल एस.***, सरक्यूज़, न्यू यॉर्क, अमेरिका

मानसिक उपचार पारंपरिक चिकित्सा के सामंजस्य में काम कर सकता है, जैसा कैरोल ने पाया। किसी भी परीक्षण या उपचार कराते वक़्त अपने मनचाहे

परिणाम की कल्पना करें और इस तरह महसूस करें, मानो वह परिणाम आपको पहले ही मिल चुका है। जब कैरोल ने अपना ऑपरेशन कराया, तो उसने सकारात्मक परिणाम पर विश्वास को पुख़्ता करने के लिए *द सीक्रेट* का इस्तेमाल किया - और सृष्टि ने उसके विश्वास के आधार पर काम किया।

दीर्घकालीन तनाव और नकारात्मक विचारों के फलस्वरूप हमारे शरीर में रोग हो जाता है। हम अपने नकारात्मक विचारों को दो तरीक़ों से बदल सकते हैं। हम अपने शरीर को सकारात्मक विचारों और स्वास्थ्य संबंधी दृढ़ कथनों से भरने का चुनाव कर सकते हैं, जिससे उस वक़्त नकारात्मक विचारों की उपस्थिति रुक जाती है। या फिर हम नकारात्मक विचारों के साथ न जुड़ने का चुनाव कर सकते हैं। जब हम नकारात्मक विचारों पर कोई ध्यान नहीं देंगे, तो उनकी ऊर्जा ख़त्म हो जाएगी और वे तुरंत घुल जाएँगे। दोनों ही नीतियाँ काम करती हैं और दोनों ही नीतियों में अनचाही चीज़ पर ध्यान न देना शामिल है। और यही तो *द सीक्रेट* है।

अगली कहानी में टीना यह जानती थी कि अगर वह अपने मनचाहे स्वास्थ्य को आकर्षित करना चाहती है, तो उसे नकारात्मक विचारों को छोड़ना होगा।

मैं अजेय बन गई

मैं 32 साल की थी और मेरा कुछ समय पहले ही तलाक़ हुआ था। तभी मेरा मासिक धर्म असमय ही बंद हो गया। मुझे अब भी याद है, डॉक्टर मुझे तसल्ली देते हुए बुदबुदा रहा था, "यह सबसे कम उम्र का मामला है,

जो मैंने देखा है।" मैं कई दिनों, हफ़्तों, महीनों तक रोती रही, क्योंकि अब मैं माँ नहीं बन सकती थी। यह बहुत ही बुरा अनुभव था। कोई भी शब्द उस दर्द भरी यात्रा का वर्णन नहीं कर सकते, जिससे मैं गुज़री थी। कोई इलाज नहीं था और डॉक्टर कोई सलाह नहीं दे पा रहे थे। मेरा विश्वास करें, इलाज खोजने की कोशिश में मैंने पूरी दुनिया घूम ली, ताकि किसी तरह समय का रुख़ पलट जाए और मेरा सामान्य, नियमित मासिक धर्म शुरू हो जाए। मैंने जड़ी-बूटियाँ, एक्युपंक्चर, जन्म नियंत्रण गोलियाँ, हार्मोन थेरेपी सब कुछ आज़माकर देखा। आप चाहे किसी भी चीज़ का नाम ले लें, मैंने उसे आज़माया था।

हक़ीक़त यह है कि इस बात से मैं हैरान नहीं थी। मैं हमेशा से बहुत नकारात्मक रही थी। इस समस्या से पहले मैंने उन महिलाओं की कहानियाँ सुनी थी, जिन्हें पैंतीस साल से पहले रजोनिवृत्ति हो गई थी और मुझे हमेशा यही चिंता सताती रहती थी कि मेरे साथ भी ऐसा ही होगा। *द सीक्रेट* का स्वर्णिम नियम : अगर आप किसी चीज़ की चिंता करते हैं, तो वह आपके साथ हो जाएगी।

पाँच साल तक ढेर सारी दवाओं और डॉक्टरों को आज़माने के बाद और भी बुरी चीज़ें होने लगीं। मुझे हाई ब्लड प्रेशर और कैल्शियम की कमी हो गई; मेरी उम्र तेज़ी से बढ़ने लगी। ज़्यादा चलने पर मेरे घुटनों में लगातार दर्द होता रहता था। और मुझे ब्लड प्रेशर की दवाएँ लेनी पड़ीं। मेरी उम्र 36 साल थी, लेकिन मुझे ऐसा महसूस हो रहा था मानो मैं 63 की हो चुकी हूँ। हर सुबह जागते समय मैं दरअसल यही सोचती थी कि मैं शायद बहुत कम उम्र में ही मर जाऊँगी। मैं हर दिन उदास रहती थी।

मैंने दोबारा शादी कर ली और पति मेरे भावनात्मक उतार-चढ़ावों को लेकर बहुत धैर्यवान थे। उन्होंने मुझे प्रोत्साहित किया कि मैं बाहर निकलूँ, व्यायाम करूँ और स्वस्थ आहार लूँ। एक समय ऐसा आया, जब मैंने अपने शरीर को आराम देने के लिए हार्मोन की गोलियाँ बंद करने का निर्णय लिया।

सारे हार्मोन बंद करने के बाद एक दिन मैं बुकस्टोर में गई और वहाँ मुझे *द पॉवर* पुस्तक दिख गई। मैं पहले *द सीक्रेट* पढ़ चुकी थी, लेकिन उसे पढ़ने पर मैंने सोचा था कि इस पर अमल करने में कोई तुक नहीं है, क्योंकि मैं बहुत ही नकारात्मक इंसान हूँ। लेकिन किसी दृढ़ आवाज़ ने मुझे बताया कि *द पॉवर* मेरी एकमात्र उम्मीद और एकमात्र इलाज है। और अगर कोई उपचार काम नहीं कर रहा था, तो शायद मुझे अपनी डॉक्टर ख़ुद बन जाना चाहिए और एक अलग तरीक़े से ख़ुद का इलाज करना चाहिए।

मैंने पुस्तक पढ़ी और इसने मुझे तुरंत ही जकड़ लिया। मैंने ऑडियोबुक ख़रीदी और हर दिन इसे सुनने लगी - ट्रेन में, किराना ख़रीदते समय, सड़क पर चलते समय, जब भी मैं रात में सो नहीं पाती थी, मैं इसे सुनती थी। इस पुस्तक में बताया गया था कि मैं जीवन में कुछ भी कर सकती हूँ और अपनी हर मनचाही चीज़ पा सकती हूँ। जब भी मैं यह बात सुनती थी, मैं हर बार रोने लगती थी।

फिर मैंने सकारात्मक चिंतन और कल्पना का अभ्यास शुरू कर दिया। मैंने कल्पना की कि मेरी रक्त वाहिनियाँ सामान्य और मज़बूत हैं। मैंने कल्पना की कि मैं कोई दवा नहीं ले रही हूँ, लेकिन इसके बावजूद मेरा

ब्लड प्रेशर सामान्य और स्वस्थ है। मैंने कल्पना की कि मैं चारों तरफ़ दौड़ रही हूँ, लेकिन मुझे घुटनों में कोई दर्द महसूस नहीं हो रहा है। और मैंने कल्पना की कि मेरा मासिक धर्म सामान्य है। मैंने ज़िंदगी में पहली बार हर पल प्रेम महसूस किया। अब मैं छोटी-छोटी चीज़ों को लेकर उदास नहीं होती थी। मैं धन्य और ख़ुश महसूस करती थी कि मैं अपने प्रिय लोगों से घिरी हूँ और ख़ुशी देने वाली जगह पर हूँ।

तीन महीने बाद मैंने सारी दवाएँ छोड़ दीं। इस बात को कई महीने बीत गए हैं, लेकिन मेरा ब्लड प्रेशर सामान्य है। मेरे घुटनों में भी दर्द नहीं होता, और सबसे अविश्वसनीय बात, मेरा मासिक धर्म पुनः शुरू हो चुका है।

मैं *द सीक्रेट* की पूरी टीम को धन्यवाद देती हूँ कि उन्होंने मुझे चुनौतियों से उबरने की शक्ति दी। आपने मुझे विश्वास दिलाया कि मैं शक्तिशाली हूँ, मैं हर चीज़ की हक़दार हूँ और मैं अजेय हूँ।

–***टीना***, हांगकांग

यह जानना कितना आश्चर्यजनक है कि अपनी सेहत को बेहतर बनाने के लिए आपको बस अपने मन को सेहत की तरफ़ मोड़ना है! सकारात्मक विचारों के सैलाब में बह जाएँ। अपने मन और शरीर में स्वास्थ्य के सकारात्मक चित्र भर जाने दें। अच्छा और सुखद महसूस करने पर ध्यान केंद्रित करें। जब आप सकारात्मक भावनाओं की ओर मुड़ते हैं, तो आप उनकी विपरीत भावनाओं से दूर मुड़ जाते हैं।

जीवन के उपहार को पाना

हमें उन महिलाओं की कई कहानियाँ मिली हैं, जिन्होंने संतान की सारी उम्मीद खो दी थी, लेकिन *द सीक्रेट* पढ़ने और इसके सिद्धांतों पर अमल करने के बाद उन्हें संतान सुख की प्राप्ति हुई। ये कहानियाँ इस बात की गवाह हैं कि कोई मामला "निराशाजनक" नहीं होता है और *द सीक्रेट* पर अमल करने पर हर स्थिति में सकारात्मक परिणाम मिल सकते हैं।

प्यारी बेटी का वरदान

मेरी कहानी तब शुरू होती है, जब मेरी शादी अपने प्रेमी के साथ हुई। उस समय हमारी प्राथमिकता यह थी कि हम अपने जीवन और आमदनी को व्यवस्थित कर लें और इसके बाद ही संतान के बारे में विचार करें।

जब हमने बच्चा पैदा करने की कोशिश की, तो कुछ नहीं हुआ। हम डॉक्टर के पास गए, जिन्होंने हमारे कुछ परीक्षण कराए। हमने बहुत इलाज कराया, लेकिन गर्भाधान न होने का कारण पता नहीं चल पाया।

हमारे माता-पिता, रिश्तेदार, पड़ोसी और मित्र बार-बार ख़ुशख़बरी के बारे में पूछ रहे थे, लेकिन हमारे पास उन्हें बताने के लिए कुछ नहीं था। मेरी शादी-शुदा सहेलियों को संतानों का वरदान मिल रहा था और मैं थी कि आँखों में आँसू भरकर अपनी नन्ही देवदूत के लिए प्रार्थना कर रही थी। मैं बहुत दुखी और तनावपूर्ण रहने लगी।

एक दिन मेरे डॉक्टर ने कहा कि अगर साल के अंत तक गर्भ नहीं ठहरा, तो मुझे आईवीएफ़ उपचार करना होगा। यह ख़ौफ़नाक ख़बर थी। यह उपचार बहुत महँगा भी था और इसके पहली कोशिश में ही सफल होने की कोई गारंटी भी नहीं थी। तभी मेरी एक क़रीबी सहेली ने इस बात पर ज़ोर दिया कि मुझे एक ज्योतिषी से सलाह लेना चाहिए।

मेरे पति और मैंने अपॉइंटमेंट लिया। उस मुलाक़ात ने मेरी ज़िंदगी बदल दी। हमने अपनी समस्या ज्योतिषी को बताई, जिन्होंने मुझसे पूछा कि क्या मैंने *द सीक्रेट* फ़िल्म देखी है। दरअसल, मैंने यह कई साल पहले देखी थी। इस पर ज्योतिषी ने कहा, "अगर आप पहले से ही *द सीक्रेट* को जानती हैं, तो अपनी समस्या लेकर मेरे पास क्यों आई हैं? आप इसे खुद ही सुलझा सकती हैं।" उन्होंने हमारा मार्गदर्शन किया कि *द सीक्रेट* का इस्तेमाल कैसे करना है। उसी दिन मैंने खुद से वादा किया कि मुझे प्राकृतिक रूप से गर्भ धारण करने का अधिकार है।

उसके बाद मेरे पति और मैंने *द सीक्रेट* को अपनी दिनचर्या में शामिल कर लिया।

मैंने पुस्तक ख़रीदी और उसे मन लगाकर पढ़ा। अब मुझे जब भी कोई गर्भवती स्त्री दिखाई देती थी, तो मैं ईश्वर को धन्यवाद देती थी, जिसकी कृपा से वह मुझे दिखी। मैं नवजात शिशु के कपड़े ख़रीदने लगी। मैंने बढ़ती बच्ची की तसवीरें इकट्ठी करके अपने सेलफ़ोन में भर लीं। मैं बेबी सोप का इस्तेमाल करने लगी। मैंने अपनी अलमारी में अपनी बच्ची के कपड़ों के लिए जगह बनाई। हर दिन मेरे पति और मैं अपनी प्यारी देवदूत के लिए ईश्वर को धन्यवाद देते थे। जब भी मेरे रिश्तेदार अच्छी

ख़बर के बारे में पूछते थे, मैं मुस्कराकर कह देती थी, "बहुत जल्दी।" मैं इस तरह व्यवहार कर रही थी, मानो हमारी नन्ही देवदूत पहले ही आ चुकी हो।

द सीक्रेट पर अमल करना शुरू करने के नौ महीने बाद मैंने घरेलू गर्भावस्था परीक्षण किया, जिसका परिणाम सकारात्मक आया। मैंने बिना किसी इलाज के गर्भ धारण कर लिया था।

मेरे गालों पर आँसू बहने लगे! मैं बेहद ख़ुश थी। मेरे पति भी ख़ुश थे कि मैंने किसी इलाज के बिना ही गर्भ धारण कर लिया था। मेरी पूरी गर्भावस्था बहुत सुचारु रही और नौ महीने बाद हमें एक प्यारी और स्वस्थ बेटी का वरदान मिला। कई लोग मुझसे कह रहे थे कि लड़का होगा, लेकिन गर्भ धारण करने से पहले ही मैं जानती थी कि मुझे लड़की होगी।

जिसे भी गर्भ धारण करने में मुश्किल आ रही है, उससे मैं यह कहना चाहती हूँ कि कभी उम्मीद मत छोड़ो और सकारात्मक बनो। बस सृष्टि से माँगो और विश्वास करो कि आपको यह मिल गया है! ऐसा करने पर आपको हर उस चीज़ का वरदान मिलेगा, जिसे आप चाहते हैं!

- ***समिता पी.***, मुंबई, भारत

जब समिता दूसरी महिलाओं की गर्भावस्था के बारे में कृतज्ञता महसूस कर रही थी, तो वह गर्भावस्था के बारे में अच्छा महसूस कर रही थी, हालाँकि वह ख़ुद गर्भवती नहीं थी। आप जिसके लिए भी कृतज्ञ होते हैं - आप जिसके बारे में भी अच्छा महसूस करते हैं - उसे आप अपनी ओर आकर्षित करते हैं।

कृतज्ञ होने और अपनी बेटी के लिए सृष्टि को धन्यवाद देने के अलावा समिता ने अपनी दिनचर्या में दो बहुत महत्त्वपूर्ण क़दम उठाए। उसने हर गर्भवती महिला दिखाने के लिए ईश्वर को धन्यवाद दिया, उसने अपनी अलमारी में जगह ख़ाली की तथा बेटी के लिए कपड़े ख़रीदने लगी।

अलमारी में जगह बनाने और बेटी के कपड़े ख़रीदने से उसे न सिर्फ़ यह विश्वास करने में मदद मिली कि उसे लड़की होने वाली है, बल्कि यह भी कि वह *उसी समय* हो रही है! यह कहा गया है कि सृष्टि किसी भी ख़ाली जगह को नापसंद करती है और इसे तुरंत भर देती है; आप इसे समिता के मामले में देख सकते हैं, ठीक यही हुआ था।

जो चीज़ें आपके जीवन में सबसे जल्दी आ जाती हैं, वे वही होती हैं जिनमें आप सबसे ज़्यादा विश्वास करते हैं। आप अपने पास सिर्फ़ वही ला सकते हैं, जिसमें आप विश्वास करते हैं। इसलिए आपमें मनचाही चीज़ पाने का विश्वास होना चाहिए।

- द सीक्रेट दैनिक प्रेरणा

अगली कहानी में एंड्रिया एक नहीं, बल्कि *दो* संतानें चाहती थी। वह सहायक वस्तुओं तथा मानसिक चित्रण की शक्ति का इस्तेमाल करके ऐसा करने में कामयाब हुई।

सपने की शक्ति

2003 की गर्मियों की छुट्टी की बात है। मैं धूप में सुनहरे बालुई समुद्र तट पर बैठी थी। तभी मेरी माँ ने मुझे यह आश्चर्यजनक ख़बर सुनाई कि उनके छठी संतान होने वाली है। हम दोनों ही बच्चों से लाड़ करती थीं। हम घर में नवजात शिशु के आने का बेसब्री से इंतज़ार कर रही थीं, क्योंकि मेरा सबसे छोटा भाई उस वक़्त ग्यारह साल का हो चुका था।

लेकिन जब तीन महीने बाद माँ ने पहला स्कैन कराया, तो हमारे सपने चूर-चूर हो गए। बच्चे के दिल की धड़कन नहीं चल रही थी, इसलिए माँ का गर्भ गिर गया। हम दोनों बहुत निराश थीं।

क्रिसमस 2004 पर हमारे स्वप्न और दुःस्वप्न दोबारा सच हुए। माँ एक बार फिर गर्भवती हुईं, लेकिन चार महीने में ही फिर गर्भपात हो गया। डॉक्टरों ने कहा कि 42 साल की उम्र में उनके अंडे पर्याप्त शक्तिशाली नहीं थे। हमने उम्मीद छोड़ दी और यह बात मान ली कि अब कभी घर में नया शिशु नहीं आएगा।

दो साल गुज़र गए, लेकिन इसके बावजूद हम दोनों के मन में बच्चे की हसरत थी। फिर हमारे जीवन में *द सीक्रेट* आई। पहले तो मुझे संदेह था,

लेकिन फिर माँ ने मुझे डीवीडी दिखाई। पाँच मिनट में ही मैं इसे चाव से देख रही थी - मेरे दिल और दिमाग़ में कोई चीज़ बस क्लिक हो गई और कई हफ़्तों तक मैं लगातार मुस्कराती रही।

कुछ सप्ताह बाद मैं मानसिक चित्र देखने लगी। मैंने अपनी पुरानी गुड़िया बाहर निकाली, जो बरसों से मेरे पास थी। हर रात सोने से पहले मैं इसे दस-पंद्रह मिनट तक बाँहों में लेकर लेटी रहती थी। मैं अपने छोटे भाई-बहन के अपनी बाँहों में होने की कल्पना करती थी, जबकि शिशु का हृदय मेरे दिल से सटा हुआ धड़क रहा हो, उसकी गर्मी और प्रेम मेरा आलिंगन कर रहा हो। मैंने अपने कैलेंडर पर भी लिख लिया कि 14 अगस्त 2007 को मेरे सत्रहवें जन्मदिन पर मैं अपने असली भाई या बहन को गोद में लूँगी। मैं नहीं जानती थी कि मेरी माँ ने अपने कैलेंडर पर यह लिख रखा था कि सितंबर 2007 में मेरे पिता के पचासवें जन्मदिन पर उन्हें छठी संतान होगी।

मानसिक चित्र देखना शुरू करने के चंद महीनों बाद ही मैं एक चमत्कार को अपनी बाँहों में लिए बैठी थी। उसका दिल मेरे दिल से सटा हुआ धड़क रहा था और उसका गर्म चेहरा मेरे गालों से सटा था। मेरी नवजात बहन बहुत सुंदर और आदर्श स्वरूप थी। वह विश्वास से परे थी और अब भी है। वह आस्था, आशा और प्रेम है; वह जीवन का चमत्कार है।

लेकिन मेरे जीवन की एक और कहानी बताती है कि *द सीक्रेट* कितनी शक्तिशाली है। बीस साल की उम्र में मुझे गर्भाधान संबंधी समस्याएँ आईं। मैं अपना कारोबार चलाने में व्यस्त थी, जिसे मैंने *द सीक्रेट* से

सीखी बातों की बदौलत अठारह साल की उम्र में खोला था। यह पता चलने पर मैं सदमे में आ गई; मैं हमेशा से माँ बनना चाहती थी। मैंने अपने कारोबार पर ध्यान केंद्रित किया, लेकिन कुछ साल बाद मेरे जीवन में बहुत सारे संकेत आने लगे। मुझे और भी शारीरिक समस्याएँ बताई गईं। अब मुझे कोई न कोई क़दम उठाना था! इसलिए मैंने अपने विकल्पों पर ग़ौर किया। मैं अपने जीवन के लिए कृतज्ञ होती रही और इतने सारे अद्भुत बच्चों से प्रेम करने व उन्हें पढ़ाने के अवसर पर कृतज्ञ होने लगी। मुझे सचमुच विश्वास था कि मुझे सही मार्ग मिल जाएगा। मैंने गर्भवती बनने और संतान होने का मानसिक चित्र देखा (जिसे मुझे शाम को वापस न करना पड़े)। जो मार्ग प्रकट हुआ, वह सामान्य मार्गों से अलग लग रहा था, लेकिन मैं जानती थी कि मेरे लिए यही सही मार्ग है।

मैंने गर्भाधान संबंधी उपचार कराने और गर्भाधान की कोशिश करने का निर्णय लिया। यह एक मुश्किल राह थी और इस पर अकेले यात्रा करना तो और भी मुश्किल था। कई बाधाएँ और निराशाएँ थीं, लेकिन सुरंग के दूसरे छोर पर मुझे रोशनी दिखाई दे रही थी। मैंने अपने मानसिक चित्र को क़ायम रखा और सकारात्मक मानसिकता में बनी रही, लेकिन मुझे किसी अजीब चीज़ का अनुभव हो रहा था। जब मैंने संतान के साथ अपने भविष्य का मानसिक चित्र देखने की कोशिश की, तो मैं ऐसा नहीं कर पाई। मेरा मन दो की संख्या में देख रहा था। जहाँ भी मैं जाती थी, मुझे जुड़वाँ बच्चे दिखते थे। मानसिक चित्र में भी मुझे जुड़वाँ बच्चे दिखते थे। मैंने इसे नज़रअंदाज़ करने की कोशिश की, लेकिन यह छवि मेरे मन पर इतनी हावी हो गई थी कि मैंने अपने मानसिक चित्र में जुड़वाँ बच्चों पर ध्यान केंद्रित करने का निर्णय लिया। मैंने अपने स्वप्न बोर्ड पर जुड़वाँ बच्चों का चित्र लगाया और अपने सपने की राह पर आगे बढ़ती रही। मेरा दिल उछल पड़ा, जब मुझे यह ख़बर मिली

कि उपचार का मेरा दूसरा चक्र सफल रहा था और मैं गर्भवती हो गई थी, लेकिन सबसे अच्छी ख़बर आठ सप्ताह बाद के स्कैन में मिली। मेरे जुड़वाँ बच्चे होने वाले थे!

मैं इस पर यक़ीन नहीं कर पाई। मैंने पिछले कुछ महीनों में जो कल्पना की थी, वह मेरी आँखों के सामने सच हो रही थी। मैं न सिर्फ़ माँ बन रही थी, बल्कि जुड़वाँ बच्चों की माँ बन रही थी। अब मैं अपने लड़कों के साथ जो भी पल बिताती हूँ, हर वो पल कृतज्ञता और प्रेम के ज़बर्दस्त अहसास से भरा होता है। मैं बहुत कृतज्ञ हूँ कि मुझे इस सच्ची समझ का वरदान मिला कि आप जिस पर भी यक़ीन करते हैं, उसे निश्चित रूप से हासिल कर सकते हैं।

– *एंड्रिया*, आयरलैंड

मानसिक चित्रण के इतने शक्तिशाली होने का कारण यह है कि जब आप चित्र में खुद को अपनी मनचाही चीज़ के साथ देखते हैं, तो आप उसके उसी समय अपने पास होने के विचार और भावनाएँ उत्पन्न कर देते हैं। आप सृष्टि को एक शक्तिशाली संकेत भेज रहे हैं। आकर्षण का नियम उस शक्तिशाली संकेत को पकड़ लेगा और आपके जीवन की परिस्थितियों को उन्हीं चित्रों के अनुरूप ढाल देगा, जिन्हें आपने अपने मन में देखा था।

मन में भौतिक चीज़ों को बदलने की इतनी ज़्यादा शक्ति कैसे होती है? प्राचीन परंपराएँ इस बात पर ज़ोर देती हैं कि भौतिक जगत में हम जो भी देखते हैं, हर चीज़ – हर चीज़ – "मन" की वजह से बनी है। यह कहा गया है कि सारी चीज़ें दरअसल "मन की" हैं और इसीलिए मन कोई भी चीज़ बदल सकता है।

अपने बच्चे का इलाज करना

कई बार जीवन हमारी तरफ़ एक असली चुनौती उछाल देता है। माता-पिता के लिए चरम चुनौती तब होती है, जब उनके बच्चे का स्वास्थ्य संकट में नज़र आता हो। जिन अभिभावकों की कहानियाँ मैं आपको बताने वाली हूँ, उन्होंने अपने बच्चे के उपचार में *द सीक्रेट* की बुद्धिमत्ता का इस्तेमाल करने का निर्णय लिया, जिस तरह वे ख़ुद का उपचार करते।

जीवन दोबारा लौटना

एक मित्र ने कुछ वर्ष पहले मुझे *द सीक्रेट* दी थी। मैंने अलमारी में इसे यह सोचकर रख लिया कि इसे किसी दिन ज़रूर पढ़ूँगी। मैंने एक दिन इसे पढ़ना शुरू किया, लेकिन मेरे तीन बच्चों में से किसी ने मेरा ध्यान भटका दिया। एक रात मैं इंटरनेट पर थी और एक बार फिर मुझे *द सीक्रेट* नज़र आई। कुछ ही दिनों में मैंने पहली बार पूरी पुस्तक पढ़ ली, अपने पति के साथ डीवीडी देखी और अपनी कृतज्ञता डायरी लिखने लगी। "यह मेरे साथ कभी नहीं होगा" से बदलकर अब मेरा नज़रिया यह हो गया था, "यह सब मेरा होने वाला है।"

दो सप्ताह बाद मेरे पति कारोबार के सिलसिले में चीन गए। हमारा सबसे छोटा बेटा लियाम उस वक़्त सिर्फ़ सात सप्ताह का था। वह समय से पहले जन्मा था, उसे निमोनिया था और उसकी सेहत अच्छी नहीं थी। दो दिन बाद उसे रात भर नींद नहीं आई और उसके चेहरे का रंग उड़ने लगा, इसलिए मैं उसे झटपट अस्पताल ले गई। वहाँ पहुँचने तक उसने साँस लेना बंद कर दिया था। उसकी हालत बहुत ख़राब थी और जाँच से इस बात की पुष्टि हो गई कि उसे बैक्टीरियल मस्तिष्क ज्वर था।

कुछ घंटों में ही लियाम के दिल ने चार बार धड़कना बंद किया और हर बार उसकी धड़कन लौटानी पड़ी। तब डॉक्टर ने मुझे बताया कि वह गंभीर रूप से बीमार है और मुझे अपने पति को फ़ोन करके वापस बुला लेना चाहिए।

देखिए, ऐसे समय मेरे लिए बहुत डरावना होना चाहिए था और मुझे तो बावला हो जाना चाहिए था। लेकिन मैं पूरे समय शांत बनी रही और विश्वास करती रही कि मेरा बेटा घर लौटेगा और बहुत जल्दी ठीक हो जाएगा। मैं पहली रात अपनी माँ के साथ अस्पताल में बैठी, अपने पति के लौटने का इंतज़ार करती रही और उन सारी चीज़ों की सूची बनाती रही, जिनके लिए मैं कृतज्ञ थी :

मैं अस्पताल पहुँचने में तत्परता के लिए कृतज्ञ थी।

मैं बेटे की देखभाल करने वाले उत्कृष्ट स्टाफ़ के लिए कृतज्ञ थी।

मैं उन मित्रों के लिए कृतज्ञ थी, जिन्होंने सहारा देकर मदद की, जब मेरे पति चीन से पंद्रह घंटे लंबी विमान यात्रा में वापस लौट रहे थे।

मेरे मन में एक भी नकारात्मक विचार नहीं आया। मैंने बस सकारात्मक विचार सोचे और इससे मैं ज़्यादा मज़बूत बनी। वास्तव में, जैसे-जैसे मेरी आंतरिक शक्ति बढ़ी, मेरे बेटे की सेहत भी सुधरती गई। मैं फ़ेसबुक पर हर दिन संदेश लिखती थी। लेकिन लियाम की गंभीर बीमारी के बजाय मैंने उस दिन हुई सिर्फ़ अच्छी चीज़ों के बारे में लिखा, जिनके लिए मैं कृतज्ञ थी। हर संदेश के अंत में मैं *"द सीक्रेट"* लिख देती थी।

आख़िरकार, वह दिन आ गया, जब लियाम घर लौटने लायक़ अच्छा हो गया था। स्टाफ़ ने मुझे बताया कि वे यह देखकर हैरान हैं कि वह इतनी सुखद परिस्थितियों में अस्पताल से जा रहा था। उन्हें यक़ीन था कि वह पहली रात भी पूरी नहीं कर पाएगा और वे मुझे शांत देखकर हैरान थे। एक डॉक्टर ने पूछा, "जो पुस्तक आप हमेशा पकड़े रहती हैं, क्या वह बाइबल है?" मैंने उन्हें बताया कि उसी पुस्तक की वजह से मैं इतनी शांत थी और मुझे इतना विश्वास था। मैंने उन्हें बताया कि उस घिसी हुई लाल पुस्तक का नाम *द सीक्रेट* था।

मैं अब भी अभ्यास करती हूँ। आम तौर पर मैं हर रात को अपने आईफ़ोन के नोटपैड पर फटाफट नोट लिखती हूँ, शानदार दिन के लिए धन्यवाद देती हूँ और आने वाले दिन का उम्मीद से इंतज़ार करती हूँ। इसके अलावा मैं अपनी कृतज्ञता डायरी में भी लिखती हूँ।

मेरी माँ मुझसे कहती थीं, "बेकी, तुम परी कथा चाहती हो और परी कथा कभी सच नहीं होती है, कभी सच नहीं होगी," और मैं उनकी बात में विश्वास करने का नाटक करती थी। लेकिन हर रात मैं बिस्तर पर सोते समय यही सोचती थी कि मेरे साथ कितनी शानदार चीज़ें होंगी। मैंने जो भी चीज़ें माँगीं, उनमें से ज़्यादातर मुझे मिलीं, लेकिन कुछ मुश्किल समय भी रहे हैं और मुझे इसका कारण तब तक समझ नहीं आया, जब तक मैंने *द सीक्रेट* नहीं पढ़ी। इसके बाद मुझे यह पता चल गया कि अच्छी और बुरी दोनों तरह की घटनाओं को मैं ही अपने जीवन में लाई थी।

अपने नए स्वरूप में मैं संसार के शिखर पर हूँ और कुछ भी कर सकती हूँ, क्योंकि बाधाएँ अब अतीत की बात हो चुकी हैं।

– ***रेबेका डी.***, बर्मिंघम, इंग्लैंड

कृतज्ञता, आस्था और अटल आशावाद ही वे कुंजियाँ हैं, जिनकी बदौलत रेबेका ने अपनी संतान के इलाज में मदद की। जब लियाम बहुत बीमार था, तब भी उसने कृतज्ञता का दामन नहीं छोड़ा।

आपने लोगों के मुँह से अपने वरदान गिनने की बात सुनी होगी; जब आप उन चीज़ों के बारे में सोचते हैं जिनके लिए आप कृतज्ञ हैं, तो आप ठीक यही करते हैं। यह सबसे शक्तिशाली अभ्यासों में से एक है और इससे आपके पूरे जीवन का कायाकल्प हो जाएगा!

गहरी कृतज्ञता का अनुभव करने के लिए एक जगह बैठ जाएँ और उन चीज़ों की सूची बनाएँ, जिनके लिए आप कृतज्ञ हैं। इसमें तब तक लिखते रहें, जब तक कि आपकी आँखें आँसुओं से न छलकने लगें। जब आँसू निकल पड़ते हैं, तो आपको अपने हृदय में और अपने भीतर पूरी तरह सबसे सुंदर भावना महसूस होगी। यही सच्ची कृतज्ञता की भावना है।

– द सीक्रेट दैनिक प्रेरणा

गर्भावस्था की जटिलताएँ और सुखद परिणाम

जनवरी 2013 के परीक्षण में पता चला कि मैं गर्भवती हूँ। मेरी एक सुंदर बेटी पहले से थी और मेरे पति व मैं परिवार बढ़ाने के लिए बेकरार थे।

मेरी गर्भावस्था आदर्श तरीक़े से चल रही थी। बारह सप्ताह के स्कैन तक संतान अच्छी नज़र आ रही थी। लेकिन बीस सप्ताह वाले स्कैन में सब कुछ बदल गया। सोनोग्राफ़ी विशेषज्ञ को संतान के सिर के ऊपर एक बड़ा गूमड़ दिखाई दिया। तकनीशियनों के चेहरे देखकर मैं समझ गई कि यह अच्छी ख़बर नहीं है। चौबीस घंटों के भीतर मैं विस्तृत जानकारी के लिए एक विशेषज्ञ के पास पहुँच गई।

मैंने एक और स्कैन कराया। डॉक्टर ने बताया कि संतान के सिर पर द्रव से भरी थैली का गूमड़ है और असली चिंता यह है कि इससे मस्तिष्क पर दबाव पड़ सकता है, जिससे हमारी अजन्मी बच्ची को गंभीर विकलांगता हो सकती है। मैं महसूस कर रही थी कि मेरी संतान हिल रही है और लात मार रही है। मैंने कभी कल्पना भी नहीं की थी कि मैं कभी इतनी मुश्किल स्थिति में रह सकती हूँ। डॉक्टर ने मुझे बताया कि संतान में किसी तरह की विकलांगता होना तय है, लेकिन वे उस वक़्त इसकी गंभीरता के बारे में कुछ नहीं बता सकते। आशंका यह थी कि संतान अंधी, बहरी या मूक पैदा होगी। सिर्फ़ समय ही बताएगा कि गर्भावस्था के बढ़ने के साथ-साथ मस्तिष्क पर कितना बुरा असर होगा। उन्होंने मेरे सामने उसी समय गर्भ गिराने का प्रस्ताव रखा और बताया कि ऐसी स्थिति में ज़्यादातर लोग गर्भ गिराने का चुनाव करते हैं, क्योंकि उन्हें महसूस होता है कि वे "स्थिति को देखने" का इंतज़ार नहीं कर सकते।

उस वक़्त मेरी बच्ची के साथ कोई गड़बड़ नहीं थी और उसका मस्तिष्क स्वस्थ था। कुछ समय तक रोने-धोने के बाद मैंने यह निर्णय लिया कि मैं स्वस्थ बच्ची को जन्म देने के लिए *द सीक्रेट* से सीखी बातों का इस्तेमाल करूँगी। मैंने डॉक्टरों को बता दिया कि मैं अपना गर्भ सही-सलामत रखना चाहती हूँ।

गर्भ गिराने का प्रस्ताव ठुकराने के बाद मैं डॉक्टर के क्लीनिक से लौटने लगी। मैं अपने पति के साथ सड़क पर पैदल चल रही थी। तभी एक पोस्टकार्ड उड़ता हुआ आया और मेरे जूते के नीचे आकर फँस गया। मैंने इसे उठाकर देखा। यह एक सफ़ेद कार्ड था और इस पर बड़े-बड़े काले अक्षरों में लिखा था, "गर्भपात न कराएँ।" मैं बहुत हैरान हुई। मैंने इसे इस बात का संकेत माना कि गर्भ न गिराने का मेरा निर्णय सही था।

मैं घर गई और बाक़ी गर्भावस्था में मैंने यह मानसिक चित्र देखा कि मेरी संतान का स्वस्थ विकास हो रहा है। मैंने बच्ची के सिर के ऊपर धातु के खोल की कल्पना की, ताकि द्रव से भरी थैली का कोई दबाव न पड़े और हर तरह के नुक़सान से रक्षा हो जाए। मैंने एक स्वस्थ संतान को जन्म देने की कल्पना की। मैं डॉक्टर के हर अपॉइंटमेंट का रास्ता देखने लगी, क्योंकि मैं जानती थी कि हर बार मुझे यही बताया जाएगा कि मेरी बच्ची स्वस्थ है। मैंने कल्पना की कि मेरी बच्ची अपनी बड़ी बहन के साथ खेल रही है। मैंने स्वस्थ संतान के वरदान के लिए हर दिन धन्यवाद दिया।

मैंने पूरी गर्भावस्था में बहुत नियमित जाँचें कराईं और हर अपॉइंटमेंट में मुझे तसल्ली दी गई कि मेरी संतान के साथ कोई गड़बड़ नहीं है, हालाँकि इस बात से डॉक्टर को बड़ी हैरानी हो रही थी। सैंतीस सप्ताह बाद के आख़िरी अपॉइंटमेंट में मुझे बताया गया कि संतान के सिर का गूमड़ बड़ा नहीं हुआ था और इसने उसके मस्तिष्क पर कोई दबाव नहीं डाला था। मुझे बताया गया कि मैं बिलकुल स्वस्थ संतान को जन्म दूँगी। डॉक्टर ने यह भी ज़िक्र किया कि मेरा मामला अपवाद है, क्योंकि उन्होंने प्रायः इस स्थिति का सकारात्मक अंत नहीं देखा था।

हमारी सुंदर बेटी स्कारलेट एम्मी बुधवार, 2 अक्टूबर 2013 को पैदा हुई। वह पूरी तरह से आदर्श है! वह सुंदर और स्वस्थ है! सभी डॉक्टरों ने उसे बहुत रुचि से देखा और वे हैरान हैं कि उसके मस्तिष्क पर ज़रा भी असर नहीं हुआ था। डॉक्टर के पहले अपॉइंटमेंट के बाद मुझे बताया गया था कि मेरी संतान के साथ निश्चित रूप से कोई गड़बड़ी होगी; वे बस यह नहीं जानते थे कि यह कितनी गंभीर होगी। बाद में पता चला कि वे ग़लत थे। मुझे कोई शक नहीं है कि मेरी सकारात्मकता ने न सिर्फ़ मुझे आगे बढ़ने की शक्ति दी, बल्कि इसने मेरी बच्ची को भी बिना किसी जटिलता के स्वस्थ विकास करने की शक्ति दी।

पाँच महीने की उम्र में स्कारलेट का एक छोटा-सा ऑपरेशन हुआ, जिसमें द्रव से भरी वह थैली हटा दी गई और उसका विकास उसी तरह हो रहा है, जैसा होना चाहिए।

मैं *द सीक्रेट* को धन्यवाद देती हूँ कि इसकी बदौलत मेरी बेटी को स्वास्थ्य और मुझे शक्ति मिली। उसकी ओर देखकर मुझे यक़ीन नहीं होता कि वह इतनी आदर्श है! चमत्कार हो सकते हैं!

– ***एमिली***, लंदन, इंग्लैंड

विश्वास ने फ़्रांसी के बेटे कायल को बचाने में भी अत्यंत महत्त्वपूर्ण भूमिका निभाई, जो समय से पहले पैदा हुआ था और उसके हृदय में छेद भी था।

कायल का हृदय

मेरा बेटा कायल नौ सप्ताह जल्दी पैदा हुआ था। वह बहुत छोटा, लेकिन बहुत शक्तिशाली था। ऑपरेशन थिएटर में उन्होंने मुझे आगाह कर दिया था कि वह रो नहीं पाएगा, क्योंकि उसके फेफड़े विकसित नहीं हो पाए थे। लेकिन जब मैंने कुछ मिनट बाद एक आवाज़ सुनी, तो मैंने पूछा, “यह क्या था?” इस पर एक नर्स ने जवाब दिया, “आपका बेटा।” मेरे पति ने बाद में मुझे बताया कि उन्होंने भी ऑपरेशन थिएटर के बाहर वह आवाज़ सुनी थी।

कायल को स्वस्थ रहने के लिए काफ़ी जूझना था। हर दिन मैं उसकी शक्ति और जीवट देख-देख कर हैरान होती रहती थी। वह जन्म के पाँच सप्ताह बाद बगैर किसी मॉनीटर के अस्पताल से बाहर निकला। डॉक्टरों ने इसे आश्चर्यजनक घटना कहा!

लेकिन दुर्भाग्य से उसके हृदय में एक छेद था, जिसे दो साल की उम्र तक सही करना था। डॉक्टरों ने हमें बताया कि इतना बड़ा छेद अपने आप बंद नहीं होगा, इसलिए उन्हें मेरे बेटे की ओपन-हार्ट सर्जरी करनी होगी।

मेरी आंटी ने मुझसे कहा कि मैं उसके हृदय के छेद के बंद होने का मानसिक चित्र देखूँ और हर दिन कहूँ, "कायल का हृदय स्वस्थ है! कायल का हृदय स्वस्थ है!" मैंने मानसिक चित्र देखा और इस मंत्र को दिन में कई बार दोहराया।

जब हम ऑपरेशन के पहले कायल को दिखाने ले गए, तो हृदय रोग विशेषज्ञ ने कायल के हृदय की सामान्य जाँच के अलावा ईकेजी और अल्ट्रासाउंड किया। पता चला कि छेद 50 प्रतिशत से ज़्यादा बंद हो चुका था। ऑपरेशन को छह महीने के लिए टाल दिया गया, ताकि ओपन-हार्ट सर्जरी के बजाय किसी छोटे विकल्प को चुना जा सके। मैं अपने बेटे के स्वस्थ हृदय का मानसिक चित्र देखती रही। छह महीने बाद पता चला कि छेद और ज़्यादा बंद हो गया था।

एक बार फिर डॉक्टर ने कहा, "हम इंतज़ार करते हैं।" हमने इंतज़ार किया और कायल को फलते-फूलते देखते रहे। पहले कमरा पार करने में ही मेरे नन्हे बेटे की साँस फूल जाती थी, लेकिन अब वह पूरी तेज़ी से दौड़ रहा था और साँस सँभालने के लिए भी नहीं रुक रहा था। मैं मानसिक चित्र देखती रही और विश्वास करती रही।

अंतिम अपॉइंटमेंट में सभी सामान्य जाँचों के बाद हृदय रोग विशेषज्ञ तेज़ी से कमरे में आए और बोले, "मैं अब आपको यहाँ कभी नहीं देखना चाहता। छेद बंद हो चुका है।" उन्होंने मुझे एक्सरे दिखाया और उनकी बात सही थी। डॉक्टरों की नज़र में यह एक बड़ा चमत्कार था। उन्होंने इतने बड़े छेद को इतने कम समय में बंद होते कभी नहीं देखा था।

द *सीक्रेट* की शक्ति की बदौलत मेरे बेटे को सचमुच एक नई ज़िंदगी मिल गई।

– ***फ़्रांसी के.***, डॉयल्सटाउन, पेनसिल्वेनिया, अमेरिका

आपको ताज्जुब हो सकता है कि किसी गंभीर रोग में कोई इंसान सकारात्मक परिणाम में अटल विश्वास कैसे रख सकता है। जैसा ये कहानियाँ दर्शाती हैं, मानव आत्मा का इरादा और शक्ति किसी भी विपरीत घटना या स्थिति से ज़्यादा शक्तिशाली होती है।

पालतू पशु का उपचार करना

हम अपना या अपने बच्चों का उपचार करने के लिए *सीक्रेट* का जिस तरह इस्तेमाल कर सकते हैं, उसी तरह अपने पालतू पशुओं के लिए भी कर सकते हैं। अगर किसी की यात्रा को अलग मार्ग पर जाना हो, तो आप उसके खुद के अनुभव के विरुद्ध नहीं जा सकते, लेकिन यह ध्यान रखें कि पशु सकारात्मक विचारों और भावनाओं को बहुत जल्दी ग्रहण कर लेते हैं।

बड़ा ट्यूमर – ग़ायब!

जब मेरी प्रिय जर्मन शेफ़र्ड दस साल की थी, तो पशु चिकित्सक को उसके लिवर में ग्रेपफ्रूट जितना बड़ा ट्यूमर मिला। मेरा उसी समय तलाक़ हुआ था और मैं दूसरे शहर जा रही थी, इसलिए मैंने दहशत में न आने का निर्णय लिया। उस वक़्त मैं *द सीक्रेट* के बारे में कुछ नहीं जानती थी, इसलिए मैंने उसका इलाज करने की कोशिश नहीं की। मैंने बस इसकी ओर कोई ध्यान नहीं दिया।

मुझे नया घर खोजने और जीवन सुचारित करने में कुछ महीने लग गए। फिर मैं अपनी जर्मन शेफ़र्ड को स्थानीय पशु चिकित्सक के पास जाँच कराने ले गई। मैंने ट्यूमर का ज़िक्र नहीं किया। मेरे मन में यह उम्मीद थी कि पहले वाला पशु चिकित्सक ग़लत हो। लेकिन नई डॉक्टर ने भी मुझे वही बात बताई : उसके लिवर में एक बड़ा ट्यूमर था। पशु चिकित्सक ने कहा कि हम यह जानने के लिए और ज़्यादा परीक्षण करा सकते हैं कि यह किस तरह का कैन्सर है, लेकिन इसके "बुरा" होने की ही आशंका थी। चूँकि मेरी मादा श्वान अपने सामान्य जीवनकाल के आख़िरी पड़ाव पर पहुँच चुकी थी, जो जर्मन शेफ़र्ड प्रजाति के लिए आठ से दस साल होता है, इसलिए उसके हिसाब से अतिरिक्त परीक्षण कराने में ज़्यादा समझदारी नहीं है। मुझे ऐसे ऑपरेशनों से उसे परेशान नहीं कराना चाहिए, जिनसे मदद मिलने की संभावना न हो।

फिर मुझे *द सीक्रेट* मिल गई और मैं सीधे काम में जुट गई। मैंने हर रात अपनी मादा श्वान को बताया कि वह बिलकुल ठीक हो गई है। मैं यह नहीं कहना चाहती थी कि ट्यूमर चला गया है, क्योंकि मैं जानती थी कि ट्यूमर का ज़िक्र करना मुनासिब नहीं है। पहले तो मुझे यह सोचने

में कठिनाई आई कि चीज़ों को सकारात्मक रूप से कैसे कहूँ। मैं उसे यह बताने लगी कि उसके सभी अंग आदर्श रूप से काम कर रहे हैं और उसका पाचन तंत्र आदर्श ढंग से काम कर रहा है। मैंने उसे बताया कि उसका स्वास्थ्य आदर्श है। मैं अपने दिल में जानती थी कि वह ठीक हो चुकी है। मैंने उसे यह बात हर रात को और दिन में भी बार-बार बताई। मैंने ज़रा भी चिंता नहीं की। मेरे मन में एक भी नकारात्मक विचार नहीं था। मुझे पूरा विश्वास था कि वह ठीक हो चुकी है।

देखिए, मैं चार महीने बाद पशु चिकित्सक के पास एक बार फिर गई। उन्होंने मेरी मादा श्वान की जाँच की और बार-बार जाँच की। पशु चिकित्सक को इस पर यक़ीन नहीं हो रहा था; ट्यूमर पूरी तरह जा चुका था। उन्होंने पूछा कि मैंने क्या किया था। मैंने उन्हें बताया कि मैंने प्रार्थना की थी। मैंने सोचा कि प्रार्थना की बात वे समझ सकती हैं। पशु चिकित्सक ने अपने नोट्स में भी “प्रार्थना” लिख लिया।

– ***ल्यूसिंडा एम.***, कैलिफ़ोर्निया, अमेरिका

ल्यूसिंडा यह जानती थी कि उसके दृढ़ कथन तभी कारगर होंगे, जब वह अपनी मादा श्वान से इस तरह बात करेगी, *मानो* वह आदर्श रूप से स्वस्थ हो। ट्यूमर पर ध्यान केंद्रित करने से ट्यूमर को ज़्यादा शक्ति मिलती।

आप अपने जीवन के मार्ग को अंधकार से प्रकाश या नकारात्मक से सकारात्मक में बदल सकते हैं। जब भी आप सकारात्मक पर ध्यान केंद्रित करते हैं, तो आप हर बार अपने जीवन में ज़्यादा प्रकाश ला रहे हैं, और आप जानते हैं कि प्रकाश सारे अंधकार को मिटा देता है।

कृतज्ञता, प्रेम, अच्छे विचार, शब्द और कार्य प्रकाश लाते हैं तथा अंधकार मिटा देते हैं। अपने जीवन को सकारात्मकता की रोशनी से भर लें!

- द सीक्रेट दैनिक प्रेरणा

सर्वश्रेष्ठ पर विश्वास करना

एक दिन मेरे बारह साल के शानदार कॉकर स्पेनियल ने खाना-पीना छोड़ दिया, जो पहले कभी नहीं हुआ था। उसे पानी पीने में भी दिक़्क़त आ रही थी और वह पानी गटक नहीं पा रहा था; यह उसके मुँह से बाहर निकल रहा था।

मैं उसे पशु चिकित्सक के यहाँ ले गई और जब हम वेटिंग रूम में थे, तो उसके मुँह से ख़ून बहने लगा। हमें तेज़ी से परीक्षण कक्ष में ले जाया गया और मुझे बताया गया कि जाँच करने के लिए उसे एनेस्थेसिया देना होगा; उन्होंने कहा कि उसकी उम्र के लिहाज़ से यह किसी सड़े हुए दाँत का पस होगा। मैंने उसे पशु चिकित्सक के यहाँ छोड़ दिया और कहा कि मैं उसे बाद में ले जाऊँगी।

फिर सदमे भरा फ़ोन आया।

पशु चिकित्सक ने फ़ोन करके बताया कि मेरा कुत्ता ऑपरेशन टेबल पर था। उन्हें उसकी जीभ के भीतर एक बड़ा ट्यूमर मिला। इसके अलावा,

उसकी जीभ के नीचे भी एक बड़ा ट्यूमर था। उसके सीने पर भी एक गाँठ थी। पशु चिकित्सक ने कहा कि यह कैन्सर का बहुत आक्रामक रूप लग रहा है, इसलिए सबसे अच्छा यही रहेगा कि उसे एनेस्थेसिया से न जगाया जाए, बल्कि चिर निद्रा में सोने दिया जाए।

मैं परेशान और दहशत में थी। बहरहाल, मैं निदान को पक्का किए बिना अपने कुत्ते को संसार से विदा नहीं कर सकती थी। पशु चिकित्सक की इच्छा के ख़िलाफ़ जाते हुए मैंने उनसे कहा कि वे सारी गाँठों की बायोप्सी कराएँ और दाँतों का आवश्यक इलाज भी करें। उन्होंने मेरे कहे अनुसार काम तो किया, लेकिन सारे समय मुझे यह अहसास दिलाते रहे, मानो मैं अपने कुत्ते को अनावश्यक कष्ट पहुँचा रही हूँ और अपने बिल को बढ़ा रही हूँ। उनका मानना था कि कुत्ते के पास दाँत ठीक होने के लाभों का आनंद लेने का समय नहीं होगा, क्योंकि वह शायद दो सप्ताह से ज़्यादा समय तक ज़िंदा नहीं रह सकता।

जब मैं उसे उठाकर घर वापस लाई, तो पूरा परिवार बहुत दुखी हो गया। उस रात वह दर्द के मारे इतना ज़्यादा छटपटा रहा था कि मैं खुद को स्वार्थी मानने लगी। कुछ समय के लिए मुझे अपने निर्णय पर अफ़सोस भी हुआ।

लेकिन फिर मुझे *द सीक्रेट* की नसीहतें याद आईं।

उस बिंदु पर मैंने अपने शरीर की हर कोशिका की ऊर्जा यह विश्वास करने में लगा दी कि उसे कैन्सर नहीं, संक्रमण था और वह जल्दी ही

ठीक हो जाएगा। हर ख़ाली पल में मैंने सृष्टि को बार-बार धन्यवाद दिया कि वह ठीक हो चुका है और पहले जैसा हो गया है। मैंने इस पर सचमुच विश्वास किया। मैंने सबसे यही कहा कि वह अच्छा है और स्वस्थ होने की राह पर है!

दो दिन बाद हमने पशु चिकित्सक के यहाँ जाँच कराई। उन्होंने दर्दनिवारक दवाएँ और एंटीबायोटिक दीं और कहा कि उसे आराम पहुँचाने से ज़्यादा कुछ नहीं किया जा सकता। बाद वाले सप्ताह में मैंने उसके ठीक होने में अपना पूरा विश्वास रखा और किसी दूसरे परिणाम के बारे में सोचा तक नहीं। आख़िरकार, पशु चिकित्सक ने बायोप्सी के परिणाम बताने के लिए मुझे फ़ोन किया। वे सदमे में थे, क्योंकि सभी जाँचें बता रही थीं कि उसे कैन्सर नहीं है।

मुझे बताया गया कि यह बहुत संभव है कि वे कैन्सर कोशिकाएँ पकड़ न पाए हों, लेकिन तीन बायोप्सी में ऐसा होना बहुत बड़ा संयोग होता। मेरे लिए संयोग या ग़लती की कोई गुंजाइश नहीं थी। इससे भी बड़ी बात, उसका एक भी दाँत ख़राब नहीं था और उसे बदलने की ज़रूरत नहीं थी!

मैं उसके स्वास्थ्य के लिए हर दिन सृष्टि को धन्यवाद देती हूँ और इस बात के लिए भी धन्यवाद देती हूँ कि जब हर चीज़ स्याह दिख रही थी, उस दुखद दिन मैंने पशु चिकित्सक की बात नहीं मानी!

– ***जेन जे.***, एस्कॉट, बर्कशायर, इंग्लैंड

खुशी स्वास्थ्य का अमृत है

जब आप यह निर्णय लेते हैं कि आप अपना ज़्यादातर ध्यान खुशी भरे विचारों पर केंद्रित करेंगे, तो आप अपने शरीर को शुद्ध करने की प्रक्रिया शुरू कर देते हैं। ये सुखद विचार आपके शरीर को सबसे बड़ा स्वास्थ्य-टॉनिक देंगे, जो आप इसे दे सकते हैं।

खुश न होने के बहाने लाखों हैं। लेकिन अगर आप यह कहकर खुशी को मुल्तवी कर देते हैं, "मैं तब खुश होऊँगा जब..." तो आप न सिर्फ़ खुशी में विलंब कर रहे हैं, बल्कि आप अपने शरीर के स्वास्थ्य को भी कम कर कर रहे हैं। खुशी आपके शरीर के लिए चमत्कारी अमृत है, इसलिए इसी समय खुश रहें, बहाने न बनाएँ!

अपने हृदय और अपने मस्तिष्क के बीच समान रूप से संतुलन बनाकर जीवन जीना ही आनंदमय जीवन है। जब हृदय और मस्तिष्क संतुलित होते हैं, तो आपका शरीर पूर्ण सामंजस्य में होता है। और आपका जीवन भी।

– द सीक्रेट दैनिक प्रेरणा

स्वास्थ्य की कुंजियाँ

- *किसी न किसी समय हर तथाकथित असाध्य रोग का उपचार हो चुका है। कोई भी रोग निराशाजनक या असाध्य नहीं होता है।*

- *मानसिक उपचार पारंपरिक चिकित्सा के सामंजस्य में काम कर सकता है।*

- *अगर आप स्वस्थ रहने की कल्पना कर सकते हैं और स्वस्थ महसूस कर सकते हैं, तो आप स्वस्थ हो भी सकते हैं।*

- *अगर आपके मन में स्वास्थ्य संबंधी नकारात्मक विश्वास हैं, तो अपने स्वास्थ्य को बदलने के लिए आपको अपनी मानसिकता बदलनी होगी।*

- *स्वास्थ्य के विचार सोचें। स्वास्थ्य के शब्द बोलें। और कल्पना में खुद को पूरी तरह स्वस्थ देखें।*

- *आपने अब तक चाहे जो भी प्रकट किया हो, आप उसे बदल सकते हैं - एक सकारात्मक विचार से और फिर दूसरे से।*

- *अपने शरीर और मन को स्वस्थ रखने के लिए नकारात्मक विचारों पर विश्वास न करें। इसके बजाय अपने मन को सौंदर्य, प्रेम, कृतज्ञता और खुशी के सकारात्मक विचारों की ओर मोड़ें।*

- *मानसिक चित्रण का अभ्यास करें; अपने तन-मन में स्वास्थ्य के सकारात्मक चित्र भर जाने दें।*

- *खुशी आपके शरीर का चमत्कारी अमृत है। सुखद विचारों पर ध्यान केंद्रित करें और शरीर-शुद्धि की प्रक्रिया शुरू करें।*

- *आप सकारात्मक विचारों और भावनाओं का इस्तेमाल स्वयं के अलावा किसी बच्चे या पालतू पशु के उपचार के लिए भी कर सकते हैं।*

अगर आप कोई विशेष... नौकरी चाहते थे,
लेकिन वह आपको न मिले, तो समझ लीजिए
कि सृष्टि आपको बता रही है कि वह आपके लिए
अच्छी नहीं थी और आपके सपनों से मेल नहीं खाती थी।
वह आपको यह भी बता रही है कि उसके पास इससे भी
बेहतर चीज़ है, जो आपके लिए ज़्यादा
मुनासिब है।

कोई बेहतर चीज़ आ रही है...
आप रोमांचित हो सकते हैं!

- द सीक्रेट दैनिक प्रेरणा

मैंने अपने करियर में सीक्रेट का इस्तेमाल कैसे किया

द सीक्रेट के सभी सिद्धांतों और अभ्यासों का इस्तेमाल करके आप किसी भी मनचाही चीज़ को आकर्षित कर सकते हैं, जिसे आप अपने जीवन में लाना चाहते हैं। इसलिए कोई "बंद गली वाली नौकरी" नहीं है, जिसे आप अपने लिए बदल न सकें या जिससे आप न बच सकें; कोई "काँच की छत" नहीं है जिसे आप न तोड़ सकें; कोई "सपनों की नौकरी" नहीं है जिसे आप न पा सकें।

सकारात्मक चीज़ों पर ध्यान केंद्रित करें, नकारात्मक चीज़ों को नज़रअंदाज़ कर दें

जब जीवन की परिस्थितियाँ उम्मीद के मुताबिक़ न हों, तो इंसान आसानी से निराश और हताश हो सकता है। लेकिन जैसा आप और संसार भर में इतने सारे लोग अब जान चुके हैं, नकारात्मक विचार हमेशा नकारात्मक परिस्थितियों को आकर्षित करते हैं। दूसरी ओर, जब आप अपने विचार अपनी मनचाही चीज़ पर केंद्रित करते हैं और अपनी एकाग्रता को क़ायम रखते हैं, तो उस पल आप संसार की सबसे बड़ी शक्ति से अपनी मनचाही चीज़ का आह्वान कर रहे हैं।

हर नौकरी में परेशान

बरसों तक मैं नौकरियों में बहुत बौखलाई और नाराज़ रहती थी। मुझे हमेशा ऐसा लगता था कि मुझे सबसे बुरा अफ़सर मिला है। यह सब ईश्वर की ग़लती थी और मैं ईश्वर पर जितना ज़्यादा नाराज़ होती थी, मुझे उतनी ही ज़्यादा बुरी चीज़ें मिलती थीं और मैं ईश्वर से उतनी ही ज़्यादा नफ़रत करती थी।

मैंने एक स्थानीय प्रिंटर के यहाँ नौकरी शुरू की, जो इलेक्ट्रॉनिक प्रकाशन की तैयारी करता था। मैंने चारों तरफ़ देखकर पड़ताल की कि क्या यहाँ भी वही पुराना ढर्रा चलेगा या यह जगह अलग होगी। जहाँ तक मैं देख सकती थी, हर अधिकारी-कर्मचारी के साथ काम करना बेहतरीन था। दरअसल मेरा समय अच्छा गुज़र रहा था और मैं अपने सहकर्मियों तथा सुपरवाइज़र के साथ खुशी-खुशी काम कर रही थी - जब तक कि तीन महीने बाद डिजिटल प्रिंटिंग विभाग खोलने का निर्णय नहीं लिया गया। मुझसे पूछा गया कि क्या मैं नए डिजिटल प्रिंटर के लिए इलेक्ट्रॉनिक प्रकाशन की तैयारी करूँगी। मैंने कहा, "बिलकुल, मुझे यह बहुत पसंद आएगा।"

क़िस्मत की बात! जिस एक अधिकारी की किसी से पटरी नहीं बैठती थी, वही मेरा सुपरवाइज़र बन गया। वह मुझे हमेशा तंग करता था। जब मैं लंच पर जाती थी, तो वह मेरी टेबल पर घटिया नोट लिखकर रख देता था। वह बहुत सारी ग़लतियाँ भी करता था, जिनका दोष वह मुझ पर मढ़ देता था।

लंबी कहानी को संक्षेप में कहूँ, तो कंपनी ने छह महीने बाद मुझे नौकरी से निकाल दिया।

मेरा मन आत्महत्या करने का हो रहा था। मैं सोच रही थी कि सब कुछ ख़त्म हो चुका है। मैं ज़िंदगी से तंग आ चुकी थी। मुझे लगा कि ईश्वर ऊपर बैठा-बैठा मुझ पर हँस रहा है। मुझे उससे इतनी नफ़रत हुई, जितनी ज़िंदगी में कभी नहीं हुई थी।

तभी एक सहेली ने मुझे *द सीक्रेट* की डीवीडी दी और मैंने पहली बार देखा कि मैंने खुद ही अपने जीवन की परिस्थितियों का सृजन किया था, जिनकी वजह से मुझे हर नौकरी में सताया जाता था। बात में बहुत समझदारी दिख रही थी। मेरे विचार पहले इस तरह के होते थे : *बेहतर होगा कि वह दोबारा मुझसे इस तरह बात न करे; ऐसा क्यों होता है कि मुझे कंपनी के सबसे मुश्किल अफ़सर के नीचे काम करना पड़ता है, मैं पर्याप्त अच्छी नहीं हूँ, काश मुझे नौकरी से न निकाला जाए; काश उन्हें यह पता न चले कि मैं बेहतरीन काम करने का तरीक़ा नहीं जानती; काश उन्हें यह पता न चले कि मैं ढोंगी हूँ...* ये उन नकारात्मक विचारों की बस झलकियाँ हैं, जो मेरे मन में लगातार आते रहते थे।

मैंने उन सभी विचारों को लिख लिया, उनमें निहित नकारात्मकता की समस्या को देखा और फिर पेज के दूसरे हिस्से में उनके विपरीत सकारात्मक विचार लिख लिए। पहले तो मुझे बुरा महसूस हुआ, इसलिए मैंने सकारात्मक विचारों को प्रश्नों और इच्छाओं के रूप में लिखा : "अगर मैं भले और नैतिक लोगों के साथ काम करूँ, तो मुझे कैसा महसूस होगा? मैंने पहले जितने पैसे कमाए हैं, उससे ज़्यादा पैसे कमाने पर कैसा महसूस होगा? मैं एक दिन किसी बेहतरीन प्रकाशक के लिए काम करना पसंद करूँगी; यह शानदार होगा; मैं अमुक तारीख़ तक (मैंने वहाँ तारीख़ भर दी) वह नौकरी पाना चाहती हूँ।"

मैंने जो तारीख़ भरी थी, उसी दिन एक प्रकाशक ने मुझे इंटरव्यू के लिए बुलाया और मुझे नौकरी मिल गई। हालाँकि अब मैं उस नौकरी में नहीं हूँ, लेकिन वहाँ के मेरे सहकर्मी सबसे अच्छे, समझदार और नैतिक लोग थे, जिनसे मैं आज तक मिली हूँ। मुझे पता ही नहीं था कि ऐसी कंपनियाँ इस संसार में मौजूद भी हैं।

और हाँ, मैं पहले से ज़्यादा पैसे कमा रही थी।

क्या मेरे मन में अब भी डर भरे विचार आते हैं? हाँ। क्या मैं उन्हें क़ायम रखती हूँ? ज़्यादा समय तक नहीं। मैं जानती हूँ कि मुझे ऐसा नहीं करना चाहिए। पहले मुझे पता ही नहीं था कि मेरे पास कोई विकल्प है। अब जब भी कोई नकारात्मक विचार आता है, तो मैं इसके विपरीत विचार पर ध्यान केंद्रित कर लेती हूँ या अगर उस पल इसे समझना मेरे लिए बहुत मुश्किल होता है, तो मैं इसे एक प्रश्न में बदल लेती हूँ : "कैसा महसूस होगा अगर...?" और यह मेरे लिए बहुत शक्तिशाली साधन रहा है।

निश्चित रूप से मैं इसमें आदर्श नहीं हूँ। कई दिन ऐसे होते हैं, जब मैं कुछ क़दम पीछे की ओर उठा लेती हूँ। ऐसा इतनी ज़्यादा बार होता है कि मैं स्वीकार नहीं करना चाहती। लेकिन अब मैं अपना खुद का छोटा कारोबार चला रही हूँ और पहले के मुक़ाबले ज़्यादा कमा रही हूँ। मेरा कारोबार तेज़ी से फल-फूल रहा है और मैं अब अगले स्तर तक विस्तार करने के बारे में सोच रही हूँ।

मुझे उम्मीद है कि हर कोई इसे आज़माकर देखेगा। यह सचमुच काम करता है। और अगर यह काम न करे, तो खुद से पूछें, "कैसा महसूस

होगा, अगर यह मेरे लिए सचमुच कारगर हो जाए?" और यह कारगर होगा।

– ***अनेट***, फ़्लोरिडा, अमेरिका

आप कभी नहीं कह सकते कि आकर्षण का नियम काम नहीं कर रहा है, क्योंकि यह हर वक़्त काम कर रहा है। अगर आपके पास वह नहीं है जो आप चाहते हैं, तब भी आप नियम के प्रयोग का ही परिणाम देख रहे हैं। अगर आपके पास वह नहीं है, जो आप चाहते हैं, तो आप अपनी मनचाही चीज़ के न होने का सृजन कर रहे हैं। आप अब भी सृजन कर रहे हैं और नियम अब भी आप पर प्रतिक्रिया कर रहा है।

अगर आप यह समझ लेते हैं, तो आप अपनी अविश्वसनीय शक्ति को नई दिशा दे सकते हैं, ताकि यह आपकी मनचाही चीज़ को आकर्षित करे।

– **द सीक्रेट दैनिक प्रेरणा**

आप किस वजह से विश्वास करते हैं?

जब मैंने कॉलेज की पढ़ाई पूरी कर ली, तो कई महीनों तक नौकरी की तलाश में परेशान होती रही। मैंने कई बार *द सीक्रेट* पुस्तक पढ़ी और फ़िल्म भी देखी। हालाँकि इसने मेरे सोचने का तरीक़ा पूरी तरह बदल दिया और जीवन संबंधी दृष्टिकोण को बेहतर किया, लेकिन फिर भी

मुझे यह विश्वास करने में मुश्किल आ रही थी कि मेरे पास पहले से ही नौकरी थी, जो मैं सृष्टि से सबसे ज़्यादा चाहती थी।

मैंने ढेरों नौकरियों के लिए आवेदन किया, लेकिन कुछ नहीं हुआ। इसके एक सप्ताह बाद एक दिन मुझे प्रभुप्रकाश दिखाई दिया। मैं बहुत आशावादी बनने की कोशिश कर रही थी और हर दिन अपने जर्नल में लिख रही थी कि मैं उस नौकरी के लिए बहुत कृतज्ञ हूँ, जो मुझे मिल गई है, लेकिन सच कहा जाए, तो मैं उस तरह काम नहीं कर रही थी या सोच नहीं रही थी, मानो मुझे नौकरी मिल गई हो। मुझे अहसास हुआ कि घर पर बैठे रहने, नौकरियों के लिए आवेदन भेजने और किसी नौकरी के मिलने की उम्मीद करने भर से कुछ इसलिए नहीं हो रहा था, क्योंकि मैं अपने विचारों और कार्यों के ज़रिये ख़ुद को बता रही थी कि मैं हमेशा नौकरी की तलाश करती रहूँगी! मैंने सोचा कि मुझे इस तरह जीना चाहिए, मानो मुझे नौकरी मिल चुकी हो।

मैं थोड़ी ज़्यादा जल्दी उठने लगी, मानो मुझे सुबह नौकरी करने जाना हो। हर दिन नौकरियाँ खोजने और नौकरी मिलने की बात अपने जर्नल में लिखने के बजाय मैं यह लिखने लगी कि मैं कितनी कृतज्ञ हूँ कि नौकरी में मेरा हर दिन सफल है और मैं जहाँ काम करती हूँ और जिन लोगों के साथ काम करती हूँ, उनसे मुझे प्रेम था। मैंने कामकाजी सप्ताह में पहनने की पोशाकों की योजना बनाई और अपने वेतन के लिए बचत ख़ाता खोल लिया। मैं नौकरीपेशा मित्रों के ऑफ़िस से घर लौटने पर उनसे मिलने-जुलने लगी और उनके ऑफ़िसों के बारे में बातचीत सुनने लगी। इस दौरान मेरे मन में ईर्ष्या या अयोग्यता की भावनाएँ नहीं थीं, क्योंकि मैं जानती थी कि मेरे पास भी नौकरी है, इसलिए द्वेष महसूस करने का कोई कारण नहीं था। मैंने अपनी टाइपिंग और कंप्यूटर की योग्यताओं को भी निखार लिया।

जल्दी ही मैं सचमुच विश्वास करने लगी और महसूस करने लगी, मानो मेरे पास नौकरी हो और मुझे नौकरी की दिनचर्या का पालन करना हो।

मेरे पास नौकरी है, यह "नाटक" शुरू करने के लगभग दो सप्ताह बाद किसी ने मुझे एक पद के बारे में बताया, जो मेरे लिए आदर्श हो सकता था। इंटरव्यू देने से पहले ही मैं जानती थी कि मुझे वह नौकरी मिल जाएगी और मुझे मिल भी गई! सबसे आश्चर्य की बात यह है कि मेरे नए ऑफ़िस में परिस्थितियाँ ठीक वैसी ही हैं, जैसी मैंने अपने जर्नल में लिखी थीं। अब मैं इस बारे में लिखती हूँ कि हर दिन मैं चीज़ों को कैसा चाहती हूँ और सब कुछ हमेशा वैसा ही होता है।

मैं *द सीक्रेट* की बहुत अहसानमंद हूँ, क्योंकि अगर मैंने इसकी नसीहतों को नहीं पढ़ा होता, तो मैं कभी नहीं जान पाती कि चीज़ों पर पहले विश्वास करना पड़ता है, तभी वे होती हैं और मैं उस तरह कभी नहीं जी पाती, जैसा कि अब जीती हूँ।

– ***केट***, लॉंग आईलैंड, न्यू यॉर्क, अमेरिका

शुरुआत में केट के काम उसकी इच्छाओं के अनुरूप नहीं थे, इसलिए वह अपनी मनचाही चीज़ को खुद ही रोक रही थी। एक बार जब वह इस तरह काम करने लगी, मानो उसे नौकरी मिल गई हो, तो वह सचमुच विश्वास करने लगी और एक बार जब उसे विश्वास हो गया, तो उसे नौकरी मिल गई।

जब कुछ बाक़ी न रहे, तब भी सीक्रेट बाक़ी रहता है!

मुझे एक अच्छे वेतन वाली नौकरी से निकाल दिया गया, जो मुझे बहुत पसंद थी। दूसरी फुल टाइम नौकरी मिलने में पंद्रह लंबे, उदासी भरे, दुखद महीने लग गए। यह बंद गली वाली शुरुआती नौकरी थी, जिसमें मुझे पहले के मुक़ाबले आधा वेतन मिल रहा था और इसके लिहाज़ से मेरी योग्यताएँ बहुत ज़्यादा थीं। मैं इससे नफ़रत करता था, लेकिन फिर भी मैं चार साल तक इसमें अटका रहा और सोचता रहा कि इससे "कोई अच्छी चीज़" निकलकर आएगी। ओह, मेरी सोच कितनी ग़लत थी!

मेरा मंत्र था, "कृतज्ञ बनो और समस्याएँ मत खड़ी करो।" हालाँकि मैं अपने कामकाजी दिन के हर घंटे से नफ़रत करता था, लेकिन मैंने अपनी भावनाओं को दफ़न करना सीख लिया और उम्मीद की इस छोटी किरण को क़ायम रखा कि कंपनी के भीतर कोई न कोई रास्ता खुल जाएगा।

आख़िरकार, 75 से ज़्यादा पदों के लिए आवेदन देने, लगभग पाँच इंटरव्यू का आमंत्रण मिलने, लेकिन कोई अंतिम पेशकश न मिलने के बाद मैंने हार मान ली। एक दिन मैंने बस निर्णय लिया कि मुझे यह उम्मीद छोड़नी होगी कि ज़िंदगी मेरे लिए कुछ करे। मुझे खुद के लिए कुछ करना होगा!

यहीं पर *द सीक्रेट* का आगमन हुआ! मैंने अपने निर्णय के लगभग एक साल पहले *द सीक्रेट* पढ़ी थी; अब मैंने इसके इस्तेमाल का निर्णय लिया। मैंने एक दैनिक जर्नल बनाया और हर दिन मैं अपनी नौकरी के आनंद के बारे में लिखने लगा। मैंने अपने बनाए संसार में ख़ुद को पूरी तरह डुबाकर *द सीक्रेट* में दी गई सलाह पर अमल किया। मैं अपनी सभी

इंद्रियों के साथ हर दिन उस संसार में जीता था। मैंने अपने ऑफ़िस को देखा; मैंने अपने कंप्यूटर के कीबोर्ड को छुआ; मैंने महोगनी की अपनी बड़ी डेस्क से आती नींबू जैसी खुशबू को सूँघा; मैं अपनी टीम के साथ बातचीत करने लगा (मैंने अपनी टीम के सदस्यों के पहले और आख़िरी नाम, शारीरिक विशेषताओं और व्यक्तित्व की कल्पना भी की); मैंने लंच ब्रेक में मांस का स्वाद भी लिया। मैंने कई मीटिंग और प्रस्तुतियों में हिस्सा लिया। मैं वहाँ था! मैं सचमुच वहाँ था!

इस मोड़ पर सृष्टि ने घटनाओं का सिलसिला शुरू कर दिया। मुझे इंटरव्यू के ज़्यादा आमंत्रण मिलने लगे! फिर दूसरे इंटरव्यू के! आख़िरकार मुझे दो नौकरियों के प्रस्ताव मिले, जिन्हें मैं चाहता था और मैं जानता था कि मुझे उनमें मज़ा आएगा। मैंने उन दो नौकरियों में से एक को स्वीकार कर लिया!

द सीक्रेट : इस पर यक़ीन करो! इसे महसूस करो! इसे छुओ! इसे जियो! इसकी उम्मीद करो!

– ***केली***, इंडियाना, अमेरिका

केली ने खुद को एक ऐसे जीवन की कल्पना में झोंक दिया, जो उसके तत्कालीन जीवन के पूरी तरह विपरीत था। अपनी मनचाही चीज़ के हर पहलू का मानसिक चित्र देखने में उसने अपनी सारी इंद्रियों का इस्तेमाल किया, जब तक कि उसे पक्का विश्वास नहीं हो गया कि वह इसे जी रहा है। यह इस बात का पक्का सबूत है कि हर पल जीवन बदलने का एक अवसर है।

अगर आपका दिन अच्छा नहीं जा रहा है, तो ठहर जाएँ और प्रयास द्वारा अपनी आवृत्ति को बदल लें। अगर आपका दिन अच्छी तरह गुज़र रहा है, तो जो कर रहे हैं वही करते रहें।

– द सीक्रेट दैनिक प्रेरणा

कैसे होगा, यह सोचना आपका काम नहीं है

आप अपने जीवन में जो भी लाना चाहते हैं, हर उस चीज़ की तरह ही नौकरी के मामले में भी आपको यह चिंता नहीं करनी चाहिए कि आपको अपने सपनों की नौकरी या करियर का अवसर *कैसे* मिलेगा। आपकी मनचाही चीज़ को लाने के लिए सृष्टि जिस तरह सभी लोगों, परिस्थितियों और घटनाओं को सक्रिय करती है, वैसा आप कभी नहीं कर सकते। इसलिए यह न सोचें कि आपकी माँगी हुई चीज़ आपको कैसे मिलेगी। बस ऐसा महसूस करें, मानो यह आपको मिल चुकी हो।

पच्चीस साल की उम्र में मेरी पुस्तक प्रकाशित हो गई!

द सीक्रेट देखने के बाद मैंने अपने सारे लक्ष्य एक काग़ज़ पर लिख लिए और इसे अपनी डेस्क पर रख लिया। मेरे सात लक्ष्यों में से एक था अपना कविता-संग्रह किसी बड़ी प्रेस से प्रकाशित कराना। *द सीक्रेट* देखने के दो महीने बाद तक मैंने मानसिक चित्र देखने के सिवा कुछ नहीं किया। मैंने सशक्तिकरण की अति आनंदमय भावनाएँ महसूस कीं, जो पुस्तक प्रकाशित होने पर महसूस होतीं।

याद रखें, मैं यह करने का तरीक़ा नहीं जानती थी। मैं तो बस इतना जानती थी कि यह हो जाएगा। ज़्यादातर स्थापित कवि आपको बता देंगे कि आपकी पुस्तक की ज़्यादातर कविताएँ नामी पत्रिकाओं में प्रकाशित होनी चाहिए, तभी उनके पुस्तक के रूप में प्रकाशित होने की कोई उम्मीद हो सकती है।

मैंने इस पर यक़ीन नहीं किया। मैंने तो बस इतना यक़ीन किया कि एक साल के भीतर मेरी पुस्तक प्रकाशित हो जाएगी और बार्न्स ऐंड नोबल के शेल्फ़ पर रखी होगी।

मानसिक चित्रण शुरू करने के दो सप्ताह बाद मुझे एक नामी प्रेस के संपादक का ईमेल मिला, जिसमें उन्होंने कहा कि वे उस पांडुलिपि पर विचार कर रहे हैं, जो मैंने उन्हें दो महीने पहले भेजी थी, लेकिन पूरी तरह भूल गई थी! मैं हैरान रह गई।

मैंने अपनी पुस्तक के कवर के लिए पेंटिंग चुन ली और सामने शीर्षक भी लिख लिया। मैंने आभार की सूची लिखी। फिर मैंने ख़ुद को एक काल्पनिक ईमेल भेजा, जिसमें प्रकाशक ने मेरी पुस्तक छापने की स्वीकृति दी थी। मैंने इसे अपने पलंग के ऊपर लगा लिया। मैंने लगातार मानसिक चित्र देखा कि ख़ुशख़बरी मिलने पर मैं क्या करूँगी : क्लास में जाऊँगी, शैंपेन की बोतल खोलूँगी, अपने मम्मी-डैडी को फ़ोन करूँगी। ख़ुशख़बरी मिलने पर मैं जो जश्न मनाने वाली थी, मैंने उसके आमंत्रण भी डिज़ाइन करा लिए। मैंने अपने कुछ विद्यार्थियों को बता दिया कि मेरी पुस्तक प्रकाशित हो चुकी है।

जल्दी ही एक अपरिचित एरिया कोड से मेरे पास एक फ़ोन आया। यह प्रेस का संपादक था, जो कह रहा था कि वह मेरा कविता-संग्रह प्रकाशित करना चाहता है और मुझे अनुबंध के साथ-साथ बाक़ी जानकारी भी जल्द से जल्द भेज देगा। यह चीज़ काम करती है!!!!

- ***मारिया***, न्यू यॉर्क, अमेरिका

अगर आप गर्म टिन की छत पर बैठी बिल्ली की तरह छटपटा रहे हों और इस प्रश्न में उलझना चाहते हों कि आपकी इच्छा *कैसे* साकार होगी, तो एक बात अच्छी तरह समझ लें : अगर आप सृष्टि के कैसे के काम की तरफ़ एक भी क़दम बढ़ाते हैं, तो आप अपने सृजन को रद्द कर देते हैं। क्यों? क्योंकि आपके कार्य बता रहे हैं कि आपके पास आपकी मनचाही चीज़ नहीं है, इसलिए आप अपनी मनचाही चीज़ के अभाव को आकर्षित करने लगते हैं।

मारिया यह नहीं जानती थी कि प्रकाशित कवयित्री बनने का उसका सपना *कैसे* साकार होगा, लेकिन वह इतनी समझदार थी कि उसने कुछ बहुत स्पष्ट क़दम उठाए, मानो उसका सपना पहले ही साकार हो चुका हो। इसी तरह के कामों से सपने तेज़ गति से साकार होते हैं!

आशा

मैं कई वर्षों से सेल्फ़-हेल्प पुस्तकें पढ़ रहा था। मैंने हर सीखी हुई बात को वर्षों तक आज़माया था, लेकिन कोई फ़ायदा नहीं हुआ था। फिर कुछ साल पहले मुझे *द सीक्रेट* मिली और इसने इतने वर्षों तक मेरे द्वारा

सीखी गई हर बात को अब समझना और अमल करना बहुत आसान बना दिया। ऐसा लग रहा था, जैसे मुझे खोई हुई कड़ी मिल गई हो। माँगें, विश्वास करें और पाएँ। इससे काम बन गया! यह सार था और इसकी नसीहतों ने इसे बहुत सरल बना दिया। ज़बर्दस्त।

जब मुझे *द सीक्रेट* मिली, तो मेरा वैवाहिक जीवन बहुत ख़राब था और मैं एक बंद गली वाली नौकरी कर रहा था, जिसमें तरक़्क़ी की कोई उम्मीद नहीं थी। मेरी हर कोशिश नाकाम होती दिख रही थी और मुझे इसका कारण समझ नहीं आ रहा था, क्योंकि मैं हमेशा ख़ुद को सकारात्मक इंसान और स्व-सहायता गुरु मानता था।

मैंने अपने जीवन के सभी पहलुओं में *द सीक्रेट* का इस्तेमाल शुरू कर दिया। लगभग तुरंत ही बेहतर परिणाम मिलने लगे।

सबसे पहले मेरा करियर बदला। मैं बीस साल के बाद पेशेवर अभिनेता बन गया था, लेकिन जब तीस साल की उम्र में मेरे बच्चे हो गए, तो मुझे "असली काम" मिल गया। मैं दुखी तो रहता था, लेकिन सोचता था कि हर एक के साथ ऐसा ही होता होगा। *द सीक्रेट* पढ़ने के बाद मैंने अपने अच्छे वेतन वाले "स्थिर" नौकरी से इस्तीफ़ा दे दिया। मेरे पास कोई वास्तविक योजनाएँ या रणनीतियाँ नहीं थीं। मुझे तो बस यह विश्वास था कि मैं अभिनय के अपने जोश और प्रेम में करियर बनाने के लिए सृष्टि को आदेश दे सकता हूँ।

तीन महीने के भीतर मुझे कम बजट वाली फ़िल्म में एक छोटी भूमिका मिल गई। उसके छह महीनों के भीतर दो और भूमिकाएँ मिलीं। फिर

मैं सृष्टि को ज़्यादा बड़े ऑर्डर देने लगा। मैं एक तनावरहित जीवनशैली और ढेर सारे पैसे चाहता था, ताकि मेरे मकान की क़िस्त और जीवनयापन के ख़र्चों की चिंता न रहे।

फिर मैं एक ऑडिशन में गया, जिसने मेरी ज़िंदगी बदल दी। मुझे सिंगापुर में एक साल के लिए अभिनय की नौकरी मिल गई! मैंने सृष्टि से सवाल नहीं किया, बस धन्यवाद दिया, काम करता रहा और तब से मेरी गति कभी नहीं थमी।

अब मेरा बहुत बुरा वैवाहिक संबंध ख़त्म हो चुका है। अपनी पूर्व पत्नी के साथ मेरे संबंध आज जितने बेहतर हैं, उतने कभी नहीं रहे। मेरे बच्चों और मेरे बीच बहुत क़रीबी संबंध हैं। वे संसार के उन हिस्सों को देख चुके हैं, जिनके बारे में मैंने कल्पना भी नहीं की थी कि मैं उन्हें दिखा पाऊँगा। मैं आजीविका कमाने के लिए अपनी पसंद का, आनंद का काम करता हूँ। अब मुझे आजीविका के ख़र्चों की कोई चिंता नहीं है। मैं एक सुंदर ऊँचे कॉन्डो में रहता हूँ और एक भी सेंट नहीं चुकाता हूँ। मेरा वेतन इतना ज़्यादा है, जितना पहले कभी नहीं रहा, हालाँकि मैं पहले से कम घंटे काम करता हूँ। काम बस काम जैसा महसूस नहीं होता है और मुझे ढेर सारी जगहों की सैर करने का मौक़ा मिल जाता है।

मैं ख़ुद को युवा महसूस करता हूँ, मैं ज़्यादा ख़ुश हूँ और मेरे जीवन में बहुत कम तनाव है। हमेशा!

मैं उन लोगों में से हूँ, जिन्हें सचमुच यक़ीन नहीं था कि मेरे पास यह सब हो सकता है। यह सब "दूसरे" आदमी के लिए था। अब मुझे सच्चा विश्वास हो चुका है।

अपने जीवन की तमाम नियामतों के लिए मैं रॉन्डा को और सृष्टि को धन्यवाद देना चाहता हूँ, सिर्फ़ भौतिक नियामतों के लिए ही नहीं, बल्कि अमूर्त, भावनात्मक और आध्यात्मिक नियामतों के लिए भी।

– *डैरेल बी.*, सिंगापुर

डैरेल को उसकी मनचाही हर चीज़ मिल गई, हालाँकि उसे ज़रा भी पता नहीं था कि यह सब *कैसे* होगा। यही रोलैंड के मामले में भी सच है, जिसकी कहानी आगे दी गई है। उनमें एक और समानता यह है कि वे पूरी स्पष्टता से जानते थे कि वे क्या चाहते हैं और उन्हें इस बात पर अटल विश्वास था कि यह उन्हें मिल जाएगा।

जहाँ चाह, वहाँ राह!

मैं शुरुआत में *द सीक्रेट* की टीम के प्रति सच्ची कृतज्ञता व्यक्त करना चाहूँगा, जिन्होंने संसार को *द सीक्रेट* के बारे में बताया और इसे हम सभी लोगों तक पहुँचाया, जो उनके बिना हम कभी नहीं खोज पाते।

बारह साल की उम्र से मैं लॉस एंजेलिस जाकर पेशेवर ड्रमवादक बनना चाहता था। दरअसल 1 प्रतिशत से भी कम संगीतकार संगीत से आजीविका कमा पाते हैं। मैं जहाँ रहता था, वहाँ मुझे सामान्य सफलता मिली, लेकिन नौकरी के बिना मैं सिर्फ़ संगीत के दम पर पेट नहीं भर

सकता था। मुझे हमेशा महसूस होता था, जैसे मैं लॉस एंजेलिस जैसी जगह के लायक़ हूँ, जहाँ संगीत फलता-फूलता है और सूरज 95 प्रतिशत समय चमकता है।

मुझे लगता है कि मैंने अनजाने में ही *द सीक्रेट* में बताए कुछ नियमों का इस्तेमाल किया है। मैं कभी पैसे की चिंता नहीं करता हूँ, लेकिन ज़रूरत के वक़्त यह हमेशा मेरे पास होता है। लेकिन *द सीक्रेट* देखने के बाद मैं पहले से ज़्यादा जागरूक बन गया हूँ। मैं ऑडियोबुक ख़रीदकर हर दिन इसे सुनने लगा और अब भी यथासंभव सुनता हूँ। मैं इसके हर पहलू को सीखने और अमल करने पर ध्यान केंद्रित कर रहा हूँ।

तीन महीने पहले मैंने नौकरी छोड़ दी और दिल में महसूस किया कि यह सही क़दम था। मुझे ज़रा भी पता नहीं था कि मैं पैसे के लिए क्या करूँगा या मैं कहाँ जाऊँगा। फिर भी मैं बहुत निश्चिंत महसूस करने लगा और मुझे विश्वास था कि हर चीज़ ठीक हो जाएगी और अपने आप सुलझ जाएगी। फलस्वरूप एक अस्थायी काम सामने आ गया और मैंने दो महीने में 10,000 डॉलर से ज़्यादा कमा लिए, जबकि मैं पहले इससे कम कमा रहा था। उस काम के ख़त्म होने के बाद मुझे पता नहीं था कि इसके बाद क्या करना है या मुझे वेतन का अगला चेक कहाँ से मिलेगा। तभी लॉस एंजेलिस की एक क्रूज़ लाइन ने फ़ोन करके कहा कि वे हमारे बैंड से अपने जहाज़ों के लिए कई शो बनाना चाहते हैं। हमें लॉस एंजेलिस में उनके बड़े प्रॉडक्शन स्टूडियो में काम करना था।

मैं तो बस अच्छी मनोदशा में रह रहा था और कल्पना कर रहा था कि मैं लॉस एंजेलिस में रहता हूँ, संगीतकार के रूप में काम करता हूँ और समृद्ध व सफल हूँ। एक बार में एक-एक करके हर चीज़ सही जगह

पर आ रही है, वह भी ऐसे तरीक़ों से जिनकी मैं कल्पना भी नहीं कर सकता था। इसकी कार्यप्रणाली बहुत आश्चर्यजनक है और वाक़ई ऐसा महसूस होता है जैसे यह सिर्फ़ शुरुआत हो।

ऑडियोबुक सुनने भर से मैं इतना ख़ुश हो जाता हूँ और मेरी मनोदशा इतनी बेहतर हो जाती है कि मेरी आँखों में आँसू भर आते हैं। मैं इसे बयां नहीं कर सकता। इससे मुझे जीवन को देखने का एक नया नज़रिया और ज़्यादा सकारात्मक रूप से सोचने का तरीक़ा भी मिला है, लेकिन यह अकेला ही किसी अद्‌भुत उपहार से कम नहीं है। बहरहाल, इससे मुझे बहुत कुछ मिला है; इसके लिए आपको धन्यवाद।

– ***रोलैंड सी.***, नैनाइमो, कैनेडा

द सीक्रेट का पता चलने पर रोलैंड को इस बात का अहसास हुआ कि उसके भीतर मनचाहे करियर को आकर्षित करने की शक्ति है। हम सभी जो चाहे, वह पा सकते हैं, बन सकते हैं या कर सकते हैं; कोई सीमाएँ नहीं हैं। हमें तो बस यह पता लगाना है कि हम *सचमुच* क्या चाहते हैं और फिर इसे माँगना है।

कई बार हमारे पास यह सोचने का अच्छा कारण हो सकता है कि हम जो चाहते हैं, वह हमें कैसे मिलेगा। यह निश्चित रूप से अगली कहानी वाले इंसान के बारे में सच है। एक ख़ास डांस ऑडिशन में हर चीज़ उसके ख़िलाफ़ थी और साफ़ दिख रहा था कि उसे काम मिलना असंभव था, लेकिन इसके बावजूद उसने *द सीक्रेट* की परीक्षा ली!

साहसिक ऑडिशन

मुझे स्वीकार करना होगा कि *द सीक्रेट* पढ़ने के बाद मेरे मन में थोड़ी शंका थी, लेकिन मैंने सोचा कि मैं इसे छोटी-छोटी चीज़ों पर आज़माकर देखती हूँ, जैसे किसी का फ़ोन आने की इच्छा या अपनी ट्रेन न चूकने की इच्छा। फिर भी मुझे पूरा विश्वास नहीं हुआ; मुझे लगा कि यह सिर्फ़ संयोग हो सकता है। पूरा यक़ीन करने के लिए मैं इसे किसी बड़ी चीज़ के लिए आज़माकर देखना चाहती थी।

मेरी एजेंट ने मुझे फ़ोन करके बताया कि महिला डांसर के लिए एक विज्ञापन निकला है। वह मुझे इसमें भेजना चाहती थी, लेकिन - और यह बहुत बड़ा लेकिन था - विज्ञापन देने वालों को सुनहरे बालों वाली गोरी लड़की चाहिए थी। मैं अश्वेत हूँ, इसलिए मैं सोचने लगी कि उसने यह जहमत क्यों उठाई, लेकिन फिर मैंने सोचा कि क़िस्मत आज़माने में क्या हर्ज़ है।

इसके बारे में दरअसल ज़्यादा सोचे बिना (क्योंकि अगर ज़्यादा सोचने पर काम नहीं मिलता है, तो बहुत निराशा होती है) मैं ऑडिशन में पहुँच गई। वहाँ बाक़ी सभी डांसर श्वेत थीं। वहाँ बैठने पर मुझे अहसास हुआ कि मैं सचमुच, सचमुच वह काम चाहती थी। यहाँ यह देखने का आदर्श अवसर था कि क्या *द सीक्रेट* काम करती है! मैं कल्पना करने लगी कि मुझे वह काम मिल गया है और टीवी पर मेरा चेहरा दिख रहा है, लोग मुझे फ़ोन करके बधाई दे रहे हैं और इस काम की वज़ह से मुझे और बहुत से काम मिलने वाले हैं।

जब कलाकार चुनने वाले डायरेक्टर से मिलने की बारी आई, तो मैं आत्मविश्वास से भरी हुई थी। मैंने पूरे दिल से डांस किया और लौट आई!

घर लौटते समय मैं रास्ते भर उसी काम के बारे में सोचती रही और जब मैं घर पहुँची, तो मैंने उस प्रॉडक्ट का नाम पोस्ट-इट पर लिखकर अपने वार्डरोब पर चिपका दिया। मैं वह काम मिलने का चित्र देखती रही और यह भी कि उस सुखद ख़बर के मिलने पर मैं कैसे जश्न मनाऊँगी।

अगले दिन जब मैं एक दूसरा काम कर रही थी, तो मेरी एजेंट का फ़ोन आया। "मेरे पास एक अच्छी ख़बर है -" उसे वाक्य पूरा करने की ज़रूरत ही नहीं थी। मैं जानती थी कि उसने फ़ोन क्यों किया था। मुझे वह काम मिल गया था!!!! मैं सातवें आसमान पर थी। हालाँकि मैंने खुद को बता रखा था कि वह काम मुझे मिल गया है, लेकिन फिर भी यह सुनना बहुत शानदार था।

अब मैं जानती हूँ कि मैं ज़्यादा महत्त्वाकांक्षी बन सकती हूँ और अपने भविष्य को सचमुच नियंत्रित कर सकती हूँ। यह बहुत रोमांचक है।

- ***के.***, लंदन, इंग्लैंड

अपने सपनों का वेतन पाएँ

अगली कहानी में याना के मन में एक ख़ास नौकरी और एक ख़ास वेतन की चाह थी और उसने सकारात्मक कथन की शक्ति का इस्तेमाल करके अपनी मनचाही चीज़ों को आकर्षित कर लिया।

नौकरी

मैंने एक बहुत अच्छे वेतन वाली नौकरी खो दी। फिर मैं एक के बाद एक अल्पकालीन नौकरियाँ करती रही। एक समय तो मैं पूरी तरह बेरोज़गार हो गई। आख़िरकार मैं एक स्थायी अंशकालिक नौकरी करने लगी, जिसमें 10 डॉलर प्रति घंटे का वेतन मिलता था। काम शुरू करने के दो दिन बाद मुझे बताया गया कि मेरे घंटे आधे किए जा रहे हैं। पहले हर सप्ताह बीस घंटे काम करने की बात हुई थी, जिन्हें अब घटाकर दस घंटे कर दिया गया था। 100 डॉलर प्रति सप्ताह में मेरा गुज़ारा नामुमकिन था।

मैं उस दिन ऑफ़िस से पैदल घर लौटी। मैं बहुत दुखी और हताश महसूस कर रही थी। जब मैं अपने अपार्टमेंट पहुँची, तो मेरे मन में *द सीक्रेट* फ़िल्म देखने की ज़बर्दस्त इच्छा महसूस हुई, हालाँकि मुझमें बस इतनी ही ऊर्जा बची थी कि मैं बैठकर यह चिंता करूँ कि नियमित नौकरी और पैसों के बिना मैं क्या करूँगी। फ़िल्म देखने के बाद मैंने अपना जर्नल बाहर निकाला और यह सकारात्मक कथन लिखा :

"आने वाले दिनों में मैं अपने घर से पैदल चलने जितनी दूरी पर एक बड़े प्रशासनिक पद पर नौकरी कर रही हूँ। इस नौकरी में मैं हर साल कम से कम 30,000 डॉलर कमाती हूँ। मैं जिन लोगों के साथ काम करती हूँ, वे ख़ुश, उदार और सहयोगी प्रवृत्ति के हैं। मैं जो काम करती हूँ, वह मुझे रुचिकर लगता है और मेरे सहकर्मी व अफ़सर मेरी बहुत प्रशंसा करते हैं। मुझे हर सप्ताह वेतन मिलता है, हर सोमवार से शुक्रवार मैं समय पर या जल्दी पहुँचती हूँ और इस नौकरी में मैं हर दिन ख़ुश रहती हूँ। मैं उस विस्तृत और स्पष्ट प्रक्रिया के लिए शुक्रगुज़ार हूँ, जिसने मेरी आदर्श नई नौकरी को इसी समय प्रकट कर दिया है।"

मैंने यह सकारात्मक कथन अगले दिन भी बार-बार कहा और इसे कहते वक़्त मैं ख़ुशी महसूस कर सकती थी। जब भी मैं इसे कहती थी, मैं आनंद महसूस कर सकती थी। जब भी मैं इस नई नौकरी के बारे में सोचती थी, हर बार रोमांच के सैलाब में डूब जाती थी। मैं बहुत रोमांचित थी!

जब मैं उस दिन काम पर थी, तो मेरा सेल फ़ोन बजने लगा। लगातार तीन बार फ़ोन आया, लेकिन मैं उसे नहीं उठा पाई। सभी फ़ोन एक ही नंबर से और चंद मिनटों के अंतर से आए थे। छुट्टी में मैंने अपने मैसेज देखे और पता चला कि वह फ़ोन एक स्टाफ़ एजेंसी से आया था, जहाँ मैंने दो साल पहले अपना नाम लिखाया था।

जब मैंने उस एजेंसी को फ़ोन लगाया, तो रिसेप्शनिस्ट ने कहा कि वे मुझसे संपर्क करने की कोशिश इसलिए कर रहे थे, क्योंकि उनके पास मेरे लिए एक नौकरी थी और यह अगले ही दिन शुरू करनी थी। उस नौकरी में मुझे ठीक उतना ही वेतन मिल रहा था, जो मैंने अपने सकारात्मक कथन में माँगा था। जब मैंने उससे पूछा कि नया ऑफ़िस कहाँ है, तो उसने कहा कि यह एक डिज़ाइन फ़र्म थी, जहाँ मैं अपने घर से पाँच मिनट पैदल चलकर पहुँच सकती थी। और सबसे बड़ी बात, यह पद स्थायी था।

मैंने अपना सकारात्मक कथन लिखने के दो दिन बाद अपनी नौकरी शुरू कर दी और यह आज भी उतनी ही बेहतरीन है, जितनी कि पहले दिन थी।

– ***याना एफ़.***, बाल्टीमोर, मैरीलैंड, अमेरिका

याना के सकारात्मक कथन में उसकी नई नौकरी और नए वेतन के लिए कृतज्ञ होना शामिल था, मानो उसे यह मिल गया हो। कृतज्ञता ही वह पुल है, जो आपको ग़रीबी से अमीरी तक पहुँचाएगा। आपके पास जितना भी पैसा है, भले ही यह ज़्यादा न हो, उसके लिए आप जितने ज़्यादा कृतज्ञ होते हैं, आपको भविष्य में उतनी ही ज़्यादा दौलत मिलेगी। और आप पैसे के बारे में जितनी ज़्यादा शिकायत करते हैं, आप उतने ही ज़्यादा ग़रीब बनेंगे।

दोगुना या कुछ नहीं!

जब मैंने अपना पत्रकारिता करियर शुरू किया, तो मेरे परिवार ने बहुत सहारा दिया। इससे मुझे अपने लक्ष्य का पीछा करने के लिए आवश्यक प्रोत्साहन मिला। मुझे एक स्थानीय पत्रिका कंपनी में नौकरी मिल गई, जिसमें वेतन तो कम था, लेकिन भावी संभावनाएँ बहुत थीं। मैं बस इतना कमा पाता था, जिससे मेरे मकान का किराया निकल आए और मेरे माता-पिता मुझे बस इतना देते थे, जिससे महीने का ख़र्च चल जाए।

जब कई महीनों तक यही सिलसिला चलता रहा, तो डैडी मेरे ज़्यादातर बिल चुकाते-चुकाते थकने लगे और उन्होंने मुझे यह बात बता दी। मैं समझ गया कि वे मुझे ज़्यादा आत्मनिर्भर बनाना चाहते थे, लेकिन इसके बावजूद मैं हताश होने लगा। मैं चाहता था कि मेरा परिवार ख़ुश रहे और मैं इतने पैसे कमा लूँ कि अपने पैरों पर खड़ा हो सकूँ। जब साल पूरा होने लगा, तो मेरी हताशा डिप्रेशन में बदल गई और मैंने उस वेतनवृद्धि की आस छोड़ दी, जिसका मुझसे वादा किया गया था। मैं सिर्फ़ बुरी चीज़ों की उम्मीद करने लगा और जानते हैं क्या हुआ? मुझे बिलकुल वही मिलीं।

डिप्रेशन में मेरी हालत इतनी ख़राब हो गई कि मैं हर समय बीमार और थका-थका महसूस करने लगा। परिस्थितियाँ ख़राब दिख रही थीं और इस झमेले से बाहर निकलने की कोई उम्मीद नज़र नहीं आ रही थी। एक मित्र मेरी हालत जानता था और उसने एक दिन मुझसे पूछा कि क्या मुझे *द सीक्रेट* के बारे में मालूम है। उसने मुझे इसकी डीवीडी दी और इसे एक बार आज़माने को कहा। मैं स्व-सहायता सलाहों में ज़्यादा विश्वास नहीं करता हूँ, लेकिन मैंने उस रात वह फ़िल्म देख ली। डीवीडी में हर व्यक्ति ने जो भी कहा, ऐसा लगा कि वह मेरे बारे में ही कहा गया था; मैं ही अपने विचारों की वजह से अपना बुरा कर रहा था। मैं उस रात रोया, दुख के आँसू नहीं, बल्कि खुशी के आँसू। मैं जान गया था कि अब सब कुछ सही हो जाएगा।

मैंने उसी रात *द सीक्रेट* का इस्तेमाल शुरू कर दिया। मैं अच्छे विचार सोचने लगा। मैं दौलत और खुशी के विचार सोचने लगा। मैं उन चीज़ों के लिए सृष्टि को धन्यवाद देने लगा, जिन पर मैंने ज़िंदगी में कभी ध्यान ही नहीं दिया था, जैसे मेरा अच्छा स्वास्थ्य, मित्रों का प्रेम, यहाँ तक कि मेरी नौकरी भी।

दिसंबर के अंत में कंपनी के मैनेजर ने मुझे अपने ऑफ़िस में बुलाकर बताया कि मुझे वेतनवृद्धि दी जा रही है। वेतनवृद्धि की राशि कम थी और इससे मेरे सारे ख़र्चे पूरे नहीं होने वाले थे, लेकिन मैंने उन्हें और सृष्टि को धन्यवाद दिया, क्योंकि मैं जानता था कि मैंने माँगा था, विश्वास किया था और पाने का सिलसिला शुरू हो गया था।

जनवरी की शुरुआत में मैंने सृष्टि से एक ऐसी चीज़ माँगी, जिसका मिलना अब मुझे बहुत संभव लग रहा था। मैंने दोगुने मासिक वेतन की

माँग की। मुझे ज़रा भी पता नहीं था कि यह कैसे होगा, लेकिन मैंने बस विश्वास किया कि यह हो जाएगा। सृष्टि तुरंत काम में जुट गई। मैं इसे होते नहीं देख सकता था, लेकिन अपने दिल में जानता था कि ऐसा ही हो रहा था।

चार महीने बाद अप्रैल में मुझसे उसी कंपनी की एक अलग पत्रिका में काम करने को कहा गया। और सोचिए क्या हुआ? वहाँ मुझे दोगुना वेतन मिलने लगा। मैं जानता था कि ऐसा इसलिए हुआ था, क्योंकि मैंने विश्वास किया था। फिर मैंने सोचा, अगर यह एक बार कामयाब हो गया है, तो यह दोबारा भी हो सकता है। मैंने सृष्टि से अपने नए वेतन को दोगुना करने को कहा। आप यक़ीन नहीं मानेंगे, लेकिन चार महीने बाद डिजिटल विभाग के मैनेजर ने मुझसे अपनी टीम में आने को कहा। और वेतन? आप समझ गए : मेरे उस समय के वेतन से दोगुना।

द सीक्रेट ने मेरे जीवन का कायाकल्प कर दिया है। यह यक़ीन करना मुश्किल है कि एक साल उतना ही बुरा गया था, जितना मैं इसे रखना चाहता था और अगला साल उतना ही अच्छा गया था, जितने का मैंने मानसिक चित्र देखा था और यक़ीन किया था। आजकल तो हर दिन एक उपहार जैसा लगता है। अब मैं जान गया हूँ कि मैं ख़ास और अनूठा हूँ। सृष्टि मेरी मित्र है और मेरे विचारों पर प्रतिक्रिया करती है; मेरी कहानी इस बात का सबूत है कि *द सीक्रेट* सचमुच काम करती है।

आप शायद सोच रहे होंगे कि क्या मैंने सृष्टि से एक बार फिर अपना वेतन दोगुना करने को कहा। नहीं! मैंने खुशी व समृद्धि माँगी और यह मुझे हर दिन मिल रही है।

– ***एलेन***, नैरोबी, कीनिया

एलेन ने सृष्टि को उसके लिए धन्यवाद दिया जो उसके पास पहले से था और उसके लिए भी, जो वह पाना चाहता था। इसके बाद उसने आकर्षण के नियम को इसका काम करने दिया; उसने इस बात की चिंता नहीं की कि यह कैसे होगा या इसकी मदद कैसे की जाए।

विजयी तालमेल

मैं जहाँ काम करती थी, वहाँ कई साल पहले कायरोप्रैक्टिक चिकित्सा पद्धति के एक छोटे ऑफ़िस के कर्मचारियों ने देखा कि कारोबारी आँकड़े घट रहे थे। किसी को भी तीन साल से वेतनवृद्धि नहीं मिली थी। कुछ न कुछ तो बदलना चाहिए। हम अपनी नौकरी से प्रेम करते थे, लेकिन जीवन-यापन के ख़र्चे बढ़ते जा रहे थे और हम सभी नई या दूसरी नौकरियों की तलाश कर रहे थे।

एक दिन डॉक्टरों की अनुपस्थिति में स्टाफ़ ने मीटिंग की और वेतनवृद्धि की इच्छा जताई। हम जानते थे कि ऐसा तभी होगा, जब हम अपने ऑफ़िस के लक्ष्य तय करेंगे और सभी डॉक्टरों की समय-सारणी को पूरा भर देंगे। हमने साप्ताहिक और मासिक लक्ष्यों से काम शुरू किया। इन्हें बनाने के बाद हमने सोचा कि पिछले कुछ सालों में वेतनवृद्धि न मिलने के कारण इस बार 25 प्रतिशत वृद्धि मिलनी चाहिए। लेकिन सबसे बढ़कर हमें यह तय करना था कि हम अपनी वेतनवृद्धि कब तक चाहते हैं। हमने 15 अक्टूबर की तारीख़ तय की, जो वेतनवृद्धि के लिहाज़ से साल का सामान्य समय नहीं था।

हम अपनी योजना में जुट गए। हमने एक नारा तैयार किया : "ज़िंदगी 25 प्रतिशत में बेहतर है!" और इसे हममें से प्रत्येक की डेस्क पर लगा लिया। हम हर दिन सभी डॉक्टरों की समय-सारणी पूरी भरने पर ध्यान केंद्रित करने लगे। यदि यह पर्याप्त भरी नहीं होती थी, तो हम कहते थे, "हमें दस पुराने मरीज़ों और दो नए मरीज़ों की ज़रूरत है।" इसके बाद वाक़ई फ़ोन की घंटी बजने लगती थी! जल्दी ही डॉक्टर इतने ज़्यादा व्यस्त हो गए कि शिकायत करने लगे कि शाम तक वे बहुत थक जाते हैं।

अक्टूबर के शुरू में स्टाफ़ एक बार फिर अपनी कृतज्ञता सूचियों के साथ अपने लक्ष्यों की समीक्षा करने बैठा। हमने सोचा कि ऑफ़िस की अगली बैठक में अपने लक्ष्यों और उनकी सफलता पर प्रस्तुति देना बेहतरीन रहेगा। बैठक वाले दिन हम तैयार थे, लेकिन डॉक्टरों के एजेंडा में बहुत सारी चीज़ें थीं, इसलिए हमें अपनी प्रस्तुति देने का मौक़ा नहीं मिला। हम निराश थे, क्योंकि 15 अक्टूबर बस दो ही दिन बाद थी, लेकिन हम ध्यान केंद्रित करते रहे और कहते रहे, "ज़िंदगी 25 प्रतिशत में बेहतर है!"

पंद्रह तारीख़ आई और चली गई। हमारे अगले वेतन की तारीख़ आ रही थी और डॉक्टरों ने अकाउंटेंट से बात की। कुछ दिनों बाद हमारी बॉस ने मुझे मिलने के लिए बुलाया। मुझे कारण नहीं पता था, लेकिन उनकी शुरुआती बात यह थी कि हम बेहतरीन काम कर रहे हैं, इसलिए हम सभी को वेतनवृद्धि दी जा रही है, जो 15 अक्टूबर से दी जाएगी। हममें से एक को छोड़कर बाक़ी सभी को 25 प्रतिशत वेतनवृद्धि मिली थी और उसे 20 प्रतिशत मिली थी। मेरी आँखें आँसुओं से भर गई, जब

मैंने डॉक्टर को बताया कि हमने ऑफ़िस के लक्ष्य तय करने और 25 प्रतिशत वेतनवृद्धि के अपने व्यक्तिगत लक्ष्य तक पहुँचने के लिए *द सीक्रेट* का इस्तेमाल किया था।

हमने अपनी नौकरियाँ बचा लीं, थोड़े पैसे बना लिए और ऑफ़िस के मनोबल को ऊँचा कर दिया। स्टाफ़ अब *द सीक्रेट* का इस्तेमाल करके बैठकें करता है और अपने व्यक्तिगत जीवन को बेहतर बनाता है। हम अपने रोगियों को प्रोत्साहित करते हैं कि वे कभी भी हमारे ऑफ़िस से *द सीक्रेट* की डीवीडी लेकर देख सकते हैं।

– ***लॉरेटा***, वॉशिंगटन, अमेरिका

इसमें कोई शक नहीं है कि जब दो या अधिक लोग उसी इच्छा को आकर्षित करने पर ध्यान केंद्रित करते हैं, तो एक बहुत प्रबल शक्ति का निर्माण होता है। हर व्यक्ति अपनी ऊर्जा और विश्वास का योगदान देता है, जिससे यह एक विजेता तालमेल बन जाता है।

लॉरेटा की कहानी से प्रेरणा लें। अगर आप समूह में काम करते हैं, तो मिलकर आप किसी ऐसी साझी इच्छा पर ध्यान केंद्रित कर सकते हैं, जिससे हर एक को लाभ हो। बस कल्पना करें कि आप मिलकर क्या हासिल कर सकते हैं!

आप जो भी चाहते हैं, उसके सृजन की शक्ति अंततः आपके खुद के पास है, लेकिन जब आप दूसरों के साथ अपनी शक्तियाँ मिला लेते हैं, तो इससे आपका विश्वास इतना बढ़ जाता है कि वह चीज़ दरअसल बहुत जल्दी साकार हो जाती है।

जिससे आपको प्रेम है, वही करें

मैं जिन लोगों की कहानियाँ बताने वाली हूँ, उनकी सबसे बड़ी इच्छा यह थी कि वे अपना मनपसंद काम कर सकें। कुछ के लिए पैसा भी महत्त्वपूर्ण था, लेकिन बाक़ी लोगों के मन में यह विश्वास था कि अगर वे अपने सपने का पीछा करें, तो सृष्टि उन्हें ज़रूरत का सारा पैसा दे देगी। इसका आदर्श उदाहरण डैलस की कहानी है, जो आगे दी गई है।

नए जीवन के दो सप्ताह

जब मैं अपने सपनों का जीवन जीने के बाद दो साल तक फ़ुटपाथ पर रहा, तो मैंने आकर्षण के नियम को लगभग छोड़ ही दिया था। मुझे ऐसा महसूस हो रहा था, मानो हर किसी ने मुझे छोड़ दिया था। जाड़े का समय था और मेरे पास जाने के लिए कोई जगह नहीं थी, इसलिए मैं रोज़गार की तलाश में पूरे देश में घूमता रहा, लेकिन क़िस्मत ने साथ नहीं दिया।

मैंने सुना था कि आकर्षण के नियम का इस्तेमाल करने पर तीस दिन में ज़िंदगी बदल सकती है, इसलिए मैंने इसका परम इम्तहान लिया। मैं हर दिन *द सीक्रेट* को पढ़ा और सुना। मैंने हर जानकारी को सही जगह पर रख दिया। तब मैं कहाँ जानता था कि चीज़ें कितनी तेज़ी से मेरी ओर आने वाली हैं।

मुझे एक नौकरी की *ज़रूरत* थी, किसी भी नौकरी की, लेकिन मैं एक ऐसी नौकरी *चाहता* था, जो मुझे स्वतंत्रता दे, मुझे बहुत सारी गतिविधियों के केंद्र में रखे, मुझे कंपनी में योगदान देने और कारोबार फैलाने की अनुमति दे, साथ ही मेरे काम की तारीफ़ भी हो। मैं यह *जानकर* बहुत ख़ुश था कि ऐसी नौकरी मेरी ओर आ रही है। मैंने सोचा कि अगर मैं इसी तरह महसूस करता रहूँगा, तो मेरा सपना साकार *हो जाएगा।*

दो सप्ताह के भीतर संयोगवश हुई मुलाक़ातों के फलस्वरूप मुझे रेडियो डीजे की नौकरी मिल गई। सात महीने बाद मैंने विज्ञापन से होने वाली आमदनी बीस गुना कर ली और कलाकारों के पैसे उगाहने में मदद के लिए एक अलग विभाग बना दिया (सीडी बिक्री पर या कार्यक्रम मिलने पर निर्भर न रहते हुए)। मैं महत्त्वाकांक्षी कलाकारों का प्रबंधन करता हूँ, मैंने एक कलाकार संगठन बनाया है, ताकि उद्योग में सफलता पाने में नई प्रतिभाओं की मदद कर सकूँ। मैं वर्तमान में एक कारोबारी साझेदार के साथ पोशाकों के क्षेत्र में काम कर रहा हूँ। मेरा बॉस मेरे काम से प्रेम करता है और मुझे हमारे स्टेशन का सर्वश्रेष्ठ डीजे कहा गया है, जो मैं बनना चाहता था।

आज मेरे पास सपनों की नौकरी है और मैं जहाँ हूँ, वहाँ मैं बहुत ख़ुश और कृतज्ञ हूँ। बेहतरीन चीज़ें मेरी राह में आती रहती हैं। मैं हमेशा ज़्यादा बड़े व बेहतर सपनों की ओर आगे बढ़ रहा हूँ।

अगर किसी को *द सीक्रेट* के बारे में शंका हो, तो मेरी बात ग़ौर से सुनें... यह *कारगर* है।

– ***डैलस सी.***, विनीपेग, मानिटोबा, कैनेडा

हालाँकि डैलस यह बात जानता था कि उसे पैसे की ज़रूरत है, लेकिन उसकी बुनियादी इच्छा अपना मनपसंद काम करने की थी। परिणाम? उसे दोनों मिल गए!

जब आपको यह अनुभूति हो रही हो कि सृष्टि कोई चीज़ देने को तैयार है, जिसे आप सबसे ज़्यादा चाहते हैं, तब भी कई पलों में शंका रेंगकर अंदर आ सकती है। यह ख़ास तौर पर सच है, अगर आप अपने सपने का पीछा करने के लिए किसी सुरक्षित नौकरी को छोड़ने के संभावित परिणामों के बारे में सोच रहे हों।

अगर आप खुद को कभी शंका में पाएँ, तो आप सृष्टि से प्रमाण माँग सकते हैं कि क्या आप सही निर्णय ले रहे हैं। याद रखें, आप कोई भी चीज़ माँग सकते हैं!

अगली कहानी में नौकरी छोड़ते वक़्त हेलन के मन में गंभीर शंकाएँ थीं। तभी सृष्टि ने क़दम रखा और निर्णय लेने में उसकी मदद करने के लिए प्रौद्योगिकी को सक्रिय कर दिया।

सृष्टि से आए ईमेल

द सीक्रेट से मेरा पहला परिचय कई साल पहले एक सहकर्मी ने कराया था, लेकिन दुर्भाग्य से तब मैं इतनी नकारात्मक जगह पर थी कि कुछ पन्ने पढ़ने के बाद मुझे डर लगने लगा कि पुस्तक पढ़ने का मेरी ज़िंदगी पर जाने क्या असर होगा। अब यह बहुत मूर्खतापूर्ण लगता है! शुक्र है,

एक सहेली ने इसे पढ़ने की सलाह दोबारा दी और इस बार मैं सीखने के लिए उत्सुक थी।

मैं आपको बता नहीं सकती कि हर अध्याय पढ़ने पर मैं कितनी ख़ुश और रोमांचित महसूस कर रही थी। मैं जैसे हवा में उड़ने लगी। इसे पढ़ने के बाद जल्द ही मैंने एक बहुत बड़ा, जीवन बदलने वाला निर्णय ले लिया।

मैं फ़ुल-टाइम फ़्री-लांस चित्रकार बनने के लिए डिज़ाइनर की पार्ट-टाइम नौकरी छोड़ने के बारे में सोच रही थी। मैं बचपन से ही यह काम करना चाहती थी, लेकिन मेरी आर्थिक ज़िम्मेदारियाँ थीं और मैं नियमित, स्थिर आमदनी नहीं गँवाना चाहती थी। मैं ख़ुद को बताती रही कि मुझे तब तक इंतज़ार करना होगा, जब तक कि मैं पर्याप्त पैसे न बचा लूँ। मैं बहुत ज़्यादा डर रही थी, हालाँकि मेरी भावनाएँ चीख़-चीख़ कर कह रही थीं कि नौकरी छोड़ने का निर्णय सही था।

पहले मैं अपने करियर में सचमुच दुर्भाग्यशाली रही थी। अधिकारी बहुत बुरे थे, कामकाजी माहौल तनावपूर्ण था और कई बार छँटनी की गाज भी गिर जाती थी। दिल की गहराई में मुझे महसूस हुआ कि मुझे अपने दम पर काम करने के लिए धकाया जा रहा है, लेकिन मैं बहुत डर रही थी कि कहीं मुझे और मेरे परिवार को बुरे दिन नहीं देखने पड़ें।

द सीक्रेट पढ़ने के बाद मैं जानती थी कि मुझे यह काम करना होगा। अजीब बात यह है कि मेरे मन में रत्ती भर भी शंका नहीं थी; मैं जानती थी कि मुझे सफलता मिलेगी!

लेकिन जब मैं ऑफ़िस में नोटिस थमाने वाली थी, तो मेरा पुराना शंकालु स्वरूप लौट आया। ऑफ़िस जाते वक़्त मुझे घबराहट होने लगी और मैं खुद से पूछती रही कि क्या मैं सही क़दम उठा रही हूँ। शायद मैं बहुत उतावली थी, स्वार्थी थी, पैसे के बारे में चिंतित थी आदि। तभी सृष्टि ने मुझे ज़ोरदार धक्का दिया - जब मैं डरकर मैदान छोड़ने वाली थी!

जब मेरे दिमाग़ में डरावने विचार दौड़ रहे थे, तो मैंने अपने आईफ़ोन की तरफ़ देखा। इसमें 37 नए ईमेल आए थे। मुझे यह बहुत अजीब लगा, क्योंकि यह सुबह का वक़्त था और कुछ मिनट पहले तक एक भी ईमेल नहीं था। लेकिन जब मैंने सारे "नए" ईमेलों को देखा, तो वे सारे ईमेल... दरअसल मेरे ही थे! इन्हें मैंने पिछले *पाँच सालों* में कई लोगों को भेजा था। ये सभी मेरे इनबॉक्स में एक ही समय आए थे और सभी का विषय एक ही था। हर ईमेल में लिखा था कि मैं अपनी नौकरी छोड़ना चाहती हूँ और अपने दम पर स्वतंत्र काम करना चाहती हूँ! मैंने जो पहला ईमेल पढ़ा, वह मैंने एक भर्ती एजेंसी को भेजा था, जब मुझे तीसरी बार नौकरी से निकाला गया था। और जो पहला वाक्य सामने आया, वह यह था, "मैं सोचती हूँ कि ऊपर वाला मुझे कोई चीज़ बताने की कोशिश कर रहा है"! यह पढ़ते ही मेरी रीढ़ में सनसनी दौड़ने लगी (इस वक़्त यह लिखते हुए भी दौड़ रही है)। मैं अवाक् रह गई। भर्ती एजेंसियों को भेजे गए ईमेल भी थे (मुझे यह याद दिलाने के लिए कि मुझे कितनी बार नौकरी से निकाला गया था); ये शिकायती ईमेल थे, जिनमें मैंने शिकायत की थी कि मुझे विभिन्न अधिकारियों के साथ काम

करना कितना नापसंद था; कुछ ईमेल बच्चों की पुस्तकों के पुराने फ़्रीलांस प्रोजेक्टों के बारे में थे, जिन पर मैं काम करती थी और पसंद करती थी; लेकिन सबसे पुराना ईमेल वह था, जो मैंने कई साल पहले अपने वर्तमान एजेंट को भेजा था और उसमें लिखा था कि मैं फ़्रीलांस इलस्ट्रेटर या चित्रकार के रूप में कितनी शिद्दत से काम करना चाहती हूँ और मैंने उनसे पूछा था कि क्या वे मेरे प्रतिनिधि बनना चाहेंगे। फ़ोन पर तो रहने दें, मेरे कंप्यूटर पर भी वह ईमेल कहीं पर सुरक्षित नहीं था। मुझे तो याद भी नहीं था कि मैंने इसे भेजा था, लेकिन यह "नया" ईमेल बनकर आया था, बाक़ी सभी ई-मेल्स के साथ जो एक ही समय मेरे इनबॉक्स में जाने कहाँ से आ टपके थे।

मैं समझ गई कि कोई मुझे बता रहा है कि मैं सही चीज़ कर रही हूँ और सब कुछ ठीक होगा। मैं दिन भर मुस्कराती रही और बगैर किसी शंका के नोटिस दे दिया।

दो महीने बाद मुझे अपनी व्यस्तता पर यक़ीन नहीं हो रहा था! बिल चुकाने के लिए पर्याप्त पैसे नहीं होंगे, यह शंका अब बेमानी नज़र आ रही थी। जब मैंने *द सीक्रेट* वेबसाइट के कोरे चेक पर पहले साल की मनचाही आमदनी लिखी, तब यह पहुँच के बहुत बाहर लग रही थी, लेकिन मैंने उस साल की शुरुआत से जितना कमाया था, उसे जोड़ने पर पता चला कि मैं ठीक उतनी ही राशि कमाने वाली हूँ! महीनों पहले से ही लोगों ने मेरे काम की बुकिंग कर ली थी और मेरी सफलता के जारी रहने में ज़रा भी संदेह नहीं था।

चार साल बाद मैं अब भी स्व-रोज़गार में हूँ और मेरा सपना इस साल साकार हो चुका है : बच्चों की पहली सचित्र पुस्तक प्रकाशित हो चुकी

है और वह पूरे संसार में उपलब्ध है, जिसे मैंने न सिर्फ़ लिखा है, बल्कि चित्र भी बनाए हैं।

मैं बहुत सौभाग्यशाली हूँ कि उस दिन मुझे सृष्टि से इतना बड़ा संदेश मिला। मैं अपने जीवन की सभी अच्छी चीज़ों के लिए शुक्रगुज़ार हूँ और अपने भव्य भविष्य के मानसिक चित्र देख-देखकर खुश होती रहती हूँ!

– ***हेलन***, लिवरपूल, इंग्लैंड

यदि आपको लगता है कि शंकाएँ आपके विश्वास को कम कर रही हैं, तो मानसिक चित्र देखकर और सकारात्मक कथन कहकर अपने विश्वास को बढ़ा लें। दूसरा विकल्प यह है कि आप कोई ऐसी चीज़ करें, जिससे आपको खुशी महसूस हो, क्योंकि खुशी महसूस करते ही शंकाएँ ग़ायब हो जाएँगी! शंका एक नकारात्मक अवस्था है और यह खुशी की सकारात्मक अवस्था के सामने मौजूद नहीं रह सकती।

मुझे अपने सपनों की नौकरी कैसे मिली

जब *द सीक्रेट* से मेरा पहला परिचय हुआ, तो मुझे यक़ीन नहीं था कि यह कारगर होगी। मैं बस इसे ग़लत साबित करने के लिए पढ़ने लगी।

उस वक़्त मैं चार साल से सपनों की नौकरी पाने की कोशिश कर रही थी। पुस्तक पढ़ते समय मैंने एक खेल खेलने का निर्णय लिया। मैंने एक

इच्छा पर्ची बनाई, जिसमें मेरा मनचाहा वेतन था, उस देश का नाम था जहाँ मैं काम करना चाहती थी और उस पद का नाम था, जिस पर मैं नौकरी करना चाहती थी। फिर मैंने वह पर्ची अपने आईने पर लगा ली। हर सुबह मैं इसकी तरफ़ देखती थी और अपनी नई नौकरी में डेस्क पर बैठे होने का मानसिक चित्र देखती थी। फिर जब दिन आगे बढ़ता था, तो मैं उन चीज़ों की सूची बनाती थी, जिनके लिए मैं कृतज्ञ थी और कहती थी, "जो भी मैं करती हूँ, हर चीज़ के लिए आपको धन्यवाद। मेरे साथ जो भी चीज़ होती है, उस हर चीज़ के लिए धन्यवाद।"

जिस नौकरी का मैं सपना देख रही थी, पाँच दिनों के भीतर ही मुझे उसका प्रस्ताव ईमेल में मिल गया।

द सीक्रेट बताने के लिए धन्यवाद।

– ***मिरइ डी.***, लेबनान

जब आप *द सीक्रेट* से परिचित हो जाते हैं, तो आप समझ जाते हैं कि कई अभ्यासों की मदद से आप अपने विश्वास को बलवान कर सकते हैं और आकर्षण के नियम की गति बढ़ा सकते हैं। आपने मनचाही चीज़ *पहले ही पा ली है,* यह अभिनय करना एक बहुत ही शक्तिशाली अभ्यास है।

भूमिका निभाना

कुछ समय पहले मैंने हर चीज़ छोड़ दी। मैंने पेस्ट्री कुक की नौकरी छोड़ दी। मैंने पाककला वाला स्कूल छोड़ दिया। मैंने अपने दो साल पुराने बॉयफ्रेंड को छोड़ दिया। मैंने अच्छे जीवन की सारी उम्मीद छोड़ दी और यह मानने लगी कि मैं किसी काम की नहीं हूँ। गंभीर डिप्रेशन के कष्ट झेलने के एक महीने बाद की बात है। एक दिन जागते ही मेरे मन में *द सीक्रेट* का विचार आया। मैं नहीं जानती कि यह विचार मेरे मन में क्यों आया, लेकिन मैंने इसे ऑनलाइन देखने का निर्णय लिया, ताकि यह पता लगा सकूँ कि इसमें आख़िर है क्या? मैंने वेबसाइट पर फ़िल्म देखी और इसने मेरे दिल को इतना छू लिया कि मैंने आईट्यून्स पर जाकर ऑडियोबुक ख़रीद ली।

उस समय तक मैं नौकरियों की तलाश कर रही थी, लेकिन कोई सफलता नहीं मिल रही थी। मैंने नौकरी को अपनी ओर आकर्षित करने के लिए *द सीक्रेट* का इस्तेमाल करने का निर्णय लिया। मैं एक वेटरनरी अस्पताल में काम करना चाहती थी, इसलिए मैंने अपने घर के पास वाले वेटरनरी अस्पताल में बायोडाटा भेज दिया। और फिर घटनाएँ शुरू हो गईं।

कुछ दिनों बाद मैं अपने अपार्टमेंट में लेटी थी, तभी फ़ोन की घंटी बजी। मेरे मन में विचार आया कि *कोई नौकरी देने के लिए मुझे फ़ोन कर रहा है।* फ़ोन पशु अस्पताल के मैनेजर का था, जहाँ मैंने आवेदन दिया था। उसने मुझे इंटरव्यू के लिए बुलाया। मैं बहुत घबरा रही थी और इंटरव्यू के दौरान यह साफ़ दिख भी रहा था। हालाँकि यह मेरा सबसे अच्छा इंटरव्यू नहीं था, लेकिन मैंने घर जाकर लिखा, “मैं....... पशु अस्पताल

में काम करती हूँ। यह ...., शिकागो, आईएल में स्थित है। यहाँ का फ़ोन नंबर....... है।" मैंने कई बार लिखा, जब तक कि मुझे इस पर पूरा विश्वास नहीं हो गया।

अगले दिन मैनेजर ने मुझे दोबारा फ़ोन किया और बहुत उत्साह से उसने मुझे दूसरे, कामकाजी इंटरव्यू के लिए बुलाया। मैंने ख़ुशी-ख़ुशी हाँ कर दी। मुझे महसूस हुआ कि मेरे पास पहले से ही वह नौकरी है, लेकिन अब मुझे यह निर्णय लेना था कि मैं कितना वेतन चाहती हूँ। दूसरे इंटरव्यू तक मैंने निश्चित धनराशि पर ध्यान केंद्रित हुए पूरा बजट लिख डाला। मैंने दिन में कई बार इसे देखा और यह नाटक किया कि यह मेरे जीवन में आ चुकी है।

कामकाजी इंटरव्यू में मैंने नाटक किया कि मैं उस पद पर पहुँच गई हूँ और मेरे सहकर्मी मुझे ऑफ़िस दिखा रहे हैं। शाम को मैनेजर ने मुझे बताया कि वे अगले सोमवार को मुझे फ़ोन करके निर्णय बता देंगे। देखिए, उन्होंने फ़ोन किया। उन्होंने मुझे वह नौकरी दे दी और ठीक उतना ही वेतन भी, जो मैंने अपने बजट में माँगा था। यह बहुत आश्चर्यजनक बात थी!

अब मैं कृतज्ञता की कला का अभ्यास कर रही हूँ और हर दिन, हर पल ज़िंदगी के मज़े ले रही हूँ। अब तक मैंने ज़रूरत की हर चीज़ पा ली है और मैं जानती हूँ कि अगर मुझे कभी किसी दूसरी चीज़ की ज़रूरत पड़ी, तो मैं सृष्टि से कभी भी, कुछ भी माँग सकती हूँ।

– ***लिंडसे***, शिकागो, इलिनॉय, अमेरिका

किसी ख़ास नौकरी के होने का मानसिक चित्र देखना आसान है - खुद को ऑफ़िस पहुँचते और दरवाज़े से अंदर जाते हुए देखना। अपने वेतन का चेक खोलना और किसी निश्चित राशि देखने की कल्पना करना आसान है। प्रमोशन की ख़बर मिलने का मानसिक चित्र देखना आसान है। जब आप यह मानसिक चित्र देखते हैं कि यह आपके पास इसी समय है, तो आप *महसूस* करते हैं मानो यह आपके पास इसी समय है और यही प्रकटीकरण का संकेत है!

आकर्षण का नियम आपके विचारों और शब्दों पर सटीकता से प्रतिक्रिया करता है। इसलिए अगर आप किसी चीज़ को भविष्य में देखते हैं, तो आप दरअसल इसे अभी होने से रोक रहे हैं।

आपको ऐसा महसूस करना चाहिए, मानो यह इसी समय आपके पास हो।

- द सीक्रेट दैनिक प्रेरणा

आपके करियर के सृजन की कुंजियाँ

- *आपके भीतर सपनों की नौकरी को आकर्षित करने की शक्ति है, बशर्ते आप यह पता लगा लें कि आप सचमुच क्या चाहते हैं और फिर इसे माँग लें।*

- *ऐसी कोई भी सपनों की नौकरी या वेतन नहीं है, जो आपको न मिल सके, बशर्ते आपको विश्वास और उम्मीद हो।*

- *आप अपनी नौकरी या करियर में जो भी चाहते हैं, उस पर अपने विचार केंद्रित करें और केंद्रित बनाए रखें।*

- *अपनी मनचाही नौकरी या करियर के हर पहलू का मानसिक चित्र देखने के लिए अपनी सारी इंद्रियों का इस्तेमाल करें, जब तक कि आपको सचमुच महसूस न होने लगे कि आप इसे जी रहे हैं।*

- *अपने वेतन के चेक का चित्र देखें और उसमें अपनी मनचाही राशि लिखी देखें।*

- *आपको नौकरी या करियर का अवसर कैसे मिलेगा, इस बारे में चिंता न करें।*

- *अपनी शंकाओं को दूर करने के लिए कोई ऐसी चीज़ करें, जिससे आपको ख़ुशी महसूस होती हो। या फिर मानसिक चित्रों और सकारात्मक कथनों से अपने विश्वास को बढ़ाएँ।*

- *प्रकटीकरण की गति को बढ़ाने के लिए इस तरह काम करें, मानो आपको अपने सपनों की नौकरी पहले ही मिल चुकी है।*

- *जब आप अपने काम से प्रेम करते हैं, तो पैसा अपने आप आएगा।*

- *आप कुछ भी बन या कर सकते हैं - कोई सीमाएँ नहीं हैं।*

AS ABOVE SO BELOW AS WITHIN SO WITHOUT

जब आप अपना सर्वश्रेष्ठ देते हैं,
तो आप इसे ही अपनी ओर तेज़ रफ़्तार से
लौटते देखकर दंग रह जाएँगे।

- द सीक्रेट दैनिक प्रेरणा

मैंने अपना जीवन बदलने के लिए सीक्रेट का इस्तेमाल कैसे किया

आपके दिल की गहराई में एक सत्य है, जो खोजे जाने का इंतज़ार कर रहा है और वह सत्य यह है : *जीवन जो अच्छी चीज़ें दे सकता है, उन सभी पर आपका हक़ है।* आप अपने दिल में यह बात जानते हैं, क्योंकि जब आप अच्छी चीज़ों की कमी महसूस करते हैं, तो आपको बहुत बुरा महसूस होता है। सारी अच्छी चीज़ों पर आपका जन्मसिद्ध अधिकार है! आप अपने जीवन के सृजनकार हैं और आप जो भी चाहते हैं, उसका सृजन करने के लिए आकर्षण का नियम अचूक औज़ार है।

अगली कहानी की जेनी की तरह कई लोगों ने अपनी कहानियाँ बताकर ज़िंदगी बदलने के लिए मुझे धन्यवाद दिया है। दरअसल उन्होंने ख़ुद को बदलकर ये परिवर्तन किए हैं। मैं उन सभी का *द सीक्रेट* से परिचय कराकर बहुत कृतज्ञ महसूस करती हूँ।

द सीक्रेट ने बचाया पतन से

अपने तीसवें जन्मदिन के एक दिन पहले मैंने महसूस किया, "परिस्थितियों को बदलना होगा, वरना मैं ऐसे और नहीं रह पाऊँगी।" हालाँकि उच्च शिक्षा प्राप्त की थी, लेकिन इसके बावजूद मुझे कोई स्थायी नौकरी नहीं मिल पाई थी। मैं अकेली थी, हालाँकि मैं अकेली नहीं रहना चाहती थी; मैं अपने माता-पिता के साथ रह रही थी; और कुल मिलाकर मैं बहुत दुखी थी। ख़ुशी और संतुष्टि महसूस करने के लिए मुझे ज़्यादा की ज़रूरत नहीं थी, लेकिन ऐसा लगता था जैसे ज़िंदगी में मेरी ज़रूरतें कभी पूरी नहीं हो पाएँगी।

द सीक्रेट ने वाक़ई मेरी जान बचा ली। देखिए, जब मैं बिलकुल पतन की कगार पर पहुँच गई, तो मैंने "आख़िरी रास्ते" की तरह इस पुस्तक को पढ़ना शुरू किया। मैं भी कितनी मूर्ख थी; *द सीक्रेट* मेरा आख़िरी नहीं, पहला क़दम होना चाहिए था! मेरे मामले में परिवर्तन तुरंत हुआ, क्योंकि पुस्तक से मुझे सच्ची प्रेरणा मिली और मैंने सोचा, *भले ही यह "द सीक्रेट" और कुछ न करे, कम से कम इसने मेरे मनोबल को तो ऊपर उठा दिया है और मुझे आशा दे दी है।*

लेकिन इसने मुझे प्रेरित करने से ज़्यादा बड़ा काम किया... इसने मेरा पूरा जीवन बदल दिया! इससे भी ज़्यादा आश्चर्यजनक बात, इसने मेरा जीवन बदलकर ठीक वैसा कर दिया, जैसा मैंने मानसिक चित्र देखा था!

द सीक्रेट का अभ्यास शुरू करने के दो महीने बाद मुझे एक शानदार कंपनी ने इंटरव्यू के लिए बुलाया और आख़िरकार मुझे सपनों की नौकरी मिल गई। उस नौकरी का इंटरव्यू देने की प्रक्रिया में मैं एक अद्भुत

व्यक्ति से मिली, जिसमें वह हर चीज़ है, जो मैं अपने साथी में चाहती हूँ। अब मैं अपने पैरों पर खड़ी हो चुकी हूँ और वह जीवन शुरू करने वाली हूँ, जिसके मैं सपने देख रही थी। मैंने खुद के लिए अफ़सोस करने में बहुत समय बर्बाद किया है। तब मैं मनचाही चीज़ें पाने की उस शक्ति को नहीं पहचान पाई थी, जो मेरे भीतर हमेशा से मौजूद थी।

मैं इस बात की बहुत क़द्रदान हूँ कि मुझे *द सीक्रेट* का शानदार उपहार मिला, क्योंकि मैं नहीं जानती कि इसके बिना मेरा क्या होता।

– ***जेनी एल.***, डेट्रॉयट, मिशिगन, अमेरिका

आपके भीतर हर उस प्रश्न के सटीक जवाब हैं, जिन्हें जानने की आपको ज़रूरत है। इसलिए यह महत्त्वपूर्ण है कि आप जवाब खुद खोजें। आपको खुद पर और अपने असल स्वरूप पर भरोसा करना चाहिए।

– द सीक्रेट दैनिक प्रेरणा

आप इस वक़्त चाहे जहाँ हों, आप इन सबको बदल सकते हैं

आगे की कहानियों के लेखक बताते हैं कि वे टूट चुके थे, विनाशकारी थे, नशे के आदी थे, बेघर थे, दुखी थे और काफ़ी बड़े झमेले में थे। *द सीक्रेट* के ज्ञान से उन्होंने यह समझ लिया कि वे अपने विचारों को बदलकर - दूसरे शब्दों में, खुद को बदलकर - अपने जीवन को बदल सकते हैं।

कूड़ेदान से बाहर निकली ज़िंदगी

जब मैं अपने पुराने जीवन को पलटकर देखती हूँ, तो मुझे यह यक़ीन करने में मुश्किल आती है कि मैं वही इंसान हूँ। मैं बहुत ख़ुश और शांत हूँ! ऐसा हमेशा नहीं था। मैं तीस साल से ज़्यादा समय तक अपने ख़िलाफ़ काम कर रही थी।

बचपन में सैकड़ों बार मेरे डैडी ने मुझसे बलात्कार किया। मुझे मिरगी की बीमारी हो गई (शायद यह वास्तविकता से पलायन करने का तरीक़ा रहा हो)। मैं सामाजिक दृष्टि से एकाकी थी। मेरी माँ ज़िंदगी भर मानसिक अस्पताल आती-जाती रहीं। कुछ समय तक मैं एक पुरानी स्टेशन वैगन में रही, जो शहर के कचरे के मैदान में खड़ी रहती थी। नज़दीकी केएफ़सी के कूड़ेदान से मेरे खाने-पीने का इंतज़ाम होता था। वयस्क होने पर मैंने हाई स्कूल छोड़ दिया। मुझे नशे की लत लग गई और मैं सभी तरह के विनाशकारी काम करने लगी।

मेरा जीवन स्याह दिख रहा था और मुझे विश्वास था कि ज़िंदगी में कष्ट झेलना, परेशान और पराजित रहना मेरी क़िस्मत में ही लिखा था।

मैं कॉलेज की डिग्री लेने में तो कामयाब हो गई, लेकिन किसी नौकरी में तीन महीने से ज़्यादा नहीं टिक पाती थी। 34वीं नौकरी से निकाले जाने के बाद मैं बेहद निराश हो गई; मैं अपनी ज़िंदगी को बेहतर बनाने की कड़ी कोशिश कर रही थी! मैं प्रोज़ेक, वेनबटरिन और बहुत सारी दवाएँ ले रही थी, जो डॉक्टरों के हिसाब से मुझे सामान्य कर सकती थीं। इनसे कोई फ़ायदा नहीं हुआ। हर दिन मैं ईश्वर से प्रार्थना करती थी कि वह मुझे इस दुनिया से उठा ले।

फिर मैंने एक ऐसे आदमी से शादी कर ली, जिससे मैं प्यार नहीं करती थी। मुझे डर था कि ऐसा नहीं करने पर मैं बेघर हो जाऊँगी। मैंने नशे की लत तो छोड़ दी, लेकिन दिन-रात टीवी देखने और सोने की लत पाल ली - मैंने सच्चाई का सामना करने से बचने की हर कोशिश की।

मेरा कायाकल्प तब शुरू हुआ, जब मैं अपनी बड़ी सौतेली बहन के आग्रह पर चर्च ऑफ़ रिलीजियस साइंस में पहली बार गई। इसकी नसीहतें *द सीक्रेट* में बताई गई बातों से बहुत मिलती-जुलती हैं। उन्होंने मुझे गहरी बातें बताईं, जिनसे मैं सही दिशा में सोचने लगी। ये बातें मेरे लिए बहुत नई थीं, जैसे "तुम सिर्फ़ इसलिए महान हो, क्योंकि तुम ज़िंदा हो।"

लेकिन जब तक मैंने *द सीक्रेट* नहीं देखी, तब तक मुझे सचमुच गहरे कायाकल्प का अनुभव नहीं हुआ। मैंने जिन क्षेत्रों में खुद को हमेशा रोके रखा था, उनमें से एक था जीवनयापन करने के लिए अपने दम पर पर्याप्त पैसे कमाना। शायद 23वीं बार *द सीक्रेट* देखने के बाद एक रात को मैं उठी, अपने कंप्यूटर तक गई और आग्रह किया कि सृष्टि एक मज़ेदार, आसान, ऊँचे वेतन वाली नौकरी पाने में मेरा मार्गदर्शन करे। मैंने सर्च इंजन में फ़ॉरेन्सिक और वीडियोग्राफ़ी शब्द डाले (क्योंकि मुझे इन दोनों से संबंधित हर चीज़ में मज़ा आता था)। सामने क्या आया, क़ानूनी वीडियोग्राफ़ी का क्षेत्र। मैं बहुत रोमांचित हो गई! मुझे समझ में आ गया कि मेरे लिए यही करियर सही है, हालाँकि मैं यह नहीं जानती थी कि इसमें क्या शामिल था। मैंने सर्टिफ़ाइड क़ानूनी वीडियोग्राफ़र बनने के लिए आवश्यक क़दम उठाए और 75 डॉलर प्रति घंटे कमाने लगी (जीवन भर न्यूनतम वेतन या उससे भी कम कमाने के बाद)!

हाल ही में मैं क़ानूनी वीडियोग्राफ़ी का क्षेत्र छोड़कर घरेलू देखभाल के करियर में पहुँच गई हूँ। मुझे यह पता चला कि गहन क़ानूनी वीडियोग्राफ़ी करने के लिए मुझे नोटरी लाइसेंस लेना होगा और मैं इसके लिए पात्र नहीं थी। इसके बाद मैं अपने दूसरे जुनून की ओर मुड़ी, बुज़ुर्ग लोगों के जीवन को बेहतर बनाना। मैं यह काम सबसे पहले करती, अगर मुझे पता होता कि इस काम के लिए लोगों को अच्छे-ख़ासे पैसे मिलते हैं।

अब मैंने एक और कारोबार शुरू कर दिया है। मैं बुज़ुर्गों या अन्य ज़रूरतमंद व्यक्तियों जैसे विकलांगों, ऑपरेशन के बाद मरीज़ों आदि के लिए उनके घर पर साथी और स्वास्थ्य सुविधा प्रदान करती हूँ। मुझे अपना काम बहुत पसंद है - यह बहुत पुरस्कारदायक है! मैं हर एक को बताती हूँ कि मैं कितनी खुशक़िस्मत हूँ, जो प्रेम करके पैसे कमाती हूँ!

मेरे जीवन के बाक़ी हिस्सों का भी कायाकल्प हो चुका है : अब मैं ख़ुश होने के लिए गोलियाँ नहीं लेती हूँ; मैं बिना किसी सहारे के हर दिन ख़ुशी महसूस करती हूँ! मैंने सिगरेट छोड़ दी है। मैं सप्ताह में पाँच दिन व्यायाम करती हूँ और इससे प्रेम करती हूँ। मैंने उस व्यक्ति से तलाक़ ले लिया, जिसका इस्तेमाल मैंने निर्भरता के लिए किया था। अब मैं कह सकती हूँ कि मैं जैसी हूँ, ख़ुद से प्रेम करती हूँ (यह बहुत बड़ी बात है, क्योंकि बचपन में मैं ख़ुद को जलाती थी और अपनी पूरी ताक़त से आईने के सामने ख़ुद को मुक्के मारकर चिल्लाती थी, “मैं तुमसे नफ़रत करती हूँ”, क्योंकि मैं ख़ुद से बहुत नफ़रत करती थी)।

मेरे पास सकारात्मक मानसिकता वाले मित्रों का अद्भुत दायरा है। मैं जीवन से प्रेम करती हूँ; मुझे सोमवार से प्रेम है; मैंने डैडी के साथ शांतिपूर्ण संबंध बना लिए हैं। मैं छोटी-छोटी चीज़ों में भी परम आनंद खोजती हूँ; मेरी गर्दन पर शीतल हवा के स्पर्श से भी मेरे ख़ुशी के आँसू निकल पड़ते हैं। मेरा जीवन अब कितना शानदार है, इसे शब्दों में बताना बहुत मुश्किल है। मैं पूरी तरह स्वस्थ, ख़ुश, समृद्ध, आत्मविश्वासी, ऊर्जावान, हर स्थिति स्वीकार करने वाली, विश्वास करने वाली बन गई हूँ। शायद सबसे बड़ी बात यह है कि मैं अपने जीवन में मौजूद हर वस्तु और व्यक्ति के लिए कृतज्ञता महसूस करती हूँ! मैं तहेदिल से *द सीक्रेट* की आभारी हूँ। आपको धन्यवाद।

– ***के.***, कैलिफ़ोर्निया, अमेरिका

बचपन के अनुभवों की वजह से हममें ख़ुद को अक्षम मानने की प्रवृत्ति होती है। यदि आप अपने साथ प्रेम और सम्मान से पेश नहीं आते हैं, तो आप सृष्टि को बता रहे हैं कि आप पर्याप्त महत्त्वपूर्ण, योग्य या पात्र नहीं हैं। तब आपके जीवन में ऐसी स्थितियाँ ज़्यादा आएँगी, जिनमें लोग आपसे अच्छा बर्ताव नहीं करेंगे - जैसे चौंतीस नौकरियों से निकाला जाना। आप ख़ुद के बारे में जो सोचते हैं, उसे बदल लें। इससे आपका अहसास बदल जाएगा और इसके बाद आपके प्रति दूसरों का व्यवहार भी बदल जाएगा।

पूरा संसार और आपके दिन भर के हर पल का प्रत्येक विवरण आपको आपके भीतर की स्थिति दिखा रहा है। आप किस स्तर पर हैं, इसका प्रमाण आपको अपने जीवन में आए लोगों, परिस्थितियों और आपके आस-पास घट रही घटनाओं के ज़रिये मिल जाएगा।

आपके भीतर जो कुछ है, जीवन आपको आईने में उसी का प्रतिबिंब दिखा रहा है।

– द सीक्रेट दैनिक प्रेरणा

मेरा एकमात्र अवसर

मैं उन्तीस साल की हूँ और मेलबर्न, ऑस्ट्रेलिया के एक प्यारे मकान में रहती हूँ। मेरा बॉयफ्रेंड पुलिस अफ़सर है। हमारी सुंदर जुड़वाँ बेटियाँ मेलिंडा और मैडेलीन हैं।

बेहतरीन लगता है, है ना? यह है भी। लेकिन ज़िंदगी हमेशा इतनी खुशगवार नहीं थी। मेरा जीवन शुरू से ही टूटे संबंधों और डिप्रेशन से भरा था। जब मैं चार साल की थी, तभी मेरे माता-पिता अलग हो गए थे और मेरा बचपन खुशहाल नहीं था। खुशी की तलाश में मैं बहुत कम उम्र से ही प्रेम-संबंध बनाने लगी। मैं उस खुशी की तलाश कर रही थी, जो मुझे बचपन में नहीं मिली थी। मुझे खुश करने के बजाय मेरे प्रेम-संबंध मुझे दुख और निराशा की ओर ले गए।

चौबीस साल की उम्र तक मेरी ज़िंदगी रसातल में पहुँच गई, जिसमें खुदकुशी की कोशिश शामिल थी। मैं अपने जोड़ीदार से अलग हो गई थी, मैं कंगाल थी, दुखी थी, अपनी माँ के साथ रह रही थी और मेरे पास कोई करियर नहीं था।

एक दिन मैं नए जमाने के स्टोर में गई और इसके मालिक ने मुझे *द सीक्रेट* की डीवीडी दी। मैं इसे घर लाकर देखने लगी। मैं इसके सिद्धांतों से सहमत थी, लेकिन मैंने बस इतना ही सोचा, यह अच्छी है। फिर मैंने इसे बाक़ी डीवीडीज़ के साथ रख दिया।

जीवन दुखद ही बना रहा, जब तक कि एक दिन मुझे यह अहसास नहीं हुआ कि अब मैं इसे और नहीं झेल सकती। तब मुझे अहसास हुआ कि *द सीक्रेट* खुश होने का मेरा एकमात्र अवसर है। मैं इसके सिद्धांतों पर सचमुच अमल करने लगी। मैंने यह निश्चित निर्णय लिया कि मैं जीवन में दरअसल क्या चाहती हूँ, मैंने एक स्वप्न बोर्ड बनाया और मैं इस तरह जीने/महसूस करने/काम करने लगी, मानो ये चीज़ें उसी समय हो चुकी हों। यह सब "कैसे" होगा, इस बारे में अपनी शंकाओं और डर को दूर रखना पहलेपहल तो मुश्किल था, लेकिन मैं जुटी रही और धन्यवाद देती रही कि मेरा मनचाहा जीवन पहले से ही सचमुच मौजूद था। इसका मतलब था हर दिन अपने कृतज्ञता जर्नल में लिखना और इन चीज़ों के लिए कृतज्ञता की भावनाएँ सचमुच *महसूस* करना, मानो वे पहले से ही मेरे पास हों।

मैं उस वक़्त सिडनी में रह रही थी और एक नई शुरुआत करने के लिए दूर जाना चाहती थी। मैं एक बॉयफ़्रेंड और नई नौकरी चाहती थी, जो मुझे पसंद आए।

मैं मेलबर्न के एक आदमी से मिली और हमारी जोड़ी शुरू से ही अच्छी लगने लगी। यह सब बहुत जल्दी और इस तरह हुआ, जिसकी मैं कभी कल्पना भी नहीं कर सकती थी। चूँकि उसे मेलबर्न वापस जाना था और मैं सिडनी में रहती थी, इसलिए हम टेलीफ़ोन कॉल, मैसेज और ईमेल पर ही बातचीत कर सकते थे। हम हर दिन फ़ोन पर बात करते थे। सिर्फ़ चार सप्ताह बाद ही उसने मुझसे पूछ लिया कि क्या मैं मेलबर्न आकर उसके साथ रह सकती हूँ। हालाँकि हमारे संपर्क को बहुत कम समय हुआ था, लेकिन मुझे यह सही महसूस हुआ, इसलिए मैंने यह कर दिया।

मेलबर्न पहुँचकर मैं रोज़गार संस्थाओं से संपर्क करके नौकरी की तलाश करने लगी। मैंने *द सीक्रेट* के सिद्धांतों का इस्तेमाल करके पहले से ही लिख रखा था कि मैं नौकरी में क्या-क्या चाहती हूँ। थोड़ा पैसा कमाने के लिए मैंने शुरू में दो-तीन अस्थायी पदों पर काम किया और इसके बाद मुझे एक शानदार नौकरी मिल गई। यह मेरी आदर्श नौकरी के सभी मानदंडों को पूरा करती थी और यह वह सबसे अच्छी नौकरी साबित हुई, जो मैंने कभी की थी।

मैंने *द सीक्रेट* वेबसाइट से चेक प्रिंट करके अपने स्वप्न बोर्ड पर लगा लिया और पैसे तथा समृद्धि के बारे में अच्छा महसूस करने पर ध्यान केंद्रित किया। इसके बाद बहुत जल्द ही डैडी ने मुझे फ़ोन किया और बहुत रोमांचित स्वर में बताया कि उन्होंने पॉवरबॉल में काफ़ी पैसा जीत लिया है! उन्होंने मुझे बताया कि वे कुछ पैसा मुझे देना चाहते हैं और पाँच हज़ार डॉलर का चेक भेज रहे हैं!

मैं अपने बॉयफ़्रेंड और नौकरी के साथ बहुत ख़ुश थी। मुझे मेलबर्न में रहना बहुत अच्छा लगता था और मैं घर से प्रेम करती थी। मैंने अपने स्वप्न बोर्ड पर जो अगली चीज़ लगाई, वह थी बच्चे। मुझे बच्चों से लगाव था और मैं हमेशा जुड़वाँ लड़कियाँ चाहती थी। मैंने एक पत्रिका से नवजात जुड़वाँ लड़कियों का चित्र काटकर अपने स्वप्न बोर्ड पर लगा दिया। मैं शिशुओं के कपड़े ख़रीदने लगी और मैंने हर चीज़ (नवजात लड़कियों के कपड़े) दो मँगाई। एक बार फिर मैंने *द सीक्रेट* के सिद्धांतों पर अमल किया और यह महसूस करती रही कि मेरी हर मनचाही चीज़ पहले से ही हक़ीक़त बन चुकी है।

मेलबर्न में रहते हुए मुझे आठ सप्ताह भी नहीं हुए थे, तभी मुझे पता चला कि मैं गर्भवती हूँ। सुबह की कष्टकारी मतली शुरू हो गई (मैंने गर्भावस्था के शुरुआती हिस्से के बारे में अच्छा महसूस करने की माँग नहीं की थी!)। बारह सप्ताह बाद हुए अल्ट्रासाउंड से पता चला कि हम जुड़वाँ बच्चों की उम्मीद कर सकते हैं! मेरा बॉयफ़्रेंड आश्चर्यचकित था, लेकिन मैं जानती थी कि यह सब *द सीक्रेट* की देन थी। फिर मैंने लिखा और यक़ीन किया कि मेरी गर्भावस्था बहुत स्वस्थ और सुखद रहेगी (ऐसा ही हुआ)। मुझे अपनी माँगी हुई हर चीज़ मिल गई : स्वस्थ गर्भावस्था, अड़तीस सप्ताह बाद नैसर्गिक प्रसूति और स्वस्थ जुड़वाँ बेटियाँ।

अब मैं (पत्राचार से) सोशल वर्क की उपाधि की पढ़ाई कर रही हूँ (मैंने इसे भी माँगा था और विश्वास किया था कि यह मुझे मिल गई है), मैंने कई प्यारे मित्र बना लिए हैं, आज मैं ख़ुश भी हूँ और आर्थिक

दृष्टि से सुरक्षित भी हूँ। बहुत सारी आश्चर्यजनक छोटी-छोटी चीज़ें अब नियमित रूप से होती रहती हैं। मैं जानती हूँ कि ऐसा इसलिए है, क्योंकि मैं अपने पूरे जीवन में *द सीक्रेट* को अपनाती हूँ।

द सीक्रेट ने मेरा जीवन बदल दिया है। अगर आप इसका इस्तेमाल करेंगे, तो यह आपका भी जीवन बदल देगी।

– ***बेलिंडा***, मेलबर्न, ऑस्ट्रेलिया

एक बार जब बेलिंडा ने इस बारे में एक निश्चित निर्णय ले लिया कि वह जीवन में दरअसल क्या चाहती है, तो उसने अपनी शंकाओं और सभी तरह के डर को दरकिनार कर दिया। उसने *द सीक्रेट* से सीखे सभी अभ्यास किए – युनिवर्सल बैंक का चेक, स्वप्न बोर्ड, अपनी मनचाही चीज़ों को लिखना और कृतज्ञता जर्नल में लिखना – ताकि उसके जीवन का कायाकल्प हो जाए और नकारात्मक विचारों के बजाय वह सकारात्मक विचारों से संचालित हो जाए।

आप अपने विचारों और भावनाओं के ज़रिये सृजन करते हैं, और सिर्फ़ आप ही अपने विचार सोच सकते हैं या अपनी भावनाएँ महसूस कर सकते हैं।

– द सीक्रेट दैनिक प्रेरणा

सड़कों से द सीक्रेट तक

मैं दस साल तक नशे की आदी और शराबी यौनकर्मी थी। उनमें से आख़िरी तीन साल मैंने बेघर गुज़ारे थे और मेरी आगे जीने की कोई इच्छा नहीं थी। फिर सशक्तीकरण समूह में मुझे *द सीक्रेट* पढ़ने को दी गई और यह लिखते समय मैं मज़ाक़ नहीं कर रही हूँ कि *द सीक्रेट* का इस्तेमाल शुरू करने के छह महीने बाद ही मेरा जीवन अविश्वसनीय रूप से बदल गया। मैं नशे तथा सभी बुरी चीज़ों से आज़ाद हो गई; मेरी बेटी और परिवार मेरे जीवन में वापस लौट आए। मैं जिस सशक्तीकरण समूह में थी और जिसने मुझे *द सीक्रेट* दी थी, मुझे वहीं नौकरी भी मिल गई।

चार साल बाद अब भी मेरा जीवन अविश्वसनीय है। मैंने अभी-अभी अपना ईमेल खोलकर देखा कि मुझे वह नौकरी मिल गई है, जिसे मैं बहुत समय से चाहती थी। मेरी बेटी के साथ मेरा कमाल का संबंध है, जो तीन साल से मेरे साथ रह रही है। मेरा जीवन शानदार है।

तहेदिल से आपको धन्यवाद।

– ***थिया सी.***, विक्टोरिया, कैनेडा

हर चीज़ आपके लिए हो रही है

पीछे बताई गई कहानियों में लोगों का शुरुआती जीवन मुश्किल रहा था। बाक़ी लोगों के मामले में परिस्थितियाँ भले ही सही दिख रही हों, लेकिन कोई चुनौती अचानक सामने आ जाती है। ऐसे वक़्त खुद को यह याद दिलाना महत्त्वपूर्ण है कि हर चीज़ - सचमुच हर चीज़ - *आपकी ख़ातिर* हो रही है।

> *नकारात्मक नज़र आने वाली हर चीज़ में अच्छाई छिपी होती है। अगर हम यह बात जान सकें कि हर चीज़ में, नकारात्मक स्थिति में भी, अच्छाई होती है, तो हमारे देखते ही देखते नकारात्मक स्थिति अच्छी या लाभकारी स्थिति में बदल जाएगी।*
>
> **– द सीक्रेट दैनिक प्रेरणा**

शायद अगली कहानी में केट की तरह ही आपकी भी नौकरी चली गई हो और खुद पर से आपका विश्वास भी उठ गया हो। कारण जो भी हो, अगर आप अपने बारे में नकारात्मक तरीक़े से सोचने लगते हैं, तो आप और ज़्यादा नकारात्मकता को आकर्षित करने लगते हैं।

एक नई शुरुआत

छँटनी के दौरान मुझे अचानक और अपमानजनक तरीक़े से एक टीवी कंपनी के विभाग प्रमुख की नौकरी से हटा दिया गया। घर में मैं ही मुख्य कमाने वाली थी, इसलिए मैं जानती थी कि अगर मुझे जल्दी ही अच्छे वेतन वाली कोई नौकरी नहीं मिली, तो हमारा मकान जोखिम में पड़ जाएगा।

वैसे तो मैं सकारात्मक इंसान हूँ, लेकिन छँटनी से मेरा दिमाग़ घूम गया और मेरा आत्मविश्वास चला गया। मैं जानती थी कि छँटनी की वजह से नौकरी गई थी, लेकिन मुझे ऐसा महसूस हुआ, मानो मेरी ग़लती की वजह से मेरी नौकरी गई हो।

तीन सप्ताह तक नौकरी की तलाश करने के बाद मैंने *द ऑब्ज़र्वर* में *द सीक्रेट* की समीक्षा पढ़ी। मुझे लगा कि इसे पढ़ने में मुझे आनंद आएगा और मैंने सोचा कि प्रकाशित होने पर मैं इसे ख़रीद लूँगी। मैंने कई दूसरी अनिवार्य चीज़ों के बारे में भी यही सोचा था, लेकिन हमेशा की तरह भूल गई।

फिर "संयोग" से मैं एक इंटरव्यू देकर लौट रही थी, जिसमें सफलता की गुंजाइश कम नज़र आ रही थी। कोई ट्रेन में *द लंदन ईवनिंग स्टैंडर्ड* छोड़ गया था, जिसे मैंने उठा लिया। जब मैं उसे पढ़ने लगी, तो उसमें *द सीक्रेट* का एक अंश छपा दिखा। मेरा दिन अच्छा नहीं गया था और यह "ऊपर" के संकेत की तरह महसूस हुआ, इसलिए मैंने ट्रेन से उतरते ही पुस्तकों की दुकान से *द सीक्रेट* ख़रीद ली।

घर पहुँचकर मैं इसे पढ़ने लगी और मानसिक चित्रण के अभ्यास भी करने लगी। मैंने सृष्टि को बता दिया कि मैं पाने के लिए तैयार हूँ। जैसे ही 5:30 बजे पुस्तक पूरी हुई (मैंने इसे नीचे नहीं रखा था), वैसे ही फ़ोन की घंटी बजने लगी। उस कंपनी के डिप्टी मैनेजिंग डायरेक्टर का फ़ोन था, जहाँ मैं काम करना चाहती थी - कोई पीए या छोटा कर्मचारी नहीं था, बल्कि खुद डिप्टी मैनेजिंग डायरेक्टर थे - जिन्होंने मुझसे आग्रह किया कि क्या मैं अगली सुबह 9:30 बजे उनके और सीईओ के सामने साक्षात्कार देने को तैयार हूँ।

मैं बहुत हैरान और रोमांचित थी। मैं तुरंत ही अपने जोड़ीदार से मिलने के लिए घर से बाहर भागी, ताकि बस स्टॉप पर ही उसे पुस्तक और फ़ोन के बारे में बता दूँ। घर लौटते समय एक सहेली मिल गई, जिसे हमने कुछ समय से नहीं देखा था। वह एक इतालवी रेस्तराँ में काम करती थी और उसने अचानक छोटी सी मुलाक़ात के बाद हमें रेस्तराँ में शैम्पेन के लिए आमंत्रित कर लिया - बिना किसी कारण के।

उस रात मैंने इंटरव्यू के लिए कार से जाने की कल्पना की, अच्छे इंटरव्यू और नौकरी मिलने की कल्पना की। कार यात्रा अच्छी थी। आम तौर पर भारी भीड़ रहती है, लेकिन उस दिन भीड़ नहीं थी। इंटरव्यू बहुत लंबा, लेकिन अच्छा हुआ। नियुक्ति पत्र अगले दिन ही आ गया और वेतन मेरी पिछली नौकरी से 20 प्रतिशत ज़्यादा था!

मैंने पाँच साल तक वह सुखद नौकरी की और फिर आगे बढ़ गई। *द सीक्रेट* शेल्फ़ पर रखी रही, जब तक कि नौ साल से साथ रह रहा जोड़ीदार मुझे अप्रत्याशित रूप से छोड़कर नहीं चला गया। मैं तबाह हो

गई। लेकिन मुझे दिल में ऐसा महसूस नहीं हुआ कि संबंध ख़त्म हो गया था। मैंने बुकशेल्फ़ से *द सीक्रेट* निकाली और उसे बार-बार पढ़ने लगी। मैंने फ़िल्म भी डाउनलोड कर ली और ऑफ़िस आते-जाते वक़्त इसे चलाने लगी। मैं यह मानसिक चित्र देखती रही कि हम दोनों ख़ुशी-ख़ुशी साथ रह रहे हैं।

मानसिक चित्रण सचमुच मुश्किल था। हमारा अलग-अलग रहना ग़लत महसूस हो रहा था, हालाँकि मैं इसका कारण नहीं जानती थी।

छोड़ने के लगभग पंद्रह महीने बाद मेरा जोड़ीदार घर लौट आया। यह बहुत शानदार था और हमने परिस्थितियों को हल्के में लिया। मेरा काम उन्मादी था और वह मेरी ख़ातिर लौट आया था। सात महीने बाद सुबह एक बजे मुझे पता चल गया कि मेरी आत्मा को यह बात क्यों पता थी कि वह घर लौटेगा।

बिना किसी चेतावनी के मुझे हार्ट अटैक आ गया और मेरी हृदय गति रुक गई।

चिकित्साकर्मियों के आने तक मेरे जोड़ीदार ने सीपीआर किया और तीन दिन तक कोमा में रहने के दौरान मेरे साथ रहा। मेरे *पूरी तरह* ठीक होने तक वह पूरे समय मेरे साथ रहा।

मैंने घर पर उसके साथ रहने का मानसिक चित्र देखा था। और वह चित्र सच हो गया। और अब? *द सीक्रेट* एक बार फिर मेरे लिए काम कर रही है। इसे देखें, इस पर विश्वास करें, इसे साकार करें।

मुझे दिल का दौरा पड़ने के बाद परिस्थितियों को बदलना ही था - मैं अब भी फुल टाइम टीवी प्रोड्यूसर के रूप में काम करती हूँ और मुझे यह काम बहुत पसंद है, लेकिन मैं क्लीनिकल हिप्नोथेरेपिस्ट बनने का प्रशिक्षण भी ले रही हूँ। मैं कॉग्निटिव बिहेवियरल थेरेपी एक्ज़ीक्यूटिव कोच व वक्ता का प्रशिक्षण ले रही हूँ, जो मैं हमेशा से करना चाहती थी, लेकिन कभी सोचा नहीं था कि मैं यह कर सकती हूँ।

मैंने इसका मानसिक चित्र देखा और फ़ाउंडेशन कोर्स तथा प्रोफ़ेशनल कोर्स (शाम और वीकएंड पर) के लिए समय निकाला, साथ ही अध्ययन करने, अभ्यास करने और पात्र बनने का समय भी निकाला।

मेरा जोड़ीदार और मैं अब भी एक साथ रह रहे हैं। हमारी दो चिड़चिड़ी ग्यारह साल की बिल्लियाँ साथ रहती हैं जिन्हें हमने बचाकर गोद लिया था और नौ महीने का बहुत ही ख़ुशनुमा पिल्ला भी।

यह कारगर है : मुस्कराएँगे, तो आप दुखी नहीं रह सकते। कृतज्ञ और आभारी रहेंगे, तो आप अपने जीवन में ज़्यादा अच्छी चीज़ें ले आएँगे!

– ***केट एल.***, लंदन, इंग्लैंड

जब भी केट ने मानसिक चित्र देखा कि वह क्या चाहती है, तो हर बार सृष्टि ने प्रतिक्रिया करते हुए उसे उसकी मुँहमाँगी चीज़ दी, यहाँ तक कि यह उसके जोड़ीदार को दोबारा घर ले आई। चूँकि हम किसी दूसरे व्यक्ति की स्वतंत्रता का अतिक्रमण नहीं कर सकते, इसलिए इसके साकार होने के लिए यह ज़रूरी था कि केट का जोड़ीदार भी वही चीज़ चाहे। ज़ाहिर है, केट और उसके जोड़ीदार की जोड़ी अच्छी थी!

जीवन के चौराहों से दृश्य

मैं प्रेरणा से अभिभूत हूँ - अपनी कहानी सुनाने की प्रेरणा, जैसी यह कभी थी और जैसी यह आज है। अब मुझे मानसिक शांति मिल चुकी है, क्योंकि मैं यह बात समझ गया हूँ कि अपनी कहानी का सृजनकार मैं ख़ुद हूँ। इससे मेरा जीवन का कायाकल्प हो गया है और आगे भी होता रहेगा। मैं इस वक़्त इतना ज़्यादा कृतज्ञता महसूस कर रहा हूँ, जितनी मैंने पहले कभी महसूस नहीं की थी।

मैं इकतीस साल का हूँ। मुझे हेरोइन व कोकीन की लत है, लेकिन अब मैं सुधर रहा हूँ।

साढ़े तीन साल पहले मैं कई लोगों के लिहाज़ से असाधारण जीवन जी रहा था। मैं अपनी प्रेमिका के साथ रहता था। मेरा बेटा टेवेन मेरे लिए संसार का सबसे प्रेरक और सुंदर इंसान था। मैं एक सुंदर मकान में रह रहा था। मेरे पास दो बेहतरीन कारें थीं और एक हार्ले-डेविडसन थी। मैं वह जीवन जी रहा था, जिसे कई लोग अमेरिकी स्वप्न कहते हैं।

मेरे पास जीवन में जो शानदार चीज़ें थीं, उनके प्रति कृतज्ञता के अभाव की वजह से मैंने "सब कुछ गँवा दिया," या जैसा मैं अब कहता हूँ, "सब कुछ त्याग दिया।" हम सबने कई बार यह कहावत सुनी है कि "जब तक कोई चीज़ उसके पास चली नहीं जाती, तब तक इंसान को पता नहीं चलता कि उसके पास क्या है।" अब मैं कहता हूँ कि इंसान जानता तो है कि उसके पास क्या है; वह तो बस उसके जाने से पहले उसके लिए कृतज्ञ नहीं होता है।

पीछे पलटकर देखने पर मुझे आश्चर्य होता है कि मुझे सफलता मिली कैसे। हाँ, मैं भौतिक चीज़ें हासिल करने में बहुत अच्छा था, लेकिन मैंने सचमुच महत्त्वपूर्ण चीज़ों की क़द्र करने का कभी समय ही नहीं निकाला - चाहे वह उन्हें और अन्य सभी परिस्थितियों को बनाने की मेरी क्षमता हो, जिनका मैंने अनुभव किया था। मुझे उन लोगों के प्रति कोई कृतज्ञता महसूस नहीं हुई, जिन्होंने इन चीज़ों के सृजन में मेरा साथ दिया था। मैंने उन अवसरों के लिए भी कृतज्ञता महसूस नहीं की थी, जो एक आश्चर्यजनक जीवन के सृजन के लिए मेरे ठीक सामने फेंके गए थे।

मैंने जिससे प्रेम किया था और जिसकी ख़ातिर काम किया था, हर उस चीज़ के जाने के फलस्वरूप मैंने जीवन के बारे में एक नया दृष्टिकोण हासिल किया है, जिसके लिए मैं बहुत कृतज्ञ हूँ। जैसा कहा जाता है, सिर्फ़ "शून्य से ही शुरू करके" मैं वाक़ई देख सकता हूँ कि मैं कितना धन्य रहा हूँ।

जेल में एक साल रहने के बाद मुझे रिहा कर दिया गया। मेरे पास हेरोइन और कोकीन पकड़े जाने की वजह से मैं एक अपराधी हूँ। देखिए, मैं अपने जीवन में चीज़ों और लोगों के लिए ही कृतघ्न महसूस नहीं करता था, मैं तो यह भी महसूस करता था कि नशे में मैं उनका अनुभव करने का हक़दार भी था।

जेल में सज़ा काटने के शुरुआती छह महीने तक तो मैं अपनी बदहाली के लिए बाहरी लोगों और परिस्थितियों को दोष देता रहा। जब तक मैंने *द सीक्रेट* नहीं पढ़ी और अपने जीवन को बदलने तथा इसका स्वामित्व लेने के लिए अपने भीतर देखने के इसके सिद्धांत नहीं अपनाए, तब तक मेरा सच्चा कायाकल्प शुरू नहीं हुआ। यह अद्भुत पुस्तक मेरे जीवन में

बिलकुल सही समय पर आई थी। मैं सचमुच दोराहे पर खड़ा था, जहाँ मेरा जीवन दो बिलकुल अलग-अलग मार्गों पर जा सकता था।

मृत्यु के क़रीब ले जाने वाले चार अनुभवों, फेफड़े के रोग और जेल की सलाखों के पीछे एक साल बिताने के बाद मैं सचमुच आपको धन्यवाद दे सकता हूँ, न सिर्फ़ उस आश्चर्यजनक टीम को जिसने यह पुस्तक बनाई, बल्कि सृष्टि को भी जो मेरी मुँहमाँगी चीज़ मेरे जीवन में ले आई। हालाँकि मैं जो माँग रहा था, वह सुखद नहीं था, लेकिन फिर भी वह मेरे पास आ गया। मैं ज़िंदा रहने के अवसर के लिए कृतज्ञ हूँ। मैं अपने जीवन में सही चीज़ माँगने के अवसर के लिए भी कृतज्ञ हूँ।

मैं इस बात का आदर्श उदाहरण हूँ कि *द सीक्रेट* का इस्तेमाल करने का अनुभव हर उस व्यक्ति के लिए कितना अद्भुत हो सकता है, जिसमें अपने जीवन पर नज़र डालकर यह देखने का साहस हो कि उसने अपने जीवन में किन परिणामों को आकर्षित किया है। मैं सारी मानव जाति के लिए सबसे बढ़कर जो चीज़ चाहता हूँ, वह है आशावाद और कृतज्ञता के उस स्तर का अनुभव करना, जिसे मैं आज महसूस कर रहा हूँ।

– ***ऐवरी एच.***, साल्ट लेक सिटी, यूटा, अमेरिका

कृतज्ञता ज़िंदगी बदल देती है

कुछ लोग स्वाभाविक रूप से कृतज्ञ नज़र आते हैं। बाक़ी लोगों को यह समझने में ज़्यादा समय लगता है कि कृतज्ञता आकर्षण के नियम में कितनी

अहम भूमिका निभाती है। अंत में, आप खुद को चाहे जितनी मुश्किल स्थिति में पाएँ, कृतज्ञता का अभ्यास उससे बाहर निकलने में आपकी मदद करेगा।

कृतज्ञ होने का क्या मतलब होता है

मैं दरअसल इसे समझा नहीं सकती। *द सीक्रेट* में कहा गया है कि अपने पास मौजूद और अपनी मनचाही हर चीज़ के लिए कृतज्ञ बनो। मैं इस बात का सच्चा अर्थ समझना चाहती थी। मुझे यक़ीन नहीं था कि मैं यह कर पाऊँगी। पुस्तक ख़रीदने के दो सप्ताह बाद मैंने उसे पढ़ा और सीडी बार-बार सुनी। मैं यह समझने के लिए बहुत बेक़रार थी कि वे क्या कह रही थीं और मैं अपनी खुद की तक़दीर लिखने के लिए बेताब थी। मुझे यह अहसास नहीं था कि आपको आपकी मनचाही चीज़ तब तक नहीं मिल सकती, जब तक कि आप मौजूदा और मनचाही चीज़ों के लिए कृतज्ञ न हों।

अचानक परिस्थितियाँ बदल गईं, जब मैं एक सुबह अलार्म घड़ी की आवाज़ सुनकर जागी। पहले तो मुझे इस बात पर कुंठा हुई कि मुझे इतनी जल्दी उठना पड़ रहा है। तुरंत ही मैंने अपनी मनोदशा बदलकर खुशनुमा कर ली और बिस्तर से उठ गई। मैं बगीचे में टहलने लगी और अपने चेहरे पर पड़ती हवा को महसूस करने लगी। मैं अपनी पैर की अँगुलियों के बीच की घास को महसूस करने लगी और धन्यवाद कहने लगी। मैं सृष्टि को धन्यवाद देने लगी। मैंने अपने व्यक्तित्व के उपहार के लिए धन्यवाद दिया। मैंने अपने घर के लिए धन्यवाद दिया। मैंने अपने परिवार के लिए धन्यवाद दिया। मैंने बाहर टहलकर आनंद लेने की क्षमता के लिए धन्यवाद दिया। मैंने हर उस चीज़ के लिए धन्यवाद दिया,

जिसके बारे में मैं सोच सकती थी और इसमें वह भी शामिल था, जिसे मैं साकार करना चाहती थी। मैंने अगले दो दिनों तक यही किया और फिर मैं आख़िरकार समझ गई कि अपने आस-पास की हर चीज़ के लिए गहराई से कृतज्ञ होना कैसा होता है।

मैं जो कर रही हूँ, उसे रोकने या कुछ सोचने की भी ज़रूरत नहीं होती। मैं बस महसूस कर लेती हूँ कि कृतज्ञता, ख़ुशी और प्रेम के भाव मुझसे संचारित हो रहे हैं। मुझे बहुत जल्दी गुस्सा आ जाया करता था, लेकिन *द सीक्रेट* का पता चलने के बाद मैं हर चीज़ के लिए बहुत कृतज्ञ रहती हूँ और अब बहुत कम चीज़ें मुझे गुस्सा दिलाती हैं। मैं जब भी गुस्से में आती हूँ, ख़ुद को उससे बाहर निकाल लेती हूँ और याद करती हूँ कि मुझे मेरी मनचाही चीज़ें सिर्फ़ प्रेम, ख़ुशी और कृतज्ञता की आवृत्ति पर ही मिलेंगी।

मैं हर चीज़ के लिए गहराई से कृतज्ञ हूँ, यह भावना मेरे अंदर संचारित होती रहती है। मैं चाहती हूँ कि हर कोई इसे महसूस करना सीख ले। पूरा संसार जगमगाने लगता है। मैं अक्सर अपने बगीचे में तितलियों को उड़ते देखती हूँ और उनके लिए कृतज्ञ होती हूँ। मैं अपनी खिड़की के बाहर चहचहाती चिड़ियों के लिए कृतज्ञ होती हूँ। मैं अपने बाल बिखेरने वाली हवा के लिए कृतज्ञ होती हूँ। मैं इस ज्ञान के लिए कृतज्ञ होती हूँ कि मेरी मनचाही चीज़ मेरे पास आ चुकी है। मैं हर चीज़ के लिए कृतज्ञ होती हूँ। मैं आख़िरकार यह बात समझ गई हूँ कि जब आप अपने जीवन की मौजूदा चीज़ों के लिए कृतज्ञ होते हैं, तो आप अपने भीतर शांति व प्रेम महसूस करते हैं; तभी आपकी मनचाही चीज़ आपके पास आती है।

– ***एलिज़ाबेथ एम.***, सैन डिएगो, कैलिफ़ोर्निया, अमेरिका

अपने आने वाले कल का सृजन करने के लिए रात को सोने से पहले अपने आज के दिन के बारे में सोचें और अच्छे पलों के लिए कृतज्ञता महसूस करें। जब आप सोने जा रहे हों, तब मन ही मन कहें, "मैं गहरी नींद में सोऊँगा और ऊर्जा से भरपूर होकर जागूँगा। कल का दिन मेरी ज़िंदगी का सबसे ख़ूबसूरत दिन होगा।"

– द सीक्रेट दैनिक प्रेरणा

कृतज्ञता ने मेरी जान बचाई!

मैं एक बहुत तनावपूर्ण नौकरी कर रही थी, जहाँ काम के घंटे और काम का बोझ दोनों ही बहुत ज़्यादा थे। मैं इतनी परेशान थी कि मुझे गंभीर चिंतारोग हो गया और पैनिक अटैक (तीव्र भय या घबड़ाहट के दौरे) पड़ने लगे। मेरा सिर घूम जाता था और हृदय तेज़ी से धड़कने लगता था। मैं काँपने लगती थी, सिर दर्द से परेशान रहती थी और ऑफ़िस में क़दम रखते ही दहशत में आ जाती थी। मैंने खुद को अपने मित्रों और परिवार से दूर कर लिया। मैंने सामाजिक संपर्क, व्यायाम और अपनी परवाह करना छोड़ दिया।

मैं अपने शरीर और चिंतित मन पर नियंत्रण न रहने से जूझ नहीं पाई; चिंतारोग ने मेरे जीवन के सभी क्षेत्रों पर क़ब्ज़ा जमा लिया था। मैं बहुत दुखी थी और राहत की कोई संभावना नहीं थी, इसलिए मैं अपनी जान लेने की योजनाएँ बनाने लगी।

लेकिन किसी चीज़ ने मुझे रोक लिया – जिसकी वजह से मैं रुक गई और पुनर्विचार करने लगी।

द सीक्रेट देखने के बाद और सृष्टि में गहरी आस्था रखने के बाद मुझे महसूस हुआ कि मैं *द मैजिक* ख़रीदूँ और दैनिक कृतज्ञता का अभ्यास करूँ।

पहलेपहल तो यह चुनौतीपूर्ण था, लेकिन धीरे-धीरे जीवन की परिस्थितियाँ बदलने के बाद यह आसान हो गया। परिवर्तन पहले तो छोटे थे, जैसे किसी सहेली का प्रेमपूर्ण टेक्स्ट मैसेज, प्रशंसा या सामाजिक मेलमिलाप, जिससे मुझे अप्रत्याशित आनंद आता था। इसके बाद ज़्यादा महत्त्वपूर्ण चीज़ें होने लगीं।

दसवें दिन मेरे नियोक्ता ने अचानक मुझे सवैतनिक तनाव छुट्टियाँ दे दीं, जिससे मुझे आराम करने का समय मिल गया। बीसवें दिन मुझे यह स्पष्ट चित्र दिख गया कि मैं किस तरह की नौकरी चाहती हूँ। फिर मेरी विशेषज्ञता के क्षेत्र में करियर के अद्‌भुत अवसर सामने आने लगे। मैंने हिम्मत करके अपनी तनावपूर्ण नौकरी से इस्तीफ़ा दे दिया और कभी ऑफ़िस नहीं गई।

चौबीसवें दिन तक मुझे यह बात समझ आ गई कि इन अभ्यासों ने मेरी जान बचा ली थी। आराम करने और दोबारा स्वस्थ होने का समय मिलने की वजह से मुझे कृतज्ञता से सोचने का समय मिल गया। मुझे अपनी मनचाही ज़िंदगी के लिए सृष्टि को आदेश देने का समय मिल गया। मुझे पूरा विश्वास है कि मेरी सूची की हर चीज़ मेरी ओर आ रही है।

पहले मैं बिखरी हुई और हताश थी, लेकिन अब मैं हर दिन परम उल्लास की अवस्था में जागती हूँ और अपने पास मौजूद सभी चीज़ों के लिए धन्यवाद देती हूँ।

द मैजिक को पढ़ने और इसका अभ्यास करने के अट्ठाइसवें दिन मुझे अपने सपनों की नौकरी का प्रस्ताव मिला। न सिर्फ़ पद और कंपनी मेरी "सृष्टि की मनचाही सूची" के सभी मानदंडों से मेल खाती है, बल्कि वेतन भी वही है, जो मैंने पुस्तक में दिए चेक पर लिखा था। नियुक्ति पत्र मिलने पर मेरे रोंगटे खड़े हो गए। मुझे यक़ीन ही नहीं हो रहा था कि मैंने जो आदेश दिया था, दैवी सृष्टि ने उसे पूरा करके मुझे थमा दिया था!

आपको धन्यवाद, धन्यवाद, धन्यवाद।

– ***ओलिविया एम.***, कैनबरा, ऑस्ट्रेलिया

आप जो भी चाहते हैं, हर चीज़ आपकी हो सकती है

जैसा आगे के प्रसंगों में सभी लोगों को पता चला, आप जो भी चाहते हैं, सृष्टि उसे साकार करके आपको देना चाहती है।

चमत्कारों का सैलाब!

जिस वक़्त मैं *द सीक्रेट* के संपर्क में आई, मेरा जीवन बहुत गहरी खाई में था।

मैं भावनात्मक और मानसिक अवसाद से उबर रही थी। मैं कई दर्दनाक लतों से उबर रही थी और मेरे संबंध भी उथलपुथल के दौर में थे। मैं अपनी बहन के साथ रह रही थी और वह पक्षाघात के दौरे तथा टूटी सगाई से उबर रही थी। उसका वज़न बहुत कम हो गया था और वह इतनी कमज़ोर हो गई थी कि हर दिन ऐसा लगता था, मानो वह कभी ठीक नहीं हो पाएगी।

मुझे याद है कि जब मैंने पहली बार *द सीक्रेट* फ़िल्म देखी थी, तो मैं ख़ुशी के मारे रो पड़ी थी। बचपन में मैं हमेशा जानती थी कि मुझमें अपनी तक़दीर लिखने की शक्ति थी, लेकिन बाद में इस दिव्य शक्ति से मेरा संपर्क टूट गया था।

उस दिन के बाद से मेरा जीवन बदलकर बेहतर होने लगा।

द सीक्रेट के सिद्धांतों पर अमल करके मैं नशीली लतों और नकारात्मक ऊर्जाओं से दूर हो गई और एक नए शहर में एक सुंदर नए मकान में रहने लगी।

तब से मैं *द सीक्रेट* का इस्तेमाल करके यह कर चुकी हूँ :

- मैंने अपनी आमदनी दोगुनी कर ली है।
- मैंने तेईस साल तक लगातार सिगरेट पीने के बाद सिगरेट छोड़ दी है।
- मैंने अपने मुश्किल भावनात्मक मुद्दे सुलझा लिए हैं।
- मैंने शराब, मादक द्रव्यों और संबंधों की लतों से खुद को आज़ाद कर लिया है।
- मैंने अपने सपनों का कारोबार शुरू कर दिया है, जो कई सालों से शुरू होने की प्रक्रिया में था।

सबसे अहम बात, मैं जो बन गई हूँ, उस पर मुझे गर्व है : जो अपने दर्द को शक्ति में बदल ले। शक्तिशाली, साहसी और सचमुच आनंदित, जो प्रेम व जीवन की क़द्र करती है!

मेरी बहन का भी उपचार अच्छी तरह से चल रहा है और जहाँ तक मेरा सवाल है, अब मैं अपने मनचाहे प्रेमी को आकर्षित करने के लिए *द सीक्रेट* को आज़मा रही हूँ।

मैं इस सृष्टि और जीवन से प्रेम करती हूँ। मैं उन सारे चमत्कारों के लिए अंतहीन रूप से कृतज्ञ हूँ, जो *द सीक्रेट* की बदौलत मेरी ज़िंदगी में आए हैं और आते जा रहे हैं।

– *एल. लाल*, पुणे, भारत

सबसे पहले अपने सपने को पूरी तरह से अपने अंदर जिएँ, और फिर यह आपके जीवन में फलीभूत होने लगेगा। जब आप अंदर से खुद को पूरी तरह से अनुकूल बना लेते हैं, तो आप अपने सपने को हक़ीक़त में बदलने के लिए ज़रूरी हर चीज़ को चुंबक की तरह आकर्षित कर लेंगे।

यही नियम है। आपके जीवन का सारा सृजन आपके अंदर ही शुरू होता है।

– द सीक्रेट दैनिक प्रेरणा

मेरे सबसे बड़े सपने सच हो गए!

मैं बीस साल तक अकेली अभिभावक थी। मैं हमेशा पैसे की चिंता करती रहती थी। मैं यात्रा नहीं करती थी, न ही किसी घर की मालकिन थी। मेरी एक बहुत बड़ी इच्छा यह थी कि मैं किसी न किसी दिन इंग्लैंड की यात्रा करूँगी। मैंने खुद से इसका वादा कर लिया। मैं कभी अमेरिका से बाहर नहीं गई थी और मैं चाहती थी कि मेरी पहली विदेश यात्रा लंदन की हो। मैं घर की मालकिन भी बनना चाहती थी और अपने जीवन में आर्थिक चैन की भावनाएँ भी महसूस करना चाहती थी। लेकिन कई सालों तक मुझे ऐसा कोई तरीक़ा नहीं दिखा, जिससे इनमें से कोई भी चीज़ मेरे साथ हो।

फिर मुझे *द सीक्रेट* मिल गई। मैं इससे प्रेम करने लगी, क्योंकि इसने मुझे प्रेरित किया और उम्मीद जगाई कि मैं अपनी स्थिति को बेहतर बना

सकती हूँ - हमेशा-हमेशा के लिए। मैंने *द पॉवर* भी ख़रीदी और फिर *द मैजिक* भी। मैं हर दिन उस पर ध्यान केंद्रित करने लगी, जिससे मैं प्रेम करती थी। मैं कृतज्ञता का अभ्यास करने लगी।

मैं अपने शरीर, मन और आत्मा को प्रेम, कृतज्ञता और इस विश्वास से ओत-प्रोत कर देना चाहती थी कि मैं अपने जीवन को बेहतर बना सकती हूँ। मेरे भीतर की कोई चीज़ जानती थी कि दोहराव ही कुंजी है। बस इन पुस्तकों को पढ़ते रहो, कृतज्ञता का अभ्यास देखते रहो, वे वीडियो देखते रहो, अपने आत्मविश्वास को मज़बूत बनाते रहो।

यह कारगर साबित हुआ। मुझे अब भी कई बार यह सोचकर आँसू आ जाते हैं कि इसने मेरे लिए कितनी अच्छी तरह काम किया।

समय के साथ मैंने कृतज्ञता और मानसिक चित्रण के अभ्यासों की गहनता को बढ़ा लिया। मैं दिन में दो बार अभ्यास करने लगी - पहली बार, हर सुबह जागने पर और दूसरी बार, हर रात सोने जाते समय - तीस दिनों तक लगातार।

परिणाम? छह महीनों के भीतर ही मेरे जीवन में ये आश्चर्यजनक सुधार हुए :

- मेरे बेटे ने युनिवर्सिटी ग्रेजुएशन कर लिया, उसे उसकी मनचाही नौकरी मिल गई और वह अपने खुद के घर में रहने लगा। उसे जीवन में स्वस्थ, खुश और सफल देखना कितना अद्भुत पुरस्कार था।

- नौकरी से मेरी सालाना आमदनी 30,000 डॉलर बढ़ गई।

- मैंने घरेलू कारोबार से थोड़ी अतिरिक्त कमाई भी कर ली।

- मुझे मॉर्गेज मिल गई, जिससे मैंने कई विलासिताओं से युक्त एक बिलकुल नया कॉन्डो अपने लिए ख़रीद लिया, जिसमें सुरक्षित भूमिगत पार्किंग भी थी और मैं उसमें रहने लगी।

- मैंने क्रेडिट कार्ड से लंदन और पैरिस की यात्रा के टिकट बुक कर दिए और मैं जानती थी कि आमदनी बढ़ने की वजह से मैं छह महीनों के भीतर ही यह क़र्ज़ चुका दूँगी।

- मैंने अपने बेटे को अपना सारा पुराना फ़र्नीचर दे दिया और मैं अपने नए कॉन्डो के लिए नया फ़र्नीचर ले आई, जिसकी क़िस्तें तीन साल में पूरी हो जाएँगी।

- मैंने अपने लिए एक नई जीप ख़रीद ली, जिसकी क़िस्तें छह साल में पूरी हो जाएँगी।

- फिर मेरी माँ ने प्रिंस अल्बर्ट, सस्काचेवन में एक कैसिनो लॉटरी में 11.5 लाख डॉलर जीत लिए! उन्होंने उदारतापूर्वक हम बच्चों में यह रक़म बाँट दी। इससे मैंने अपने सारे क़र्ज़ पटा दिए, जिनमें लंदन-पैरिस की यात्रा, नई जीप, नए फ़र्नीचर और हर दीगर चीज़ का क़र्ज़ शामिल था! मॉर्गेज को छोड़कर मैं पूरी तरह से क़र्ज़ मुक्त हो गई; मैंने बचत एक तरफ़ रख दी और मेरे पास ख़र्च करने के लिए भी ज़्यादा पैसा आ गया।

- न सिर्फ़ मेरी माँ ने कैसिनो लॉटरी जीती, बल्कि आश्चर्यजनक रूप से दो महीने बाद मेरे अंकल (जो मेरे गॉडफ़ादर हैं) ने मेडिसिन हैट, अल्बर्टा में एक दूसरी कैसिनो लॉटरी में 14 लाख डॉलर जीत लिए!

- इस सबसे बढ़कर मैंने निर्णय लिया कि मैं न्यू यॉर्क सिटी की यात्रा पर जाऊँ, जिसकी मेरे मन में काफ़ी समय से तमन्ना थी।

- मैंने खुद के लिए जो इच्छाएँ संजोई थीं, वह हर इच्छा पूरी हो गई थी, लेकिन इससे भी बेहतर, मैंने अपने बेटे और अपनी माँ को उनके जीवन में सफल और खुश देखा। भगवान जानता है, यह देखकर कितना अच्छा महसूस होता है!

मेरा जीवन बहुत संतुष्टिदायक है। मैं बेहतरीन कमाई और यात्रा करती हूँ। मेरा अपने बेटे के साथ बेहतरीन संबंध है और मैं उसे जीवन में सफल होते देखती हूँ। यह अद्‌भुत है।

रॉन्डा, मैं आपके प्रति बहुत कृतज्ञ हूँ। आपने मेरी ज़िंदगी को बेहतर बनाने में बड़ी मदद की। आपको धन्यवाद, धन्यवाद, धन्यवाद!

– ***किम एस.***, कैनेडा

हम अपने जीवन में आने वाली हर चीज़ को नियंत्रित नहीं कर सकते हैं, क्योंकि हमारे जीवन में दूसरे लोग शामिल होते हैं और हम उनके कार्यों को नियंत्रित नहीं कर सकते। लेकिन जैसा शर्लोट ने आगे वाली कहानी में बड़े

मुखर अंदाज़ में बताया है, हम हमेशा इस बात को नियंत्रित कर सकते हैं कि हम अपने जीवन में होने वाली घटनाओं पर *कैसे प्रतिक्रिया* करेंगे।

कई नुक़सानों से उबरना

पिछले बारह सालों में मेरे जीवन में बहुत सारे नुक़सान हुए। मेरी माँ, मेरे चारों अंकल, दो आंटियाँ, परिवार के चार मित्र और दो प्रिय पालतू जीव गुज़र गए। सबसे हालिया मृत्यु मेरी बहुत ख़ास छोटी बिल्ली रेनी की थी, जो इस वसंत में चौदह साल की उम्र में गुज़र गई। अब परिवार में जो सदस्य बचे हैं, वे हैं मेरे 87 साल के पिता और मेरी बहन।

द सीक्रेट से पहले अगर किसी ने मुझे बताया होता कि इतने कम समय में मुझे इतनी दुखद घटनाएँ झेलनी होंगी, तो मैं कहती कि इससे मैं बुरी तरह तबाह हो जाऊँगी। मैं इस बात से इनकार नहीं कर सकती कि इन बुरी घटनाओं के होने पर मुझे बहुत दुख, अकेलापन और निराशा महसूस हुई। मैंने बहुत आँसू भी बहाए। इनमें से कई मौतों के बाद मुझे चिंतारोग और डिप्रेशन भी हुआ।

लेकिन *द सीक्रेट* और आकर्षण के नियम की बदौलत मैं हर बार अपने दुख से उबरने और जीवन में वापस लौटने में कामयाब रही, वह भी अपेक्षा से कम समय में। हालाँकि अभी-अभी बताई दुखद घटनाएँ झेलने के बाद यह बात अनोखी लग सकती है, लेकिन यह सच है कि हाल के वर्षों में मैं जीवन का जितना आनंद ले रही हूँ, उतना मैंने कभी नहीं

लिया था! मैं ज़्यादा शक्तिशाली महसूस करती हूँ और जीवन बस ज़्यादा समृद्ध, ज़्यादा रोचक व रोमांचक नज़र आता है।

द सीक्रेट मेरे लिए किसी वरदान से कम नहीं थी, क्योंकि इसने मुझे सिखाया कि हमें अपनी परिस्थितियों या भावनाओं का शिकार बनने की ज़रूरत नहीं है। पहले मुझे यह विश्वास था कि हमारे साथ जो होता है या हम उस पर जैसी प्रतिक्रिया करते हैं, उस पर हमारा कोई ज़ोर नहीं चलता है। मैं हमेशा डर में जीती थी और सोचती थी कि अगला संकट जाने कहाँ से आने वाला है और मुझे भावनात्मक भँवर में धकेलने वाला है। मेरी खुशी भी दूसरों के कुछ करने या न करने पर निर्भर रहती थी। मैं दूसरों को नियंत्रित नहीं कर सकती, बल्कि उनके कामों पर अपनी प्रतिक्रियाओं को ही नियंत्रित कर सकती हूँ, यह सीखना "अहा!" पल था। ऐसा ही यह अहसास भी था कि मैं अपने भविष्य को नियंत्रित कर सकती हूँ, क्योंकि मैं अपने अच्छे-बुरे विचारों और भावनाओं के ज़रिये अपने भविष्य का सृजन खुद करती हूँ।

मैं जानती हूँ कि मैं अपने जीवन में बुज़ुर्ग लोगों और पालतू पशुओं की मृत्यु को नहीं रोक सकती, लेकिन *द सीक्रेट* ने मुझे सिखाया कि मैं इन घटनाओं पर अपनी प्रतिक्रिया को नियंत्रित कर सकती हूँ। यह पूरी तरह मुझ पर निर्भर करता है कि मैं भावनात्मक रूप से ढह जाऊँ, अतीत को जकड़े रखूँ और असंभव की कामना करती रहूँ, या फिर शांति से अपने प्रियजनों को जाने दूँ, उनके गुज़रने को उनकी आध्यात्मिक यात्रा का हिस्सा मानूँ और भविष्य में बेहतर चीज़ों की उम्मीद करूँ। यह शक्तिदायक विचार है!

जब भी मुझे कोई झटका लगा है, मैंने हर बार *द सीक्रेट* को दोबारा देखा है, ताकि मैं एक बार फिर अपनी प्रेरणा पा लूँ और अपनी शक्ति तथा जीवन के प्रति उत्साह को दोबारा हासिल कर लूँ। यह हर बार काम करती है। ज़ाहिर है, यह रातोंरात नहीं होता है, लेकिन मैं जानती हूँ कि अगर *द सीक्रेट* नहीं होती, तो मेरी हालत बहुत ख़राब होती।

– ***शर्लोट बी.***, ऑन्टेरियो, कैनेडा

इस पुस्तक में जिसने भी अपनी कहानी बताई है, उसके पास आपको प्रेरित करने और आपका मनोबल बढ़ाने की भारी इच्छा के सिवा दूसरा कोई प्रोत्साहन नहीं था। कई बार उनकी कहानी कष्टकारी थी, जैसा आप देख चुके हैं। अक्सर कष्ट जितना ज़्यादा होता है, जीवन को पूरी तरह बदलने का आवेग भी उतना ही ज़्यादा होता है। राख़ से ही नया जीवन जन्म लेता है।

किसी भी चीज़ को बदलने के लिए कभी बहुत ज़्यादा देर नहीं होती है; कोई बिंदु इतनी नीचे नहीं होता है कि उससे ऊपर न उठा जा सके। कोई अवसर ऐसा नहीं है, जो हमेशा के लिए खो गया हो। और बेहतरीन ख़बर यह है कि आपको संसार को बदलने की ज़रूरत नहीं है। आपको तो बस इतना करना है कि आप अपनी सोच को बदल लें, अपने अहसास को बदल लें। इसके बाद आपका संसार आपकी नज़रों के सामने बदलने लगेगा। तब यह *आपकी* कहानी होगी, जो दूसरों को प्रेरित करेगी और ऊपर उठाएगी; खुद को बदलकर आप संसार को बदलने की दिशा में जाएँगे।

रहस्य के साथ जूझना

बाईस साल की उम्र में मुझे पेशेवर कुश्ती करने की नौकरी मिल गई, जिसके मैं सपने देखता था। हालाँकि इस नौकरी में मैं छोटी श्रेणी में था, लेकिन मुझे भारी सफलता की उम्मीद थी। मैं बारह साल की उम्र से ही कुश्ती करना चाहता था। मुझे इसके शारीरिक लाभों से प्रेम था। मुझे सीखने से प्रेम था। लेकिन काम का माहौल थोड़ा अलग निकला; यह मानसिक और शारीरिक अपमान का एक बिलकुल नया संसार था, जो लोगों का जज़्बा तोड़ने में गर्व महसूस करता था।

धीरे-धीरे और इसका अहसास हुए बिना मैं ज़्यादा नकारात्मक होता चला गया। दिन गुज़रने के साथ मेरी उम्मीद कम होती गई। अपने चारों ओर और अपने भीतर की नकारात्मकता की वजह से मेरा आत्मविश्वास चला गया। मैंने हार नहीं मानी, क्योंकि मैं ऐसा नहीं कर सकता था। मैं बार-बार ऊपर उठने की कोशिश करता था, लेकिन धड़ाम! कोई चीज़ मुझे फिर से गिरा देती थी।

जब मैंने सोचा कि चीज़ें इससे बदतर नहीं हो सकतीं, तो वे हो गईं : मुझे दूसरे शहर भेज दिया गया और मैंने बिना किसी शक के एक नए शहर में काम करने का सबसे मुश्किल साल गुज़ारा। हालाँकि शारीरिक दृष्टिकोण से मेरी कुश्ती बेहतर हुई, लेकिन मानसिक रूप से मैं पराजित हो गया था। मैंने कोई सच्चे लक्ष्य तय नहीं किए थे और मैं बस जीवन को यह अनुमति दे रहा था कि यह मुझे अपने हिसाब से चलाता रहे। मैं न्यूज़ देखता था और खिन्न हो जाता था। मैं जिम जाता था और खिन्न हो जाता था। मैं छुट्टी की रातों को कुछ लोगों के साथ शराब पीता था और अगली सुबह और भी ज़्यादा खिन्न मनोदशा में जागता था।

नकारात्मकता मेरे संसार पर हावी हो चुकी थी। हर रात मैं बुरा सपना देखने लगा कि मुझे मेरे सपनों की नौकरी से निकाला जा रहा है।

एक शाम मैं अपने सबसे अच्छे दोस्त पैट से बात कर रहा था। पैट बिना भुगतान वाला खिलाड़ी था, जो हर दिन कोशिश कर रहा था कि उसे पैसे और अनुबंध वाली मेरे जैसी नौकरी मिल जाए। उस दिन हम रिंग के आस-पास कसरत कर रहे थे और अभ्यास की तैयारी कर रहे थे। मैं बुदबुदाया, "मैं शर्त लगाता हूँ कि आज मुझे नौकरी से निकाल दिया जाएगा।" पैट ने ऊपर देखकर कहा : "तुम्हें नौकरी से नहीं निकाला जा सकता। तुम यहाँ सबसे क्षमता वाले सबसे बड़े इंसान हो।" लेकिन इसके बाद भी मेरी नकारात्मकता बनी रही।

फिर लॉकर रूम में हर एक ने यह अफ़वाह सुनी कि तीन लोगों का अनुबंध ख़त्म होने वाला है। मैं कठोर प्रशिक्षण दिवस के बाद निराशाजनक मनोदशा में घर गया और अपनी समस्याओं से पलायन करने के लिए झपकी लेने लगा। बॉस के वॉइस मेल से मेरी नींद खुली। मुझे नौकरी से निकाल दिया गया था।

जो कभी मेरे सपनों की नौकरी थी, उसे खोने पर मैं इतना शर्मिंदा हुआ कि बिलकुल तलहटी में पहुँच गया। मैं एक लड़की के साथ रहने चला गया, जिससे मैं पहले मिला था। फिर मुझे स्मोकी बोन्स रेस्तराँ में नौकरी मिल गई। मैं वहाँ सप्ताह में पचास-साठ घंटे काम करता था। हालाँकि मुझे काम में मज़ा आता था, लेकिन कुश्ती की कमी खलती थी। जब मैंने पैट को भी वहीं नौकरी दिला दी, तो स्थिति थोड़ी बेहतर महसूस हुई। अब हम कम से कम अपने कुश्ती के सपनों और असफलताओं के बारे में बात कर सकते थे।

मैंने शराब और तंबाकू को अपने जीवन पर शिकंजा कसने की अनुमति दे दी।

काम के बाद हर रात मैं वोदका की एक बोतल पीने लगा। पहलेपहल तो यह हानि रहित लगता था, क्योंकि मैं अपनी गर्लफ़्रेंड के साथ ऐसा कर रहा था, लेकिन अंततः हम अलग हो गए और मैं पहले से भी ज़्यादा नीचे पहुँच गया। अब मेरे पास सपनों की नौकरी नहीं थी, गर्लफ़्रेंड भी नहीं थी। पहले मैं उसके बड़े और सुंदर मकान में रहता था, जबकि अब मुझे एक खटारा स्टूडियो अपार्टमेंट में रहना पड़ रहा था, जहाँ टीवी, सस्ते पलंग और काउच के अलावा कुछ नहीं था, जो मेरी गर्लफ़्रेंड ने दया करके मुझे उधार दिए थे। मुझे इतनी शर्म आ रही थी कि मैं अपने मम्मी-डैडी से बात करने से भी कतराने लगा और मैं लगभग दो साल तक घर नहीं गया।

मेरी जीवनशैली देखकर पैट सचमुच चिंतित हो गया। उसका भी बुरा संबंध-विच्छेद हो गया था, इसलिए हमने यह निर्णय लिया कि हम अपने रेस्तराँ के पास एक सस्ता अपार्टमेंट खोजेंगे और आशा करेंगे कि किसी दिन हम दोबारा कुश्ती के संसार में पहुँच जाएँगे। जब मैं एक दिन रेस्तराँ में काम कर रहा था, तो एक पुराना मित्र वहाँ आया, जिसे मैंने बहुत समय से नहीं देखा था। मेरी हालत देखकर उसे बहुत सदमा लगा। जाने से पहले उसने मुझे बताया कि उसने *द सीक्रेट* नामक पुस्तक पढ़ी थी और इससे उसे बहुत मदद मिली थी। उसने मुझे थोड़े पैसे देकर कहा, “जाकर वह पुस्तक आज ही ख़रीद लो। इससे तुम्हें मदद मिलेगी।” मैंने सोचा कि इससे कोई नुक़सान तो हो नहीं सकता, इसलिए मैंने *द सीक्रेट* पुस्तक ख़रीद ली। मैं उस रात घर गया और एक ही बार में

पूरी किताब पढ़ डाली। इसने मुझे तुरंत ही मंत्रमुग्ध कर लिया! मुझे तब समझ आया कि बचपन में मैं अपनी सोच में इसके बहुत से सिद्धांतों का इस्तेमाल करता था, लेकिन वयस्क होने के बाद मैंने उस सकारात्मक “मैं अपनी मनचाही कोई भी चीज़ कर सकता हूँ” मानसिकता को खो दिया था। मैंने पुस्तक दोबारा पढ़ी। मैं जाकर *द सीक्रेट* डीवीडी भी ख़रीद लाया और अपने सारे लक्ष्यों का मानसिक चित्र देखने के लिए एक स्वप्न बोर्ड भी ले आया।

पैट देर वाली शिफ़्ट में काम कर रहा था और उसके घर लौटने पर मैंने उसे *द सीक्रेट* के बारे में बताया। उसकी दिलचस्पी तुरंत जाग गई। मैं सोचता हूँ कि उसने मेरे अंदर किसी चीज़ को जाग्रत देख लिया था। पैट ने वीडियो देखा, पुस्तक पढ़ी और वह भी एक स्वप्न बोर्ड ले आया। हमारा पूरा अपार्टमेंट हमारे भविष्य का मानसिक चित्रण केंद्र बन गया; चारों तरफ़ प्रोत्साहित करने वाले चित्र और पोस्टर लगे हुए थे।

एक महीने के भीतर पैट ने मुझसे कहा कि मैं उसके साथ चलूँ और खेल में वापसी करने के लिए कुछ प्रतिस्पर्धाओं में कुश्ती करूँ। मैं मान गया और हम दोबारा उसी माहौल में पहुँच गए। यह मज़ेदार महसूस हुआ। यह सकारात्मक महसूस हुआ। बेशक हम अब भी रेस्तराँ में लंबे समय तक काम कर रहे थे, लेकिन हमारी ऊर्जा बदल गई।

एक दिन जब मैं *टर्मिनेटर 2* देख रहा था, तो मुझे एक ज़ोरदार अहसास हुआ। मैंने अरनॉल्ड जैसा महसूस किया! मैंने अजेय महसूस किया; मुझे

महसूस हुआ मानो मैं टर्मिनेटर जैसा पात्र बनने के लिए पर्याप्त मुश्किलों से गुज़र चुका हूँ। मैंने ख़ुद को यह नई पहचान दी और *द सीक्रेट* के ज्ञान के साथ मैं अपने सपनों की नौकरी की दूसरी पारी के लिए तैयार था।

लंबी कहानी को छोटे में कहूँ, तो मैंने अपने पुराने मालिकों को प्रभावित किया और अंततः अपने सपनों की नौकरी वापस पा ली। कुछ ही समय में मैं काफ़ी सफल हो गया और अब मेरे जीवन में हर वह चीज़ आ चुकी है, जिसके मैंने कभी सपने देखे थे!

और भी बहुत कुछ है, लेकिन यह र्‌यान रीव्ज़ नामक बारह साल के लड़के की सच्ची कहानी का सार है, जिसका पेशेवर पहलवान बनने का सपना था। उसने वह सपना गँवा दिया, फिर *द सीक्रेट* खोजी और सपने को वापस पा लिया और आज उसे डब्ल्यूडब्ल्यूई सुपरस्टार के रूप में संसार भर में मशहूर होने का गर्व है - राइबैक।

जहाँ तक पेट का सवाल है, अब वह दो पेशेवर कुश्ती कंपनियों तथा दो प्रशिक्षण स्कूलों का मालिक है और उसने अपने जीवन में कमाल के काम किए हैं। सात साल पहले हम दुखी और पराजित अवस्था में एक छोटे, धुएँ भरे अपार्टमेंट में रह रहे थे। यह आश्चर्यजनक है कि यह ज्ञान कितना कुछ कर सकता है।

- ***र्‌यान आर.***, लास वेगस, नेवादा, अमेरिका

खुशी हमारे अस्तित्व की स्वाभाविक अवस्था है। नकारात्मक विचार सोचने, नकारात्मक शब्द बोलने और दुखी रहने में बहुत सारी ऊर्जा लग जाती है। आसान रास्ता है अच्छे विचार रखना, अच्छे शब्द बोलना और अच्छे कार्य करना। आसान रास्ता चुनें।

– द सीक्रेट दैनिक प्रेरणा

आप जो भी चाहते हैं, हर चीज़ अंदर से आती है! बाहरी संसार परिणामों का संसार है; बाहरी संसार अंदर के विचारों का परिणाम है। खुशी के विचार सोचें और इनकी धूप सेकें। खुशी और आनंद की भावनाएँ संचारित करें; इन्हें पूरी शक्ति के साथ सृष्टि में प्रसारित करें और फिर आप धरती पर सच्चे स्वर्ग का अनुभव करेंगे।

आपकी ज़िंदगी को बदलने की कुंजियाँ

- जीवन जो भी दे सकता है, आप उन सारी चीज़ों के हक़दार हैं। सृष्टि आपकी हर इच्छा पूरी करना चाहती है।
- खुद के साथ वैसा ही व्यवहार करें, जैसा आप दूसरों से अपने लिए चाहते हों।
- अगर आप खुद के बारे में नकारात्मक सोचते हैं, तो आप नकारात्मक परिस्थितियों को अपनी ओर आकर्षित करेंगे।
- आप अंदर जो महसूस कर रहे हैं, जीवन आपको उसी का प्रतिबिंब दिखा रहा है।
- आपके जीवन का सारा सृजन आपके भीतर शुरू होता है।
- आप जिस जीवन का सपना देखते हैं, पहले उसे अपने अंदर जिएँ और फिर यह बाहर प्रकट हो जाएगा।
- हो सकता है कि ऐसा कई बार नज़र न आए, लेकिन हर चीज़ आपकी ख़ातिर हो रही है।
- आप खुद को चाहे जितनी मुश्किल स्थिति में पाएँ, कृतज्ञता का अभ्यास बाहर निकलने का रास्ता खोजने में आपकी मदद करेगा।
- जीवन में आपके साथ क्या होता है, यह महत्त्वपूर्ण नहीं है; महत्त्वपूर्ण तो यह है कि होने वाली घटना पर आप कैसी प्रतिक्रिया करते हैं।
- किसी भी चीज़ या हर चीज़ को बदलने के लिए कभी बहुत देर नहीं होती - आप अपनी सोच को बदल लें, आप अपने अहसास को बदल लें।

आभार

बड़े सम्मान के साथ मैं इन लोगों के प्रति अपनी सच्ची कृतज्ञता व्यक्त करती हूँ, जिन्होंने इस बहुत ख़ास पुस्तक के लिए अपना समर्थन और योगदान दिया :

अद्‌भुत योगदानकर्ताओं के प्रति, जिन्होंने *सीक्रेट* संबंधी अपनी कहानियाँ इसी एक इरादे से बताईं कि उनकी कहानी दूसरे लोगों की मदद करे व उन्हें प्रेरित करे, मैं आपको तहेदिल से धन्यवाद देना चाहती हूँ। और उन लाखों लोगों को, जिन्होंने हमारी वेबसाइट पर *सीक्रेट* संबंधी अपनी कहानियाँ बताई हैं - आपको धन्यवाद!

इस पुस्तक का सृजन सामूहिक कार्य था, और इस वजह से इस पर शुरुआत से अंत तक काम करने में भरपूर आनंद आया। मैं *सीक्रेट* टीम के सदस्यों को उनके समर्पण और अमूल्य योगदान के लिए धन्यवाद देना चाहूँगी। हमारी टीम तुलनात्मक रूप से छोटी है, लेकिन हर एक में ज़बर्दस्त योग्यता कूट-कूट कर भरी है। संपादकीय क्षेत्र में प्रोड्यूसर पॉल हैरिंगटन और संपादक स्काई बर्न ने काफ़ी मेहनत से इस पुस्तक के सृजन पर मेरे साथ मिलकर काम किया।

वे इन पन्नों का उतना ही हिस्सा हैं, जितनी कि मैं। बेहतरीन व्यवस्थापक ग्लेंडा बेल, सीएफ़ओ और बेहतरीन व्यक्तित्व के धनी डॉन जाइक, सामाजिक मीडिया के चैंपियन जॉश गोल्ड, सीक्रेट कहानियों की वेबसाइट की संपादक और मेरी प्रिय सहेली मार्सी कोल्टुन-क्रिली, आप सभी को धन्यवाद।

पुस्तक के कवर और अंदरूनी शैली के लिए मेरा धन्यवाद बहुत ही निपुण चित्रकार और *द सीक्रेट* के सृजनात्मक संचालक निक जॉर्ज को। एट्रिया बुक्स के आर्ट डायरेक्टर अल्बर्ट टैंग को भी मेरा धन्यवाद, जिन्होंने पुस्तक के कवर पर निक के साथ काम किया।

हमारे अद्‌भुत प्रकाशन साझेदार, साइमन ऐंड शुस्टर और ख़ास तौर पर एट्रिया बुक्स की टीम को धन्यवाद। एट्रिया बुक्स की प्रेसिडेंट, साथी ऑस्ट्रेलियाई और बहुत ख़ास इंसान जूडिथ कर को मेरा धन्यवाद, साथ ही एट्रिया प्रॉडक्शन में काम करने वाले सर्वश्रेष्ठ समूह को : लीज़ा काइम, डार्लीन डीलिलो, राकेश सत्याल, लोन ले, किम्बर्ली गोल्डस्टाइन, पैज लाइटल, जिम थील, इजोल्डे सावर, ई. बेथ थॉमस, कार्ली सॉमरस्टाइन, डाना स्लोन और लेखक जूडिथ कर्न। आप सभी को बहुत-बहुत से भी बहुत ज़्यादा धन्यवाद!

साइमन ऐंड शुस्टर की सीईओ कैरोलिन रीडी – आपको धन्यवाद!

हमारी क़ानूनी टीम बॉनी एस्केनाजी, जूलिया हाए और ग्रीनबर्ग ग्लस्कर की जेसी सेवियर को। और एट्रिया बुक्स की एलिसा एम. रिवलिन को।

पिछले दस वर्षों में कई आध्यात्मिक गुरुओं और परंपराओं की बदौलत मुझे जीवन बदलने वाले आत्म-साक्षात्कार मिले हैं। ख़ास तौर पर मैं रोज़ क्रॉस ऑर्डर में अपने सतत मार्गदर्शक और मित्र एंजेल मार्टिन वेलायोज़ को धन्यवाद देना चाहती हूँ और उन गुरुओं को जिन्होंने इस पुस्तक के सृजन के दौरान मेरी आध्यात्मिक समझ को प्रभावित किया - सेलर बॉब एडमसन (प्रेम करती हूँ, बॉब), रॉबर्ट एडम्स और डेविड बिंगहैम।

मेरे बेशक़ीमती परिवार को : मेरी बहुत ख़ास बेटियों हेली और स्काई बर्न को; सुंदर बहनों पॉलीन वरनॉन, ग्लेंडा बेल और जैन चाइल्ड को; पीटर बर्न और ओकू डेन, केविन “किड” मैकूकेमी, पॉल क्रोनिन को और मेरे सुंदर नाती-नातिन सवाना व हेनली को। इनमें से प्रत्येक को पाकर मैं बहुत धन्य हूँ।

मेरे कुछ सबसे प्यारे और लंबे समय के मित्र, जो हर संभव पल पर आध्यात्मिक सत्यों पर बातचीत करने की मेरी एकाग्रचित्त इच्छा के बावजूद मित्र बने रहे : ईलेन बेट, मार्क वीवर, और फ्रेड नैल्डर, फ़ॉरेस्ट कोल्ब, एंड्रिया कीर और कैथी कपल। और लोगों के एक ख़ास समूह को, जिसके साथ कारोबार के ज़रिये जुड़ने में मुझे ख़ुशी हुई, जो जीवन को और अधिक अद्भुत बनाने में मदद करते हैं : रॉबर्ट कोर्ट, अद्भुत केविन मर्फ़ी और नेजिन ज़ैंड, डानी पायोला, मेरी व्यक्तिगत सहायक पामेल वान्डरवोर्ट, ऐलीन रैंडल और एलिगिया ट्रजिलो।

अंत में, अगर मेरी बेटी स्काई न होती, तो आज यह पुस्तक आपके हाथों में नहीं होती। उसने न सिर्फ़ इस पुस्तक का संपादन किया और इस पर काम किया, बल्कि उसने *द सीक्रेट* की कहानियों को पुस्तक प्रकाशन का प्रोजेक्ट शुरू किया और हर मोड़ पर उत्साहपूर्वक इसे प्रेरित किया, जब तक कि यह काम पूरा नहीं हो गया। फलस्वरूप यह हमारे द्वारा प्रकाशित सर्वश्रेष्ठ पुस्तकों में से एक है - क्योंकि इसे आप ही जैसे लोगों ने लिखा है।

विभिन्न देशों के योगदानकर्ता

अफ़्रीका

एलेन, नैरोबी, कीनिया
दोगुना या कुछ नहीं! पृष्ठ 195

एशिया

टीना, हांगकांग
मैं अजेय बन गई, पृष्ठ 141

एल. लाल, पुणे, भारत
चमत्कारों का सैलाब! पृष्ठ 243

समिता पी., मुंबई, भारत
प्यारी बेटी का वरदान, पृष्ठ 145

ऐन्नी, कुआला लम्पुर, मलेशिया
यह एक चमत्कार है, पृष्ठ 10

डैरेल बी., सिंगापुर
आशा, पृष्ठ 185

ऑस्ट्रेलिया एवं न्यूज़ीलैंड

बेलिंडा, मेलबर्न, ऑस्ट्रेलिया
मेरा एकमात्र अवसर, पृष्ठ 225

जॉन पी., सिडनी, ऑस्ट्रेलिया
स्टीवी वंडर के साथ गाना, पृष्ठ 7

कैरन सी., सिडनी, ऑस्ट्रेलिया
सीक्रेट ने मेरे जीवन को बेहतर कैसे बनाया, पृष्ठ 136

ओलिविया एम., कैनबरा, ऑस्ट्रेलिया
कृतज्ञता ने मेरी जान बचाई! पृष्ठ 241

ग्लेंडा, न्यू ज़ीलैंड
प्यारी माँ के लिए, पृष्ठ 113

कैनेडा

शर्लोट बी., ऑन्टेरियो, कैनेडा
कई बुरी बातों से उबरना, पृष्ठ 249

जेसिका टी., वैंकुवर, ब्रिटिश कोलंबिया, कैनेडा
सुंदर उपचार, पृष्ठ 131

डैलस सी., विनीपेग, मानिटोबा, कैनेडा
नए जीवन के दो सप्ताह, पृष्ठ 202

किम एस., कैनेडा
मेरे सबसे बड़े सपने सच हो गए! पृष्ठ 245

मिसेज़ अबडन्ट, ओटावा, ऑन्टेरियो, कैनेडा
अपना चेक ख़ुद लिखें, पृष्ठ 77

रोलैंड सी., नैनाइमो, कैनेडा
जहाँ चाह, वहाँ राह! पृष्ठ 187

थिया सी., विक्टोरिया, कैनेडा
सड़कों से द सीक्रेट तक, पृष्ठ 229

यूरोप

एंड्रिया, आयरलैंड
सपने की शक्ति, पृष्ठ 148

ईवेंजेलिया के., एथेंस, ग्रीस
आसमान से टपका सच्चा प्रेम! पृष्ठ 109

मिकी, स्वीडन
एक नई शुरुआत! पृष्ठ 52

निया, जर्मनी
मुझे विश्वास है! पृष्ठ 19

सबरीना, डेनमार्क
क्षमा के ज़रिये उपचार, पृष्ठ 115

ट्रेसी, कैनेरी आइलैंड्स
द सीक्रेट ने मेरी जान बचा ली! पृष्ठ 47

मध्य पूर्व

मिरइ डी., लेबनान
मुझे अपने सपनों की नौकरी कैसे मिली, पृष्ठ 209

यूनाइटेड किंगडम

एमिली, लंदन, इंग्लैंड
गर्भावस्था की जटिलताएँ और सुखद परिणाम, पृष्ठ 157

हेलन, लिवरपूल, इंग्लैंड
सृष्टि से आए ईमेल, पृष्ठ 204

जेन जे., एस्कॉट, बर्कशायर, इंग्लैंड
सर्वश्रेष्ठ पर विश्वास करना, पृष्ठ 165

के., लंदन, इंग्लैंड
साहसिक ऑडिशन, पृष्ठ 191

केट एल., लंदन, इंग्लैंड
एक नई शुरुआत, पृष्ठ 231

मेलिका पी., एसेक्स, इंग्लैंड
मित्र की थोड़ी सी मदद, पृष्ठ 55

रेबेका डी., बर्मिंघम, इंग्लैंड
जीवन दोबारा लौटना, पृष्ठ 153

रेबेका, लंदन, इंग्लैंड
मकान कैसे बेचें, पृष्ठ 91

ज़ी, लंदन, इंग्लैंड
सभी अकेली लड़कियों के लिए, पृष्ठ 102

संयुक्त राज्य अमेरिका

एमी, मैग्नोलिया, अरकंसास, अमेरिका
पिताजी के साथ सुलह, पृष्ठ 111

डायना आर., फ़ीनिक्स, एरिज़ोना, अमेरिका
त्वरित परिणाम, पृष्ठ 59

अलेक्स, लॉस एंजेलिस, कैलिफ़ोर्निया, अमेरिका
द सीक्रेट ने मेरे परिवार की ज़िंदगी बदल दी, पृष्ठ 40

अम्बिका एन., लॉस एंजेलिस, कैलिफ़ोर्निया, अमेरिका
ग्रीन कार्ड का चमत्कार, पृष्ठ 22

चल्सी, सैन फ़्रांसिस्को, कैलिफ़ोर्निया, अमेरिका
पैसा आसानी से और बहुत आता है! पृष्ठ 73

एलिज़ाबेथ एम., सैन डिएगो, कैलिफ़ोर्निया, अमेरिका
कृतज्ञ होने का क्या मतलब होता है, पृष्ठ 238

हेदी टी., चिको, कैलिफ़ोर्निया, अमेरिका
ख़ुशी की शक्ति, पृष्ठ 63

के., कैलिफ़ोर्निया, अमेरिका
कूड़ेदान से बाहर निकली ज़िंदगी, पृष्ठ 220

कैथी, सैन फ़्रांसिस्को, कैलिफ़ोर्निया, अमेरिका
ख़ाली कुर्सियाँ, पृष्ठ 93

लार्नी आर. कैलिफ़ोर्निया, अमेरिका
कोई छोटी चीज़, पृष्ठ 34

लॉरेन टी., लैग्युना बीच, कैलिफ़ोर्निया, अमेरिका
मेरा चमत्कारी हृदय, पृष्ठ 127

ल्यूसिंडा एम., कैलिफ़ोर्निया, अमेरिका
बड़ा ट्यूमर - ग़ायब! पृष्ठ 163

टैमी एच., फुलर्टन, कैलिफ़ोर्निया, अमेरिका
प्रेम को कभी न छोड़ें, पृष्ठ 105

ट्रिशिया, ब्रेंटवुड, कैलिफ़ोर्निया, अमेरिका
एक बार माँगें और फिर इसे मुक्त कर दें, पृष्ठ 25

नाइट ए., कोलराडो स्प्रिंग्स, कोलराडो, अमेरिका
डॉक्टर इसे चमत्कार कहते हैं, पृष्ठ 125

जेन जी., प्योब्लो, कोलराडो, अमेरिका
एक अविश्वसनीय आश्चर्य, पृष्ठ 81

अमांडा, कनेक्टिकट, अमेरिका
एक सिक्का मिलने से हर चीज़ बदल गई, पृष्ठ 31

अंजी, फ़ोर्ट लॉडरडेल, फ़्लोरिडा, अमेरिका
अब नैन्सी नकारात्मक नहीं रही, पृष्ठ 88

अनेट, फ़्लोरिडा, अमेरिका
हर नौकरी में परेशान, पृष्ठ 173

नैटली एफ़., सवाना, जॉर्जिया, अमेरिका
तारीख़ की जाँच करें, पृष्ठ 78

पैट, जॉर्जिया, अमेरिका
आसमान से टपका पैसा, पृष्ठ 83

लिंडसे, शिकागो, इलिनॉय, अमेरिका
भूमिका निभाना, पृष्ठ 210

केली, इंडियाना, अमेरिका
जब कुछ बाक़ी न रहे, तब भी सीक्रेट बाक़ी रहता है! पृष्ठ 179

याना एफ़, बाल्टीमोर, मैरीलैंड, अमेरिका
नौकरी, पृष्ठ 193

जेसन, मिशिगन, अमेरिका
मैंने विश्वास करना छोड़ दिया था, जब तक कि..., पृष्ठ 36

जेनी एल., डेट्रॉयट, मिशिगन, अमेरिका
द सीक्रेट ने बचाया पतन से, पृष्ठ 217

जीना, प्लाइमाउथ, पेनसिल्वेनिया, अमेरिका
द सीक्रेट ने हमें नई जगह कैसे पहुँचाया - सचमुच, पृष्ठ 86

दुरैला पी., डलास, टैक्सस, अमेरिका
उपहार, पृष्ठ 117

ऐवरी एच., साल्ट लेक सिटी, यूटा, अमेरिका
जीवन के चौराहों से दृश्य, पृष्ठ 235

एशले एस., सिएटल, वॉशिंगटन, अमेरिका
यात्रा के आजीवन सपने, पृष्ठ 26

लॉरेटा, वॉशिंगटन, अमेरिका
विजयी तालमेल, पृष्ठ 198

Follow The Secret

Instagram: @thesecret365

Facebook: facebook.com/thesecret/

Twitter: @thesecret